대한민국의 미래, 이민정책에서 길을 찾다

빗물이 흘러 강이 되는 다문화

박 길 남 지음

BOOK STAR

깊어가는 가을밤, 비 내리는 창밖을 바라보고 있노라니 문득 최치원의 시 〈추야우중(秋夜雨中)〉의 시구가 떠오릅니다.

가을바람에 괴로이 읊나니
세상에 나를 알아주는 이 드물구나
창밖은 삼경인데 비는 내리고
등불 앞에 앉은 마음 만 리 밖을 달려가네
(秋風惟苦吟 世路少知音 窓外三更雨 燈前萬里心)

필자는 대지를 적시는 저 많은 빗물은 어디에서 와서 어디로 흘러갈 것인가를 생각해 보았습니다. 그리고 수많은 빗물이 모여 강으로 흘러들어 가면 하나의 커다란 강이 되듯이, 세계 각국의 다양한 문화와 국적을 가진 사람들이 이 땅에 들어와 정착하면 다문화라는 커다란 강이 만들어지고, 이를 통해 더 큰 대한민국으로 발전하는 모습을 상상해 보았습니다.

이와 더불어 현재의 결혼이민자와 그 자녀들로 이뤄진 다문화가족 위주의 다문화정책에서 벗어나 한국에 살고 있는 외국인 전체를 아우르고 외국인과 우리 국민 간에 생길 수 있는 차별과 갈등 요인을 해소할 수 있는 '통합형 이민정책'이 필요하다고 생각합니다.

이를 통해 '통합하되 동화되지 않고 다르되 차별하지 않는 사회' 즉 화이부동(和而不同)의 다문화사회를 그려 보았습니다.

우리는 미국 하면 떠오르는 것이 '자유의 여신상'일 것입니다. 아메리칸 드림을 안고 뉴욕 항으로 들어오는 이민자들이 가장 먼저 보게 되는 횃불을 높이 든 자유의 여신상 주춧돌에는 엠마 라자러스 (Emma Lazarus)의 시가 새겨져 있습니다.

고단한 사람들이여, 가난한 사람들이여,
자유로이 숨쉬기를 갈망하는 사람들이여,
다 내게로 오라.

자유의 여신상은 세계인의 마음속에 자유와 평화의 상징으로 남아 있습니다.

필자는 2007년 법무부 서울출입국사무소 기획팀장으로 근무하던 시절 결혼이민자들의 국내 정착과 사회통합을 추진한 바 있습니다.

당시에는 「재한외국인 처우기본법」과 「다문화가족지원법」이 제정되기 전이라 결혼이민자들의 국내 정착 지원을 위한 종합적이고 체계적인 프로그램이 부족하여 결혼이민자들이 한국 생활에 적응하는 데 어려움이 많았습니다.

이에 서울출입국사무소는 결혼이민자들의 조기 정착을 지원하기 위해 '당신과 함께 하는 이민행정(Immigration with You)'의 약자인 'I with You'를 슬로건으로 채택해 '서울출입국 결혼이민자 네트워크'를 만들었습니다.

필자는 서울출입국 결혼이민자 네트워크 활동, 결혼이민자 가족과 출입국 가족이 함께한 가을운동회, 서울출입국이 결혼이민자를 돕기 위해 개설한 인터넷 카페 활동 등을 통해 다문화에 관심을 갖게 되었습니다.

2009년 서울출입국사무소 '글로벌 인재 및 투자외국인 지원센터'의 센터장으로 근무할 때에는 민원업무 처리 과정에서 외국인들이 한국에서 생활하는데 애로사항이 무엇인지를 수시로 파악하여 이민정책에 적극 반영하려고 노력하였습니다.

그 결과 '글로벌 인재 및 투자외국인 지원센터'를 찾는 외국인들은 평소 까다롭게만 느껴지던 출입국사무소가 친근하게 느껴지고 모든 민원 업무를 원스톱(One Stop)으로 제공받음으로써 기존과 다른 차별화된 이민행정 서비스를 제공받고 있다는 점에서 높은 만족감을 보였습니다.

필자가 바라는 '선진 이민행정'은 거창한 것이 아닙니다.

대한민국에 들어와 살고 있는 외국인들이 법과 제도의 규제 때문에 불편한 점이 없는지를 찾아내 이를 개선하는 것입니다. 그렇게 함으로써 이들이 대한민국을 제2의 고향으로 생각하고 열심히 살아가면서 '코리안 드림'을 실현할 수 있으며, 대한민국 사회 발전에 이바지할 수 있도록 도와주는 것이라고 생각합니다.

2011년 국가인권위원회 파견 근무 시절에는 인권침해 진정 사건을 처리하면서 '인권 친화적인 이민행정'에 관심을 가지게 되었습니다. 우리나라가 인권 선진국으로 가는 길목에서 '인권 친화적인 이민행정'은 국제사회에서 공신력을 확보할 수 있는 중요한 외교적 수단이 되기 때문입니다.

이 책에서는 외국에 나가지 않고도 이국적인 문화를 체험할 수 있는 '도심 속의 다문화 마을'과 '우리 역사 속의 다문화 사례' 및 귀화인 10만 시대를 맞이하여 최근 우리나라에 귀화한 다섯 명을 소개하고 있습니다.

아울러 여권(passport), 비자(visa), 국적, 영주권, 난민 등 딱딱하고 무거운 주제들을 흥미로운 사건들과 여권 속의 비밀 등 사례를 들어가며 알기 쉽고 재미있게 풀어씀으로써 독자들에게 친근하게 다가가려고 노력하였습니다.

한편, 우리 국민이 해외여행을 할 때 여권을 분실하거나 사건·사고를 당하는 경우라든가, 인천공항에서 출국할 때 출국금지를 당하거나 미국 공항에 입국할 때 이민심사관의 질문에 제대로 답변을 못해 입국거부를 당하게 되면 무척 당황스러울 것입니다. 이때를 대비하여 우연히 기억해둔 한 토막 지식이 해외여행의 든든한 안내자 역할을 할 수 있도록 알찬 정보도 제공해 주고 있습니다.

그동안 이민행정 및 정책 분야는 수많은 전문용어와 복잡한 법률 체계 때문에 이민정책 분야의 전문가들이 아닌 일반인들은 쉽게 접근할 수 없는 분야로 인식되어 왔습니다.

체류외국인 150만 시대의 다문화사회를 선도하고, 저출산·고령화에 따른 경제활동 가능 인구의 감소로 성장 잠재력이 우려되는 상황에서 경제 활력을 유지하기 위해서는 '개방적인 이민정책'을 통해 글로벌 경쟁력을 갖춘 우수한 외국 인력을 적극적으로 유치할 필요가 있습니다.

또한, 글로벌화의 진전에 따른 노동 인력의 국제적 이동과 다문화사회의 진전으로 이민정책의 중요성이 날로 커지고 있습니다. 그런데도 출입국·외국인정책본부가 무슨 일을 하는 기관인지 모르는 국민들이 많습니다.

아무리 좋은 제도와 정책이라도 국민들이 이를 제대로 이해하지 못한다면 소용없듯이, 필자는 28년간 출입국관리 공무원으로 근무하면서 국민에게 친근하게 다가가는 이민행정에 무엇이 있을까를 고민해 왔습니다.

특히 올해는 1963년 「출입국관리법」이 제정되어 본격적인 이민행정 체계가 구축된 지 50년이 되는 뜻깊은 해입니다.

우리나라 이민행정 50년의 역사를 더듬어 보고, 일반 독자들도 다문화 시대를 맞이하여 그 중요성이 날로 커지고 있는 이민행정 및 정책에 대해 더 많은 관심을 가졌으면 하는 마음에서 이 책을 집필하였습니다.

끝으로 책으로 나오기까지 도와주신 광문각출판사 박정태 대표님과 임직원 여러분에게 감사를 드립니다.

또한, 병석에 계시는 어머님의 쾌유를 빌면서 이 책을 드립니다. 그리고 지금까지 궂은일도 마다치 않고 헌신적으로 뒷바라지해준 사랑하는 아내 옥순과 큰아들 태훈, 작은아들 태준에게도 고마움을 전합니다.

2014년 3월
저자 박 길 남

글 싣는 순서

제1부
다문화사회의 이해

제1장 빗물이 흘러 강이 되는 다문화

새집으로 이사하던 날 한 외국인 친구가 외국에서 가져온 재스민 향기가 나는 꽃나무 한 그루를 선물했다. 화단에 심고 거름과 물을 주면서 정성 들여 가꾸었으나 낯선 환경 탓인지 얼마 지나지 않아 시들해졌다. 그러던 어느 날 시들어가던 나무가 비를 듬뿍 맞자 어느새 잎에 윤기가 흐르고 생기를 되찾았다.

지금은 다른 나무들과 어울려 무럭무럭 잘 자라고 있다. 또 재스민 향기와 아름다운 꽃을 피우며 주위 사람들을 즐겁게 해 주고 있다. 그리하여 필자는 꽃 화(花)자를 붙여 '다문화'라는 이름을 지어주었다.

우리나라에 내리는 빗물은 구름을 타고 전 세계를 떠돌다 우리나라 상공에 들어와 흘러내린 것이다. 다양한 출처와 속성을 가지고 있는 빗물도 섞이면 그 형태를 알아보기 어려우나 본질은 유지되고 있다.

문화도 마찬가지다. 문화는 의식주를 비롯하여 언어, 풍습, 종교, 학문, 예술, 제도 등 인간 사회가 살아가는 모든 삶의 양식을 포함한다. 문화는 본질적으로 새로운 것을 받아들이고, 섞이고, 또 다른 새로운 것을 만들어 가면서도 고유한 특성은 유지하는 속성이 있다.

그동안 우리나라는 순수 혈통의 단일민족 신화에 젖어 구름을 타고 전 세계를 떠돌다 우리나라에 내린 빗물을 어떻게 대했던가?

빗물이 내린 지역이 우리나라이니 '우리만의 강' 문화에 흡수되기만을 바랐지, 빗물의 다양성을 존중하는 '다문화라는 강' 문화를 인정하려 하지 않았다.

우리가 세계 속의 한국으로 성장하려면 이제는 '빗물의 다양성'을 인정하고 한국인과 외국인이 공존(共存)하는 '다문화'를 인정할 때이다.

이 세상에 빗물 없이 살 수 있는 것은 아무것도 없다. 빗물이 땅에 스며들면 메마른 대지를 적셔주고 새 생명을 자라게 한다. 또 빗물은 광천수나 지하수가 되기도 한다. 빗물은 참 고마운 존재다.

세계 각지에서 '코리안 드림'을 찾아 우리나라에 온 외국인은 빗물처럼 우리에게 고마운 존재이다.

외국인근로자들은 1960년대 서독으로 간 우리 광부와 간호사들이 힘들게 번 종잣돈이 오늘날 경제성장의 주춧돌이 된 것처럼, 심각한 인력난을 겪고 있는 중소제조업체에 노동력을 제공함으로써 우리나라 경제성장에 일정 부분 기여하고 있다.

농어촌 총각들과 결혼해 살고 있는 이주여성들은 언어소통 문제, 문화적 차이, 경제적 어려움 등 힘든 여건 속에서도 열심히 다문화가정을 꾸려 나가고 있다.

과학자, 연구원, IT 기술자 등 외국인 전문인력은 우리나라의 국가 경쟁력을 높이는 데 이바지하고 있다.

하지만 빗물이 항상 고마운 것만은 아니다. 비가 너무 와 빗물이 흙탕물로 변하거나 홍수가 나서 마을 전체가 빗물에 잠기는 등 우리에게 해를 끼치기도 한다.

비숙련 외국인근로자들이 한꺼번에 많이 들어와 내국인의 일자리를 잠식하거나, 이주민이 사회 적응에 실패하고 빈곤층으로 전락할 경우 국가 재정에 부담을 주어 사회복지 비용이 증가할 수 있다.

또 점점 늘어나는 다문화가정 자녀들이 사회적 편견과 차별로 인하여 우리 사회에 잘 적응하지 못하고 사회 불만 세력으로 성장할 때 사회적 갈등 요인이 될 수 있다.

따라서 독일과 프랑스의 다문화정책이 우리에게 주는 교훈을 거울삼아 다문화사회가 초래할 갈등 요인을 최소화하고 사회통합을 이루기 위한 진지한 고민이 필요한 때이다.

'정 붙이고 살면 고향'이라는 옛말이 있듯이 한반도에서 조상 대대로 터전을 잡고 살아온 사람들은 물론 한반도에 새로 들어온 이주민들도 이 땅에 정착하면 제2의 고향이 될 수 있다.

그러나 여기에는 중요한 조건이 있다.

이 땅에 들어온 이주민들은 조상 대대로 살아온 한국인 사회의 가치와 문화를 존중하고 수용할 마음가짐을 가져야 할 것이다. 또 이들을 맞이하는 기존 집단도 이주민을 단순한 손님이 아닌 삶의 터전을 개척해 나갈 이웃으로 마당을 함께 쓰겠다는 포용의 정신과 다양성을 존중하는 마음가짐이 필요할 것이다.

우리는 흔히 강을 생각할 때 단순히 산에서 고인 빗물이 바다로 흘러가는 하나의 통로라 생각하기 쉽다. 그러나 강은 단순히 물이 흐르는 공간이 아니라 다양한 생태계가 존재한다. 또 강은 인간에게 있어 삶의 터전이다. 강을 중심으로 마을이나 도시가 생겨나고 인류의 문명이 탄생하기도 했다.

강은 수많은 빗물을 받아들이는 '포용성'과 어류와 조류 같은 수중생물은 물론 식물, 곤충, 동물들이 서로 공존하면서 살아가는 '다양성'을 속성으로 한다. 또 강은 거친 바다와는 달리 어머니의 품속같이 포근한 느낌을 준다.

아울러 강이 운반하는 수많은 토사와 그 속에 담긴 영양분이 주변 땅을 비옥하게 하고, 그 땅에서 농경과 목축이 이루어져 농경과 정착 문화가 발달하였고 인류의 4대 문명이 탄생했다.

고대 메소포타미아 문명, 이집트 문명, 인도 문명, 황하 문명 등 인류의 4대 문명은 티그리스·유프라테스 강, 나일 강, 앤더스 강, 황하 강 유역을 중심으로 꽃을 피웠다.

어머니의 품속같이 포근한 '다문화 강' 주변을 중심으로 전 세계 5대양 6대주에서 온 다양한 문화와 국적을 가진 사람들이 차별받지 않고 공존(共存)하면서 일곱 빛깔 무지개처럼 조화를 이루며 살아가는 성숙한 사회가 필자가 바라는 다문화사회의 모습이다.

제2장 '다문화사회' 10년의 변화

    2013년 한해 동안 전국 공항만을 통해 출입국한 내외국인의 수는 우리나라 인구보다 많은 5,500만 명에 이르고 있다. 이 중 우리나라를 방문한 외국인 입국자 수는 188개 국가에서 온 1,200만 명으로 전년대비 약 10%가 증가했다. 특히 중국인 입국자가 사상 처음으로 일본인 입국자를 120만 명이나 앞질러 외국인 입국자 증가의 견인차 역할을 했다.

    이처럼 외국인 입국자가 증가한 것은 세계화와 국제사회에서의 한국의 위상 증가, 한국 드라마와 케이 팝(K-pop) 등 한류 열풍, 그리고 법무부의 환승관광 무비자 입국 프로그램 시행과 비자발급 절차의 간소화 등 여러 가지 요인이 복합적으로 작용한 것으로 보인다.[1]

    한편, 2013년 12월 현재 우리나라에 체류하고 있는 외국인은 157만 명에 이르고 있다. 이 숫자는 대전광역시 인구와 맞먹으며 우리나라 주민등록 인구의 약 3%를 차지한다. 국제결혼도 매년 증가해 결혼이민자가 20만 명을 넘어섰다. 체류외국인의 유형도 외국인근로자, 결혼이민자, 유학생, 외국국적 동포 등으로 다양화하는 등 우리

---

[1] 법무부 보도자료(2014. 1. 13.), "작년 출입국자 5천 496만 명으로 사상 최대"

사회는 다문화사회로 진입한 지 10년을 앞두고 있다.

'88 서울올림픽 직후 5만 명에 불과했던 국내 체류외국인은 지난 2007년 8월 100만 명을 넘어섰다. 이후 불과 6년 만인 2013년 12월 현재 157만 명에 이르고 있다. 이러한 추세로 나간다면 10년 후인 2025년에 가서는 전체 인구의 5%에 해당하는 250만 명의 외국인이 우리나라에 체류할 것으로 예측된다.

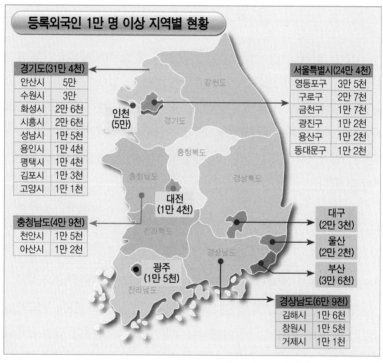

등록외국인 1만 명 이상 지역별 현황

경기도(31만 4천)	
안산시	5만
수원시	3만
화성시	2만 6천
시흥시	2만 6천
성남시	1만 5천
용인시	1만 4천
평택시	1만 4천
김포시	1만 3천
고양시	1만 1천

인천 (5만)

서울특별시(24만 4천)	
영등포구	3만 5천
구로구	2만 7천
금천구	1만 7천
광진구	1만 2천
용산구	1만 2천
동대문구	1만 2천

대전 (1만 4천)

충청남도(4만 9천)	
천안시	1만 5천
아산시	1만 2천

대구 (2만 3천)

울산 (2만 2천)

부산 (3만 6천)

광주 (1만 5천)

경상남도(6만 9천)	
김해시	1만 6천
창원시	1만 5천
거제시	1만 1천

【출처 : 법무부 출입국 · 외국인정책본부】

위 지도는 장기체류 등록외국인이 1만 명 이상 거주하는 지역을 나타낸 것이다. '등록외국인'은 대한민국에 주소를 정하고 장기 체류하

는 외국인을 말한다. 「출입국관리법」(제31조)에 따르면 90일을 초과
하여 대한민국에 체류하고자 하는 외국인은 입국한 날로부터 90일
이내에 외국인등록을 하도록 되어 있다.

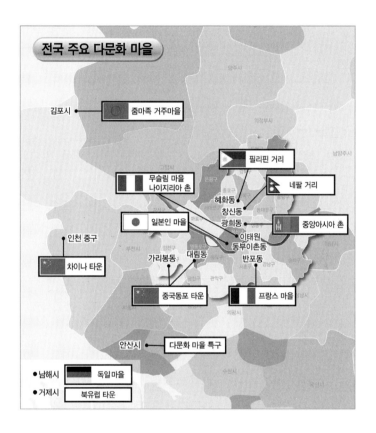

전국 주요 다문화 마을

법무부 통계에 따르면 2013년 12월 현재 등록외국인은 전체 체류
외국인(157만 명) 가운데 98만 명을 차지하고 있다. 등록외국인은
서울시(24만여 명), 경기도(31만여 명), 인천시(5만여 명) 등 수도권
에 60만 명(62%)이 거주하고 있다.

1. 도심 속의 다문화 마을[2)]

국내 체류외국인 150만 명의 다문화 시대를 맞이하여 이제는 도시나 시골, 길거리나 지하철 어디에서든 외국인을 만나는 것이 더는 낯설지 않다. 외국인근로자와 결혼이민자의 증가와 함께 출신 국가별로 공동체를 형성해 모여 사는 곳도 적지 않다.

예를 들어 서울의 경우에는 다문화 1번지 용산구 이태원의 '무슬림 마을', '나이지리아 촌', 동부이촌동의 '일본인 마을', 서초구 반포동의 '프랑스 마을'이 있다.

또 중구 광희동의 '중앙아시아 촌', 가리봉동과 대림동 일대의 '중국동포 타운', 종로구 혜화동 성당 근처의 '필리핀 거리', 종로구 창신동 골목의 '네팔 거리', 다양한 문화 공간이 공존하는 '홍대 앞 거리' 등이 있다.

서울 밖에는 '국경 없는 마을'로 알려진 안산시 원곡동의 '다문화 마을 특구'와 인천시 중구 선린동의 '차이나타운'이 있다. 또 방글라데시 소수민족으로 난민 지위를 얻은 줌마족들이 거주하는 김포시의 '줌마족 마을', 조선 산업의 메카인 거제시의 '북유럽 타운', 남해시의 '독일 마을' 등이 있다.

용산구 이태원은 '다문화 1번지'로 현재 외국인 2,500여 명이 거주하고 있다. 2000년대 이전만 해도 서울의 대표적인 외국인 특구는 용산구 이태원이었다. 하지만 용산 미군기지 이전으로 이제는 그 자리에 '무슬림 마을'과 '나이지리아 촌'이 새로 들어섰다.

이태원에는 국내 최대의 이슬람 사원인 '한국 이슬람중앙회'를 중

---

2) 이 부분은 《시사저널》(1142호)(2011. 9. 7.) "다문화에 젖어드는 글로벌 대한민국" 및 주간경향 《뉴스메이커》(762호)(2008. 2. 19.) "외국인 100만 명 시대, 서울의 이방인 터전" 기사 내용을 참조하였다.

심으로 '무슬림 마을'이 들어서 있다. 사우디아라비아 · 쿠웨이트 · 이란 · 터키 · 이집트 · 파키스탄 · 인도네시아 · 말레이시아 등 중동 또는 아시아 출신의 이슬람교를 믿는 사람을 '무슬림'이라 한다. 한국 이슬람중앙회에 따르면 금요일 합동예배가 열리는 날에는 300여 명의 무슬림이 참석한다고 한다.

무슬림 마을에는 무슬림 식당과 마트는 물론 무슬림이 운영하는 옷가게, 휴대전화 판매점, 이슬람 종교서점 등이 들어서 있다.

현재 우리나라에는 이슬람 문화권 출신 외국인 10만여 명이 체류하고 있다. 이 중 고용허가제로 들어온 인도네시아 · 파키스탄 · 우즈베키스탄 출신 근로자가 4만여 명을 차지하고 있다.

우리나라와 이슬람의 관계는 지금부터 천 년 전 고려 시대로 거슬러 올라간다. 당시 아라비아 상인들은 국제 무역항 벽란도를 드나들며 해상무역 활동을 벌임으로써 코리아라는 이름이 서양에 처음 알려지게 되었다.

한편, 이태원 해방촌 근처에는 기업투자(D-8) 비자로 들어온 나이지리아인들이 집단 거주하는 '나이지리아촌'이 있다.

정부는 1997년 IMF 외환위기 직후 외국인투자를 적극적으로 유치하기 위해 「외국인투자촉진법」을 제정하여 외국인이 1인당 2,500만 원(2001년에는 5,000만 원으로 올림)을 투자하여 외국인 투자기업을 설립하면 기업투자(D-8) 비자를 발급하였다. 이에 따라 나이지리아인들은 가족을 동반하고 기업투자 비자로 대거 입국했다.

이들은 한때 1,000명까지 늘어났으나 국내 장기체류 목적의 위장투자를 방지하기 위한 정부의 기업투자 비자 정책의 강화(2010년부터는 외국인 투자자 1인당 최저 투자금액을 1억 원 이상으로 올림)로 현재는 400여 명의 나이지리아인들이 기업투자(D-8) 비자와 무역경영(D-9) 비자로 국내에 체류하고 있다. 이들은 주로 국내에서 중고 의류나 중고자동차 등을 구입해서 나이지리아로 수출하고 있다.

서초구 반포동에 위치한 '서래마을'은 1985년 한남동에 있던 서울 프랑스학교가 이곳으로 옮겨오자 자녀 교육에 관심이 높은 프랑스인 들이 모여들기 시작하면서 '프랑스 마을'이 들어섰다.

"마을 앞의 개울이 서리서리 굽이쳐 흐른다." 하여 서래란 이름이 붙여졌다. 서래마을에는 프랑스 국기를 상징하는 파랑·빨강·하얀 벽돌로 된 도로가 있으며, 산책을 즐길 수 있는 몽마르트 공원도 있 다. 서래마을은 한때 주한 프랑스대사관 직원과 한국에 진출한 프랑 스 기업 직원 및 그의 가족 등 800여 명이 거주했으나 현재는 300명 정도 거주하고 있다.

동부이촌동의 한가람 아파트 단지 주변은 지금부터 약 50년 전인 1965년 한일 국교 정상화 이후 일본인 학교가 자리를 잡으면서 '일본 인 마을'이 생겨났다. 일본인 마을에는 현재 일본 대사관 직원과 상사 주재원 및 그의 가족 등 1,000여 명이 거주하고 있다.

동대문 역사문화공원역 부근의 '중앙아시아 촌'. 이곳은 '88 서울 올림픽과 1991년 한국과 러시아 수교 이후 러시아는 물론 우즈베키 스탄, 카자흐스탄 등 중앙아시아 보따리상들이 동대문시장을 찾기 시 작하면서 자연스레 형성되었다. 한때는 1,000여 명의 러시아인과 중 앙아시아인들이 거주했으나 현재는 우즈베키스탄인 200명을 포함한 300명 정도의 중앙아시아인들이 거주하고 있다.

종로구에 위치한 혜화동 성당 부근 거리는 매주 일요일이면 '필리 핀 장터'가 열린다. 혜화동 성당은 10년 전 한 필리핀 신부가 필리핀 의 고유어인 타갈로그어(Tagalog)로 미사를 진행한다는 소문이 나면 서 가톨릭 신자인 필리핀인들이 미사를 보러 몰려들기 시작했다. 혜화동 성당에 따르면 일요일 오후 1시 30분 필리핀 신부가 진행하는 이 미사에는 수도권 등지에 거주하는 500여 명의 필리핀인들이 참석한다고 한다.

〈창신동 골목길로 스며드는 평화시장 시대의 꿈〉. 이는 1993년 윤철호 씨가 월간 《길을 찾는 사람들》에 게시한 학술논문의 제목이다. 창신동 골목은 당시 3,000여 개의 봉제공장이 들어서 있었으며, 외국인근로자들이 일자리를 구하기 위해 이곳을 많이 찾았다고 한다. 2000년에 인도네팔 음식점 '나마스테'가 문을 열면서 네팔 근로자들이 모여들기 시작하여 자연스럽게 '네팔 거리'가 형성됐다. 네팔인들은 주말이면 이곳에 모여 쇼핑도 하고 정보도 교환하는 등 만남의 장소로 활용하고 있다.

현재 서울·경기·인천 등 수도권 지역에는 외국인등록을 한 중국동포 32만여 명 중 84%인 27만여 명이 거주하고 있다. 특히 영등포구 대림동과 구로구 가리봉동 일대는 2만여 명의 중국동포들이 거주하는 '중국동포 타운'이 형성돼 있다.

중국동포의 특정 지역 밀집은 해당 지역 일대 지역 주민의 인구 구성과 생활 모습을 변화시키고 있다. 대림2동은 주민의 40%가 중국동포들이라고 한다.

중국동포들은 왜 이곳에 정착한 것일까?

도심 외곽이긴 해도 교통이 편리하고 임대료가 비교적 저렴한 연립주택들이 많기 때문이다. 요즘에는 건물주인 한국 사람들도 이 지역 소비시장의 70%를 차지하고 있는 중국동포들을 더 선호한다고 한다.

경기도 안산시는 우리나라의 대표적인 다문화 도시로 현재 약 5만명의 등록외국인이 거주하고 있다. 특히 안산시 원곡동 일대는 근처에 반월·시화 공업단지가 위치해 있어 주말이면 세계 각국에서 온 외국인근로자들로 붐빈다.

　안산시는 2005년 전국에서 최초로 '거주 외국인 지원조례'와 '인권조례'를 제정하였으며, 2008년에는 '외국인지원센터'를 설립하여 다양한 다문화 지원 사업을 추진하고 있다. 정부는 2009년 5월 '국경 없는 마을'로 알려진 안산시 원곡동 일대를 '다문화 마을 특구'로 지정하였으며, 안산시는 다문화 거리 조성 사업을 추진하였다.

　인천시 중구 선린동에 위치한 '차이나타운'은 지금부터 130년 전인 1883년 제물포항(지금의 인천항)이 개항된 다음 해에 청나라 영사관이 들어서면서 화교들이 모여들기 시작했다. 이후 인천항과 중국 산둥반도 간의 정기 여객선의 운항으로 화교들의 왕래가 빈번해지면서 화교 마을이 형성되었다. 당시 차이나타운에는 자장면의 효시라 할 수 있는 '공화춘'이라는 중국음식점이 있었다고 한다.

　현재 우리나라에 살고 있는 대만 국적의 재한화교는 2만여 명으로, 이들 중 1만 5,000여 명은 영주(F-5)자격을 취득하였다. 서대문구 연남동에도 재한화교 700여 명이 거주하는 화교 마을이 있다.

　'한성화교협회'에 따르면 현재 우리나라에는 화교들이 운영하는 500여 개의 중국요리 음식점이 있으며, 최근에는 한의사, 여행사, 토산품 판매점을 경영하는 화교들도 늘고 있다고 한다.

　김포시 양촌읍에는 방글라데시 소수민족으로 박해를 받다 우리나라에 들어와 난민을 신청한 후 난민으로 인정받은 줌마족들이 집단 거주하는 '줌마족 마을'이 있다.

　2013년 12월 현재 줌마족 출신 난민 신청자는 82명이며, 이 중 68명이 난민으로 인정을 받았다. 이들은 '줌마민족 네트워크 한국지부'를 설립하여 방글라데시 정부에 줌마족의 인권과 자치권을 보장해 줄 것을 요구하기도 하였다.

우리나라 조선 산업의 메카인 거제시에는 '북유럽 타운'이 조성되어 있다. 대우조선소와 삼성중공업 조선소가 위치한 거제시에는 조선 분야의 선진국인 노르웨이와 덴마크 및 스웨덴 등지에서 파견 나온 선주 및 선급 직원 1,000명 정도가 거주하고 있다.

남해시는 1960년대 산업 역군으로 서독에 파견되어 한국의 경제 발전에 기여한 독일 거주 교포들에게 한국에 정착할 수 있도록 삶의 터전을 제공해주고, 독일의 이국적인 문화를 체험할 수 있는 관광지로 개발하기 위하여 '독일 마을'을 조성하였다. MBC 드라마 〈환상의 커플〉(오지호·한예슬 주연) 촬영 장소인 '철수네 집'도 독일 마을에 위치해 있다.

참고로 서울시는 서울에 거주하는 외국인 주민들의 지역별 특성을 반영하여 이태원·이촌·역삼·서래·연남·영등포·성북 등 7개의 '글로벌 빌리지 센터'를 설치하여 운영하고 있다.

'글로벌 빌리지 센터'는 결혼이민자 등 국내 거주 외국인들이 한국 생활에 잘 적응할 수 있도록 지원하기 위해 한국어 및 컴퓨터 교육, 한국문화 이해 및 체험 교육, 자원봉사 프로그램 등을 운영하고 있다.

2. 외식산업에도 다문화 바람

다문화사회가 형성되면서 외식산업에도 다문화 바람이 불고 있다. 특히 서울 용산구 이태원은 세계 각국의 음식점들이 들어서 있어 우리의 입맛을 사로잡고 있다.

예를 들어 몽마르트 매미라는 의미의 '라 시갈 몽마르트' 프랑스 레스토랑, 석양이 아름다운 도시 모로코의 마라케시에서 따온 '마라케시 나이트' 모로코 음식점, 이탈리아어로 테이블이라는 의미의 '라 타

볼라' 이탈리아 음식점이 있다.

그 밖에 '왕타이' 및 '마이타이' 태국 음식점, '모글' 파키스탄 음식점과 '술탄케밥' 터키 음식점, 그리고 브라질 요리 전문점 '코파카바나 그릴' 등 수많은 다문화 음식점들이 거리 곳곳에 위치해 있다.

서울 중구 광희동의 중앙아시아 거리에는 우즈베키스탄 정통 요리를 맛볼 수 있는 '사마리칸트' 우즈베키스탄 식당이 있다.

지하철 1호선 동묘앞역 부근에는 2000년에 문을 연 인도·네팔 음식점인 '나마스테'가 있다. 나마스테는 고대 인도어인 산스크리트어로 '당신을 존중한다'는 뜻이다. 이 말은 오늘날 인도·네팔 지역에서 '안녕하세요'라는 인사말로 사용되고 있다.

나마스테 식당 근처에는 네팔·인도 전문 음식점인 '에베레스트 레스토랑'과 '히말라얀 레스토랑'이 있다.

최근 사우디아라비아, 이란, 터키, 인도네시아, 말레이시아 등 이슬람권 인구가 전 세계 인구의 25%에 해당하는 18억 명에 이르는 데다 정결한 음식이라는 이미지 때문에 '할랄 푸드(halal food)'에 대한 관심이 높아지고 있다. 《시사상식사전》에 따르면 '할랄(halal)'이란 이슬람교도인 무슬림이 먹고 쓸 수 있는 제품을 총칭하며, 아랍어로 '허용된 것'이라는 뜻이다. 무슬림은 돼지고기와 알코올 성분이 들어간 음식은 먹지 않으며, 무슬림이 운영하는 정육점과 식당에서는 이슬람식 도축법으로 잡은 고기를 뜻하는 할랄(halal)이란 글씨가 새겨져 있다. 한편, 농심·풀무원·CJ제일제당 등 국내 식품업체들은 블루오션 분야로 떠오르는 이슬람 식품 시장에 진출하기 위해 할랄 인증 취득에 공을 들이고 있다.

요리에는 그 나라의 문화와 삶이 녹아 있다. 앞으로 '베트남 쌀국수'처럼 현지의 이국적인 맛과 한국적인 맛을 조화시킨 '퓨전 음식 체인점'들이 인기를 끌 전망이다. 머지않아 우리 외식산업에도 '다문화 바람'이 불어 닥칠 것으로 보인다.

3. 통신 및 의료관광 산업에도 다문화 바람

국내 체류외국인 150만 시대를 맞이하여 국내 통신시장 및 의료관광 산업에도 다문화 바람이 불고 있다.

KT 경제경영연구소가 내놓은 〈5%의 미래 시민, 다문화사회를 주목하라〉의 연구보고서에 따르면, 국내 거주 외국인 통신시장 규모는 2009년 약 3,300억 원에서 2020년에는 약 1조 원 규모의 시장으로 성장할 것으로 전망하고 있다.

의료관광은 장기간 숙박 가능성, 환자에 대한 보호자의 동반가능성, 부모나 친지의 위문 방문 등 높은 관광 수입을 기대할 수 있다. 현재 태국·인도·싱가포르·말레이시아·중국 등의 경우 의료서비스와 휴양·레저·문화 등 관광이 결합된 외국인 의료관광을 21세기 국가전략산업으로 삼고 대규모 예산과 정부 차원의 적극적인 지원 정책을 펼치고 있다

법무부는 외국인 환자 유치 등 의료관광 활성화를 위해 2009년 의료관광 비자를 신설하였다. 의료관광 비자는 질병 치료나 요양 목적으로 국내 전문 의료기관 또는 요양시설에 입원하고자 하는 외국인 환자 및 환자의 간병을 위하여 입국하는 배우자나 자녀 등 직계가족에게 발급하는 비자를 말한다.

법무부 출입국·외국인정책 본부의 '의료관광 입국자 현황' 통계에 따르면 의료관광 비자로 입국한 외국인의 수는 2011년 2,545명, 2012년 1만 5,688명, 2013년 2만 5,470명으로 최근 3년간 10배

이상 증가한 것으로 나타났다.

한국보건산업진흥원의 '외국인 환자 진료 현황'에 따르면 의료관광 비자가 도입된 2009년부터 2012년까지 외국인 환자 진료로 인한 총 수입은 5,700억 원에 달한 것으로 나타났다.

국내 종합병원이나 대학병원들은 외국인 환자 유치를 위해 외국어 홈페이지 구축, 외국인 전담의사 배치, 전문 통역인 양성 등의 노력을 하고 있다. 강남구는 성형외과와 뷰티숍이 밀집한 차병원 사거리 인근 지역을 '의료관광특구'로 지정하여 외국인 의료관광객 유치에 힘을 쏟고 있다.

한국관광공사에 따르면 "외국인 의료관광객 100만 명을 유치하면 9조 4,000억 원의 생산 유발 효과와 11만 7,000개의 일자리 창출이 가능하다."라고 한다.

우리 경제의 당면 과제인 저성장·저고용 구조를 벗어나기 위해서는 의료관광 산업을 미래 전략 산업으로 육성할 필요가 있다.

"외국인 시장은 국내 거주 외국인뿐만 아니라 해외 거주 외국인까지 고객을 확장할 수 있어 새로운 블루오션으로 떠오르고 있다. 다문화사회 구성원은 현재보다는 미래 시장, 미래 고객으로서 더 큰 가치를 가지므로 향후 다문화 시장에 대비하기 위해서는 시장의 특성을 반영한 맞춤형 상품 개발이나 미래 고객 확보를 위한 기반 조성이 필요하다."[3]

---

3) KT 경제경영연구소, 《5%의 미래 시민, 다문화사회를 주목하라》 (2009)

제3장 한국의 다문화 및 저출산·고령화 현상

1. 다문화 현상에 대한 이해

우리나라의 다문화 현상은 '88 서울올림픽 이후 외국인근로자의 증가와 국제결혼으로 인한 다문화 가정의 증가에서 찾아볼 수 있다. 즉 우리나라는 '88 서울올림픽 이후 필리핀·방글라데시·파키스탄 등 동남아 출신 외국인근로자들의 유입을 시작으로 외국인 산업연수제도와 고용허가제를 통해 외국인근로자들이 급증하기 시작하였다.

또한, '88 서울올림픽 이전만 하더라도 유학생·주재원 등 개인을 중심으로 한 국제결혼이 주를 이루었지만, 통일교가 필리핀 여성과 농촌 지역 한국인 남성 간의 국제결혼을 종교적 행사로 추진하면서 국제결혼이 증가하기 시작하였다.

"통일교는 진정한 가정을 이루는 것이 중요한 종교적 실천이라고 강조하면서 신자들 간의 국제결혼을 적극 권장했다. 특히 한국과 일본의 평화 구축을 위해 일본과 한국 신자 간의 결혼을 적극 추진했다. 통일교는 대규모 결혼 행사를 공개적으로 실시한 것으로 유명한데, 1988년에는 6,500여 명의 한국인 남성이 일본인 여성과 합동으로 결혼식을 올렸다."[4]

세계평화통일가정연합에 따르면 통일교의 합동결혼식을 통해 한국에 거주하고 있는 외국인 여성은 일본인 7,000여 명, 필리핀인 5,000여 명, 태국인 1,000여 명 등 1만 3,000여 명에 이른다고 한다. 이렇듯 통일교는 한국 사회에 국제결혼을 대중화시키는 데 중요한 계기를 마련했다.

1992년 한중 수교 이후에는 문화적 동질성을 가진 조선족 동포 여성들과의 국제결혼이 증가하였으나, 이들 중에는 국내 불법 취업 목적으로 위장결혼하는 사례도 증가하였다.

한편, 1990년대에 들어와 우리 사회가 급격히 도시화되면서 농어촌 가정들이 도시로 떠나는 이농 현상이 본격화되었고, 농어촌에서는 결혼 적령기의 젊은 여성들이 급격히 감소했다. 고향을 지키려는 농어촌 총각들은 적령기에 결혼을 하지 못해 자살하는 사건이 발생하는 등 심각한 사회문제가 되었다.

이에 지방자치단체에서는 소위 '농촌 총각 장가보내기 사업'을 통해 국내에서 결혼 상대자를 구하지 못한 농촌 총각과 외국인 여성과의 결혼을 주선함으로써 국제결혼이 증가하였다.

특히 베트남 여성들은 2005년 대만 정부의 국제결혼 비자 심사가 강화되자 대만 대신에 한국을 선택하여 한국인 남성과 베트남 여성 간의 국제결혼 건수가 급증하기도 하였다.

이와 같이 2000년대 중반 이후 중국·베트남·필리핀 등 동남아시아 출신 결혼이주여성들의 국내 유입이 급증하면서 '다문화' 바람이 불기 시작했다. '연변댁', '베트남댁', '필리핀댁'이라는 신조어도 생겨

4) 권재일 외, 《다문화사회의 이해》, 유네스코 아시아태평양 국제이해교육원, 동녘(2007), 341면

났다. 지금은 신혼부부 10쌍 중 1쌍이 국제결혼을 할 정도로 결혼이주여성이 늘어났다.

2. '사진신부'와 결혼이주여성

● 하와이 이민 1세대 '사진신부'

오늘날 중국·베트남·필리핀 등 동남아시아에서 온 결혼이주여성들이 있다면 지금부터 110년 전에는 하와이로 간 사진신부들이 있었다.

김창범은 《미주 한인이민 100년사》에서 한인들의 하와이 이민과 사진신부에 대해 다음과 같이 서술하고 있다.

구한말 최초의 이민선인 갤릭(Gaelic)호가 하와이 호놀룰루 항에 도착한 1903년 1월부터 일본의 제지로 이민이 중단된 1905년 8월까지 2년 8개월 동안 총 65척의 배편으로 7,200여 명의 한인들이 하와이로 갔다. 당시 하와이 사탕수수 농장에서 일을 한 이주 한인들은 동반가족을 제외하고는 대부분 계약 노동자들이었으며, 90% 이상이 독신 남성들이었다.

하와이에 정착한 노총각들은 신부를 구할 수 없자 중매쟁이를 통해 하와이로 시집올 처녀들을 모집하고 서로 사진(picture)을 교환하여 결혼을 하는 새 풍습이 생겨났는데, 이를 '사진신부(picture bride)'라 한다.

당시 대부분의 사진신부들은 사진만 보고 결혼을 하다 보니 신랑들 보다 평균 15세 정도 나이가 어렸다고 한다. 사실상 결혼을 원하는 30~40대 노총각들은 신부들의 허락을 받기 위해 20대에 찍은 사진이나 10년 전 하와이로 건너갈 때 찍은 사진을 보냈다.

　빛바랜 사진 한 장만 들고 신랑을 만나러 태평양을 건너 물설고 낯선 이국땅 하와이 호놀룰루 항에 도착한 18세의 한 젊은 신부는 신랑 될 사람이 보이지 않아 사방을 찾고 있었는데, 아버지뻘 되는 사람이 나타나서는 "여보, 나요." 하는 바람에 충격을 받고 쓰러졌다는 사연도 전해진다.5)

110년 전 하와이로 간 사진신부(Picture Bride)

【사진출처 : 재외동포재단, 《100년을 울린 겔릭호의 고동소리》 현실문화연구. 2007】

　이렇듯 새신랑을 만난다는 설렘에 빛바랜 사진 한 장을 가슴에 고이 간직한 채 하와이로 건너간 사진신부들은 자신들보다 평균 15세 정도 나이가 많은 신랑들의 모습에 실망했다. 또한, 그들을 기다린

---

5) 김창범, 《미주 한인이민 100년사》, 코람데오, 2004. 66~68면

건 지상 낙원이 아니라 뙤약볕이 내리쬐는 사탕수수 농장에서의 중노동이었다.

사진신부들은 남편들보다 훨씬 나이가 어렸으나 고학력자가 많았으며, 힘든 환경 속에서도 '신명부인회'를 만들어 사회활동에 참여하였다. 1919년 조국에서 3·1 운동이 일어나자 독립운동 후원을 목적으로 '대한부인구제회'를 설립하여 하와이 한인사회의 독립운동에 적극적으로 참여하기도 하였다.[6]

1910년부터 '동양인배척법'이 통과된 1924년까지 하와이로 건너간 사진신부들은 950여 명에 이르는 것으로 전해진다.

10세 때인 1914년 사진신부 어머니와 함께 하와이로 건너갔던 마거릿 림 할머니(100세)는 지난 1월 호놀룰루 근교 양로원에서 국내 언론과 가진 인터뷰에서 배를 타고 하와이로 가는 도중 배 안의 모습과 하와이 사탕수수 농장에서 힘들었던 순간들을 다음과 같이 술회했다.

맨 밑층에 있었는데 배 안은 정말 냄새나고 더러웠어. 이불을 둘둘 말아서 침상으로 썼는데 아픈 사람도 많았지. 며칠이 지났는지도 몰랐어. 나와 보니까 해가 지면서 물속으로 들어가는 거야. 물이 부글부글 끓어. 난 '엄마! 물이 부글부글해!'라고 소리쳤어. 그때부터 항상 해가 물속으로 들어가서 끓는 줄만 알았어. 나중에 학교에 들어가서 지구가 돈다는 걸 알았지……. 하와이에 도착하자마자 어머니를 따라 사탕수수 농장에서 일했지. 하루에 1달러도 안 되는 50센트의 돈을 벌기 위해 감독관의 채찍을 맞으며 쉴 새 없이 손을 놀렸지. 그땐 기계도 없고

6) 한국이민사박물관, 〈전시유물도록〉, 2012, 64면

110년이 지난 오늘날에는 우리나라의 농촌 총각들이 국내에서 신
붓감을 구하지 못해 중국·베트남·필리핀 출신의 외국인 신부들과
결혼하는 현실을 바라볼 때 역사의 아이러니가 아닐 수 없다.

중국·베트남·필리핀 등 동남아시아 출신 결혼이주여성들

【사진제공 : 서울출입국관리사무소 사회통합팀】

🔵 베트남 출신 결혼이주여성

'씬짜오(Xin Chao)'는 베트남어로 '안녕하세요'라는 인사말이다.

최근 베트남을 국빈 방문한 박근혜 대통령은 베트남 국가주석과 정
상회담을 가진 적이 있다. 이 자리에서 베트남 국가주석은 한국을 '사

돈의 나라'라고 칭하면서 친근감을 표시했다고 한다. 또 양국 정상은 한국에 사는 다문화가족들이 한국과 베트남 간의 가교역할을 할 수 있도록 지원을 다짐했다고 한다.

법무부 통계에 따르면 2013년 12월 현재 한국인과 결혼해 살고 있는 베트남 출신의 결혼이주여성은 4만 명에 이르고 있다. 특히 베트남 여성들은 2005년 대만정부의 국제결혼 비자심사가 강화되자 대만 대신에 한국을 선택해 한국인 남성과 베트남 여성 간의 국제결혼 건수가 급증하기도 했다.[7]

베트남 출신 결혼이주여성들은 통일교 등 종교 활동을 통해 국제결혼을 한 일본이나 필리핀 출신 이주여성들과는 달리 결혼중개업체를 통해 국제결혼을 한 경우가 많았다. 또한, 이들은 한국어로 의사소통이 가능한 중국동포 여성들과는 달리 한국말이 서툴러 한국 생활하는 데 어려움을 겪고 있다.

2011년 주(駐)호찌민 대한민국 총영사관에 파견되어 결혼이민(F-6) 비자를 담당했던 박상순 영사는 결혼이민(F-6) 비자 신청자 100명을 표본 추출해 분석한 결과, 베트남 출신 결혼이주여성들의 가장 큰 문제점으로 다음과 같이 '속성 결혼'을 지적했다.[8]

한국인 신랑이 베트남을 방문하여 베트남 신부와 결혼 전에 만난 횟수는 2회가 전체의 76%를 차지하며, 3회 이상인 경우는 18%에 불과했다. 결혼 전에 2회 정도 만나는 경우도 양 국가의 혼인신고에 따른 불가피한 절차일 뿐 결혼에 필요한 최소한의 상대방에 대한 이해와 배려를 위한 것은 아니었다.

---

7) 법무부 통계에 따르면 한국인 남성과 베트남 여성 간의 국제결혼 건수는 지난 2004년 2,461건에서 2005년 5,822건, 2006년 1만 128건으로 급증했다.
8) 박상순, 〈씬짜오(Xin Chao), 베트남! 결혼이민자, 그들은 누구인가〉, 이민행정연구회, 제10회 M. paz 정기포럼, 2012, 41~53면

결혼중개업체를 통한 국제결혼의 경우 대부분 이윤 추구를 목적으로 한 결혼 성사에만 중점을 두었지 결혼 조건이나 학력 및 연령 등을 고려하지 않았다.

한국어 구사 능력과 관련하여 조사 대상자의 89%가 한국어의 구사에 문제가 있거나 잘 이해하지 못한 것으로 나타났다.

언어소통은 결혼생활에서 매우 중요한 수단임에도 불구하고, 대부분의 베트남 출신 결혼이주여성들은 한국어를 구사하지 못함으로써 한국생활 적응에 어려움을 겪고 있으며 부부 간 갈등 원인으로 작용하고 있다.

또한, 한국인 신랑의 나이는 36~40세가 41%인 반면 베트남 출신 결혼이주여성의 나이는 20~25세가 52%를 차지하고 있어, 평균 15세 정도의 나이 차이가 나는 것으로 분석되었다.

과도한 나이 차이는 원만한 결혼생활을 유지하는 데 어려움이 있을 뿐만 아니라 앞으로 자녀 출산에 따른 양육 문제가 발생할 수 있다.

아울러 베트남 출신 결혼이주여성들은 대부분 형제자매가 많고 가족을 부양하기를 희망하는 호찌민 남부 농촌 지역 출신들로 나타났다. 이들은 한국에 들어오면 돈을 벌어 베트남 친정에 생활비를 보내야 하는 부담 때문에 일을 하기를 원하나, 한국인 배우자가 취업활동을 못하게 하면 갈등이 생길 수 있다.

우스갯소리로 사랑을 베트남어로 '띤 이에우(Tinh Yeu)'라고 하는데 이니셜 T와 Y를 컴퓨터 자판기에서 보면 좌우로 나란히 놓여 있어 평등하다. 하지만 한국어의 '사랑'의 첫 자음 ㅅ과 ㄹ은 자판기에서 보면 위아래에 배치되어 있어 남녀 간의 상하 계급을 나타낸다고 한다. 우리나라는 가부장제 부계혈통주의 영향으로 남녀 간 차별적 요소가 남아 있다. 그러나 베트남에서는 여성의 사회적 지위를 남성과 동등

하게 취급하고 있으며, 여성이 가족경제의 중심이라 할 만큼 그 역할
이 강하며 각자의 수입에 대해서는 각자 관리한다고 한다.

이렇듯 국제결혼에서는 서로 간 문화적 차이를 이해할 필요가 있
다. 만약 이런 이해가 없는 상태에서 국제결혼을 하게 되면 개인적으
로는 이혼의 원인이 되며 국가적으로는 다문화가족 해체에 따른 사회
적 비용의 증가라는 문제를 가져올 수 있다.

베트남 댁의 한국살이

쿠옌티 탄

안녕하세요?

저는 3년 전 베트남에서 충북 옥천으로 시집온 베트남 댁 쿠옌티탄
입니다.

베트남에서 특별하지는 않았지만, 행복하게 지내다가 한국 남편을
만나 잘살아보겠다는 희망을 가슴에 안고 인천공항을 통해 옥천으로
왔어요. 하지만 가슴에 가득 품었던 희망의 꿈은 옥천에 도착하면서
베트남 댁의 슬픈 한국살이로 시작되었어요.

집 안팎에서 아무하고도 말도 못 하고 들을 수도 없는 답답한 생
활이 시작되었지요. 아침, 점심, 저녁마다 먹는 김치와 된장 냄새에
머리가 아팠어요. 그러나 이렇게 머리 아픈 것은 아무것도 아니라는
것을 얼마 뒤에 알았어요. 제가 살아가야 할 길이 얼마나 어렵고 힘
든 일이 많은지를……

저를 끔찍이 사랑하고 착한 남편은 안정된 직장에서 일하는 것이
아니라 일용직을 하는 용역회사에 다녔는데 일을 열심히 하고도 몇
개월씩 월급을 받지 못했어요. 저도 남편과 잘살려고 한국말을 잘

못 하지만 식당에 가서 일을 했어요. 하지만 돈도 못 벌고 힘만 들었어요. 식당일이 너무 힘들어 몸이 아파서 병원에 많이 갔기 때문이에요.

그때 아기를 가졌어요. 입덧이 심하고 먹고 싶은 것도 많았어요. 베트남 음식도 먹고 싶었지만 아무것도 마음 놓고 먹을 수가 없었어요. 우리는 너무 가난하잖아요.

아기가 태어날 때도 남편은 일하러 갔어요. 미역국도 혼자 끓여먹고, 아기 목욕도 혼자 시켰어요. 세상에 나하고 아기만 있는 것 같아 무섭고 외로워서 아기를 안고 자꾸자꾸 울었어요. 너무 힘들어서 하늘에 계신 엄마를 부르면서 또 울었어요.

하지만 지금은 괜찮아요. 한국어학당에서 한국말 열심히 배워 산모도우미로 일하고 있어요. 남편도 열심히 일하고 있어요.

오늘도 감 따러 갔어요. 그 감을 따면서 우리의 희망도 딸 거예요. 가슴에 가득 넘치도록 말이에요.

어젯밤에 달을 보고 말했어요. 베트남 댁 쿠엔티 탄은 한국 사람으로 잘살고 있으니까 걱정하지 말라고 하늘나라에 계신 엄마께 전해달라고요.

"고생 끝에 낙이 온다."라고 한국어학당 선생님께 배웠어요.

열심히 노력하면 반드시 행복하게 살 수 있다는 말이래요.

베트남 댁 이제는 울지 않을 거예요.

행복한 가정을 꾸리면서 열심히 살 거예요.

【출입국 · 외국인정책본부, 《재한외국인 생활수기, 희망과 사랑의 길》 2008】

3. 결혼이민자 국내 정착 지원 및 다문화정책의 방향

● 결혼이민자 국내 정착 지원

2005년 한국인 남성과 외국인 여성 간의 국제결혼 긴수는 우리나라 전체 결혼 건수의 13.6%를 차지하는 등 국제결혼이 급증하였다. 특히 농어촌의 경우 한국인 남성과 외국인 여성 간의 국제결혼 비율이 40%에 이르기도 했다. 당시 일부 결혼이주여성들은 가정이라는 울타리 속에서 한국의 문화를 강요당하거나 배우자인 한국인 남편으로부터 가정폭력을 당하는 등 인권유린이 심각했다. 또한, 문화적 차이에서 오는 사회적응 문제, 경제적인 어려움, 자녀 양육과 교육문제 등을 겪고 있었다.

법무부는 결혼이민자 등 재한외국인이 한국에서 생활하는 데 필요한 한국어와 한국 문화를 쉽게 배울 수 있도록 2009년부터 '사회통합 프로그램'을 운영하고 있다. 「출입국관리법」(제39조)에 따르면 "법무부장관은 대한민국 국적이나 영주 체류자격 등을 취득하려는 외국인의 사회적응을 지원하기 위해 교육, 정보 제공, 상담 등의 사회통합 프로그램을 시행할 수 있도록" 규정하고 있다.

또한, 새내기 결혼이민자들이 한국 생활에 안정적으로 정착할 수 있도록 '해피 스타트(happy-start)' 프로그램을 운영하고 있다. '해피 스타트' 프로그램은 한국인 배우자의 참여를 유도하고 가정폭력 피해 구제에 대한 교육 내용을 담고 있다. 아울러 한국어 능력이 우수하고 이미 정착한 선배 결혼이민자와 새내기 결혼이민자를 멘토와 멘티로 연결하여 선배 결혼이민자가 새내기 결혼이민자의 말벗 역할과 고충 상담을 통해 한국 생활 조기 정착을 지원하고 있다.

여성가족부는 다문화가족을 대상으로 한국어 교육, 다문화가족 통합교육, 다문화가족 취업 연계 및 교육지원 등을 위해 200여 개의 '다문화가족 지원센터'를 설립하여 운영하고 있다. 여성가족부는 '아름다운 소통, 함께하는 문화'를 슬로건으로 하여 결혼이민자와 다문화가족에 대한 정보제공을 목적으로 다문화가족 지원포털 '다누리'를 운영하고 있다. 다문화가족 지원센터는 「다문화가족지원법」 제12조에 따라 설치·운영되는 시·군·구 단위의 센터를 말한다.

● 결혼이민 비자 심사기준 강화

국제결혼이 급증하면서 한국과 중국, 베트남, 필리핀, 캄보디아, 태국 등 동남아시아 국가에는 국제결혼 중개업체들이 우후죽순처럼 생겨났다. 하지만 국제결혼 중개업체들은 순수한 결혼 목적보다는 경제적 이익만을 추구하면서 터무니없는 중개수수료를 요구하고 국제결혼을 성사시키기 위해 거짓 정보를 제공하는 등 문제가 많았다.

2010년 7월 한국인 남성과 결혼한 베트남 출신 이주여성 A씨(20세)가 한국에 시집온 지 일주일 만에 정신질환을 앓고 있는 남편이 휘두른 흉기에 찔려 숨진 안타까운 사건이 발생했다. 새로운 꿈을 꾸고 한국에 시집온 스무 살의 신부는 꽃다운 나이에 한 줌의 재가 되어 베트남으로 돌아갔다. 당시 이 사건은 국내 언론은 물론 해외 언론에서도 집중 보도됐으며, 한국과 베트남 간의 외교 문제로 비화되기도 하였다.

법무부는 이 사건을 계기로 「출입국관리법」 시행령과 시행규칙을 개정하여 결혼이민(F-6) 비자를 신설9)하고 결혼이민 비자 심사기준을 강화하였다.

출입국관리법 시행규칙(제9조5)에 따르면 결혼이민(F-6) 비사 발급 담당 영사는 결혼이민 비자 신청자에 대해 혼인의 진정성, 범죄경력, 건강상태, 한국인 배우자의 경제적 능력 및 국제결혼 안내프로그램 이수 여부 등을 종합적으로 심사하도록 하고 있다.

따라서 영사는 결혼이민 비자 심사과정에서 가족 부양능력이 없는 사람이 무작정 외국인 배우자를 데려온 뒤 빈곤층으로 전락해 사회문제가 발생하는 것을 막기 위해, 초청자가 생계유지 곤란 등 경제적인 가족 부양능력이 없어 정상적인 혼인생활이 곤란하다고 판단되는 경우에는 결혼이민 비자 발급을 거부할 수 있다.

또한, 초청자나 외국인 배우자에게 중대한 범죄경력이 있거나 인격장애 및 약물중독 등의 정신질환으로 정상적인 혼인생활이 곤란하다고 판단되는 경우에도 비자 발급을 거부할 수 있다.

특히 국제결혼 이혼율이 높은 중국·태국·베트남·필리핀·캄보디아·몽골·우즈베키스탄 등 7개 국가 국민이 결혼이민 비자를 신청하는 경우에는 한국인 배우자가 법무부 출입국·외국인정책본부에서 실시하는 '국제결혼 안내프로그램'을 이수했다는 증명서를 제출해야 한다.

법무부는 2014년 4월부터 국제결혼 건전화와 속성결혼 방지를 위해, 우선 부부간에 의사소통이 가능한 수준의 한국어 구사능력이 있

---

9) 결혼이민(F-6) 비자는 ① 기존의 거주(F-2-1) 체류자격에 해당하는 국민의 배우자 ② 국민과 혼인관계(사실상의 혼인관계 포함)에서 출생한 미성년 자녀를 국내에서 양육하는 사람 ③ 한국인 배우자의 사망, 실종, 또는 그밖에 자신에게 책임이 없는 사유로 정상적인 혼인관계를 유지할 수 없는 사람에게 발급된다.

는 외국인에게만 결혼이민 비자를 발급한다고 한다. 그간 기본적 의사소통이 되지 않은 상태에서 속성으로 이루어진 국제결혼은 입국 전 성혼단계에서 정확한 신상정보를 알지 못하고 결혼하여 피해사례가 많았다. 또한, 입국 후에도 의사소통의 불능으로 가정폭력이 발생하고 외국인 배우자가 가출하는 등 가문화가족의 해체로 연결되는 경우가 많았다. 참고로 영국·독일 등 유럽 국가들은 자국 언어로 의사소통이 가능한 외국인에게만 결혼이민 비자를 발급하고 있다.

다음으로 가족 부양능력이 부족한 사람이 외국인 배우자를 초청하고 국가와 사회가 이들의 정착을 지원하는 현재의 다문화가족 지원 시스템은 다문화가족을 소외계층으로 인식시키고 국민 역차별 논란을 야기하기도 하였다. 이에 법무부는 최저 생계비와 가구 수 등을 고려하여, 외국인 배우자를 초청하는 사람의 지난 1년간 소득이 매년 법무부장관이 고시하는 기준 소득액을 충족시켜야 결혼이민(F-6) 비자를 발급하도록 하였다. 앞으로는 가족 부양능력이 없는 사람이 빚을 내서 국제결혼 하는 시대는 끝났다고 보여진다.

한편, 외국인이 결혼이민(F-6) 비자를 신청하려면, 한국인 배우자의 초청장과 신원보증서(보증기간은 입국일로부터 2년) 이외에, 양국 정부에서 발행한 혼인관계증명서 원본(공증을 받은 번역본 첨부)과 가족관계증명서가 필요하다.

또한, 재정입증 서류로 3천만 원 이상의 은행잔고 증명서나 부동산 등기부 등본 또는 전·월세계약서(단, 직장인의 경우 재직증명서, 사업자의 경우 사업자등록증 사본)를 제출해야 한다. 범죄경력증명서와 건강진단서도 추가로 제출해야 한다.

● 우리나라 다문화정책의 문제점

외국인정책위원회는 '제2차 외국인정책 기본계획'에서 우리나라 다문화정책의 문제점을 다음과 같이 지적하였다.[10]

첫째, 다문화 가족, 다문화 사업, 다문화 자녀, 다문화 강사 등 정부의 다문화에 대한 무분별한 사용이 국민적 혼란을 초래하고 있다. 또한, 최근 다양한 문화가 급속히 유입되고 있으나 이에 대한 국민적 합의가 완전하지 않은데다 유난히 단일민족 정서가 강한 한국적 풍토에서 '한국적 가치'를 확립하지 못한 이민자들과 이민 2세들의 대한민국 국적 취득 등에 따른 정체성 혼란을 우려하는 목소리가 높아지고 있다.

둘째, 사회통합 분야 예산의 대부분이 결혼이민자와 그 자녀들의 지원에 편중됨에 따라, 그 이외의 재한외국인들에 대한 지원은 상대적으로 취약하다. 예를 들면 외국인정책 시행계획의 사회통합 분야 예산 중 결혼이민자 및 그 자녀들과 관련된 예산은 2011년 75%(877억 원), 2012년 95%(1,183억 원)를 차지하고 있다.

셋째, 다문화가족에 편중된 지원정책들이 일자리 경쟁에서 밀려난 저소득 계층과 국제결혼으로 피해를 입은 한국인 배우자 등을 중심으로 '국민에 대한 역차별' 논란과 '다문화정책 반대' 정서를 불러일으키고 있다.

● 우리나라 다문화정책의 방향

윤인진 교수는 《한국인의 이주노동자와 다문화사회에 대한 인식》에서 우리나라 다문화정책 방향과 관련하여 다수 집단에 속하는 한국인의 지지와 공감을 이끌어내는 노력이 절실하다고 다음과 같이 강조하였다.

---

10) 외국인정책위원회, "제2차 외국인정책 기본계획", 2012, 11~13면

"다수 집단과 소수 집단이 공존하면서 발생되는 다양한 사회문제를 해결하기 위한 정책을 다문화정책이라고 정의할 수 있다. 다문화정책의 지향점은 특정 소수 집단이 배제되거나 차별받지 않고 인간의 보편적인 권리를 향유할 수 있는 제도적 방안을 모색하는 것이다.(중략)

특히 한국과 문화적인 차이는 있지만, 한민족이라는 혈연에 기초해 단일민족으로 묶을 수 있었던 북한 이탈 주민이나 재외동포와 달리, 인종적·문화적 다양성을 지닌 이주노동자와 결혼이민자의 등장은 이전과 다른 새로운 정책적 접근과 대안을 요구하고 있다.

국경을 넘어 인적·물적 교류가 활발히 진행되면서 세계화 시대에 걸맞은 가치와 의식을 가져야 한다는 시대적 요청과 당위성으로 말미암아 그 동안 한국 사회의 다수 집단에 속하는 한국인이 이들을 어떻게 인식하고 있는지 고려하지 않은 채 다문화사회를 향한 다양한 정책을 수립해 왔다.

그러나 아무리 이상적인 정책이라 할지라도 다수 집단에 속하는 한국인의 지지와 공감을 이끌어낼 수 없다면 그 제도나 정책은 시행착오를 겪을 뿐만 아니라 지속성을 갖기도 어렵다."[11]

이와 같이 다문화정책의 지향점에 대한 윤인진 교수의 지적은 우리나라 다문화정책을 수립하고 시행하는 데 있어 시사점을 준다고 하겠다. 2000년대 중반 이후 결혼이민자의 급격한 증가로 다문화 담론이 일기 시작한 이후 현재 한국 사회에는 다문화 열풍이 불고 있다. 지금쯤 무조건 다문화만을 외치고 따라가기보다는 대한민국에서의 바람직한 다문화가 무엇이며, 나아갈 방향이 무엇인지에 대한 진지한 고민이 필요한 때이다.

---

11) 윤인진·송영호·김상돈·송주영,《한국인의 이주노동자와 다문화사회에 대한 인식》, 한국학술정보 이담북스, 2010, 144~145면

끝으로 결혼이민자들에 대해서는 단순히 시혜나 보호의 대상이 아니라 우리 사회의 구성원으로서 적극적인 역할을 할 수 있도록 지원하는 프로그램을 개발하는 데 중점을 두어야 할 것이다. 또한, 현재의 결혼이민자와 그 자녀들로 이뤄진 다문화가족 위주의 다문화정책에서 벗어나 한국에 살고 있는 외국인 전체를 아우르고 외국인과 우리 국민 간에 생길 수 있는 차별과 갈등 요인을 해소할 수 있는 '통합형 이민정책'이 필요하다고 본다.

4. 저출산 · 고령화 현상과 개방적 이민정책

산아제한정책이 수립된 1962년, 정부가 내건 표어가 "덮어 놓고 낳다 보면 거지꼴을 면치 못한다"였다. 보릿고개를 간신히 넘긴 1970년대에 들어와서는 "아들 딸 구별 말고 둘만 낳아 잘 기르자"가 등장했고, 1980년에는 "둘도 많다, 하나만 낳아 잘 기르자"가 표어로 등장했다.

1990년대 중반에 들어와서는 낮은 출산율이 사회문제로 대두되면서 산아제한정책이 폐지되었으나, 남아선호사상으로 인한 남초 현상의 발생으로 "아들 바람 부모 세대 짝꿍 없는 우리 세대"라는 표어가 등장하기도 하였다.

"우리나라는 1997년 IMF 외환위기 이후 청년 실업의 만연으로 출산을 장려해도 애를 낳지 않은 저출산 시대가 도래하였다. 향후 30년간 생산가능 인구(15세 이상 64세 미만)는 700만 명 이상 줄어들 전망이다. 또한, 2060년이면 생산가능 인구 10명이 노인 8명과 어린이 2명을 부양하는 '1대1 부양사회가 된다"고 한다.[12]

12) 2011년 12월 통계청이 발표한 '장래인구추계' 분석 자료 참조

최윤식·배동철은《2020 부의 전쟁 in Asia》에서 "인구정책은 효과가 나타나기까지 최소한 20~30년이 걸리는데 1993년까지 우리 정부는 산아제한정책을 시행할 정도로 미래를 내다보는 안목이 부족했다."라고 비판하고 있다. 그러면서 우리나라 저출산의 문제점 등을 다음과 같이 지적하고 있다.[13]

"저출산·고령화의 여파로 2017년부터 시작될 한국의 생산가능 인구 감소는 노동력의 질적·양적인 문제, 국내시장의 급속한 위축으로 인한 서비스 시장의 붕괴, 부동산을 비롯한 자산시장의 폭락 등을 불러올 수 있는 심각한 이슈이다. 우리나라의 경우 저출산으로 인해 지난 10년 동안 서울 지역 유치원의 30%가 폐업을 했고, 2008년에는 초등학교 학생 수도 처음으로 한 반에 30명 이하로 떨어졌다. 또한, 농어촌 지역의 경우 산부인과 진료체계가 붕괴되고 있다.(중략)

출산장려정책도 타이밍을 놓쳤다. 우리나라는 1970년 4.53명의 출산율을 기록한 이래, 미래를 내다보지 못한 산아제한정책으로 인해 1980년 2.63명으로 급격히 줄어들었고, 1990년 1.60명, 2000년 1.47명, 2009년 1.19명이라는 최악의 상황에 이르고 말았다. 사실 1983년에 출산율이 2.1명으로 떨어졌을 때 신속하게 조치를 취해야 했지만, 정부가 적극적으로 출산장려정책을 시작한 것은 2005년이 되어서였다. 대통령 직속의 '저출산·고령사회위원회'를 만들고 향후 5년 동안 32조 원을 투자하는 등의 정책을 폈지만, 출산율은 오히려 감소했다."

우리나라는 원천기술과 자원이 부족한데다 경제협력개발기구(OECD) 국가 중 출산율이 가장 낮은 국가에 속한다. 이런 점에서 고령화와 더불어 경제활동이 가장 왕성한 핵심 생산층(25세 이상 49세 이하)의

---

13) 최윤식·배동철, "2020 부의 전쟁 in Asia", 지식노마드, 2010, 80~82면

감소로 사회 전체의 경제 활력이 떨어져 10년 후에는 잠재 성장률이 마이너스로 돌아서지 않을까 일부 경제 전문가들은 우려하고 있다.

최홍 삼성경제연구소 연구원이 발표한 보고서[14]에 따르면 "일본은 1980년대 '니혼진론(일본인론)'의 유행, 정부의 역사교과서 왜곡 등 배타적 민족주의가 일어나면서 자기 쇄신에 실패하여 사회적 역동성을 상실하고 경제적으로 장기 침체에 직면했다. 또한, 인구 감소에도 불구하고 이민을 허용하지 않음으로 인해 부담하는 기회비용은 3조 8,000억 엔으로 추산된다."라고 분석했다. 그러면서 "로마제국은 점령한 부족에게 시민권을 부여하고 대표자를 원로원에 흡수하는 등 팍스 로마나(Pax Romana)정책으로 사회통합에 성공했음을 예로 들어 외국인과 타문화에 대해 개방적인 사회는 융성하고 폐쇄적인 사회는 쇠락한다는 것이 역사의 교훈"이라고 지적하고 있다.

한국은행의 경제규모 및 국민소득 추이에 따르면, 우리나라의 1인당 국민총소득(GNI)은 1996년 경제협력개발기구(OECD) 가입 당시 1만 2,000달러였으나 2007년 처음으로 2만 달러를 넘어섰다. 그런데 2009년 글로벌 금융위기의 여파로 1만 6,000달러로 내려갔다가 2010년에는 다시 2만 4,000달러를, 2013년에는 2만 6,000달러를 달성했다. 그럼에도 불구하고 북미 · 유럽 등 선진국들의 1인당 국민총소득 4만 달러 이상에 비하면 우리가 갈 길은 아직도 멀다 하겠다.

한국 경제가 지속적으로 성장하고 1인당 국민총소득 4만 달러를 달성하기 위해서는 기술 혁신과 고부가가치 산업 육성, 개방적인 이민정책을 통해 글로벌 경쟁력을 갖춘 해외 우수인재와 유학생 및 외국인 투자자와 의료관광객 등을 적극적으로 유치해야 할 것이다. 아

---

14) 최홍, 《다문화사회 정착과 이민정책》(CEO Information 제756호), 삼성경제연구소), 2012.

울러 국내 체류외국인과 다문화가족 증가로 인한 사회 구성원 간 갈등 요인을 예방하기 위한 재한외국인 사회통합 정책도 계속 추진해 나가야 할 것이다.

제4장 숫자로 본 다문화사회의 현주소

1. 체류외국인 현황

「출입국관리법」에 따르면 '외국인'이란 대한민국의 국적을 가지지 아니한 사람을 말한다. 국제연합(UN)과 국제노동기구(ILO)에서는 외국인보다는 가치 중립적인 이주민(migrant)이라는 용어를 사용한다.

「재한외국인 처우기본법」에 따르면 '재한외국인'이란 "대한민국의 국적을 가지지 아니한 자로서 대한민국에 거주할 목적을 가지고 합법적으로 체류하고 있는 자"라고 규정하고 있다.

일반적으로 '체류외국인' 150만 명이라 함은 대한민국에 체류하고 있는 합법 체류자는 물론 불법 체류자도 포함한다. 또한, 장기체류자는 물론 단기체류자도 포함한다. 「출입국관리법령」에서는 단기체류와 장기체류라는 용어를 정의하고 있지 아니하나, 실무상 관행으로 외국인등록의 기준이 되는 90일을 기준으로 장기와 단기로 구분하고 있다.

다음 그림에서 보는 바와 같이 국내 체류외국인은 2007년 107만 명, 2010년 126만 명, 2013년 157만 명 등으로 계속 증가하고 있다.

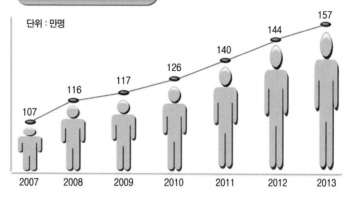

체류외국인 증가 추이

단위 : 만명

2007	2008	2009	2010	2011	2012	2013
107	116	117	126	140	144	157

【출처 : 출입국외국인정책본부】

　국내 체류외국인은 지난 2007년 8월 100만 명을 기록한 이후 6년 만인 2013년 12월 현재 57만 명이 증가한 157만 명에 도달했다. 이러한 추세로 나간다면 10년 후인 2025년도에는 250만 명에 도달할 것으로 예측된다.

　법무부 통계15)에 따르면 2013년 12월 현재 우리나라에 체류하고 있는 외국인은 157만 명에 달한다. 이 숫자는 90일 이상 장기체류 등록외국인 98만 명, 90일 미만 단기체류 외국인 36만 명, 외국국적 동포 거소신고자 23만 명을 포함한 것이다. 불법체류 외국인은 18만 명으로 이는 전년대비 6,000여 명(3%)이 증가하였다.

　국내 체류외국인 157만 명을 체류 유형별·국적별로 살펴보면 다음과 같다. 우선 외국인근로자는 55만여 명으로 전체 체류외국인의 35%를 차지한다. 이 중 단순기능 인력은 50만 명이며 전문기술 인

---

15) 이 장에 나오는 '법무부 통계'는 법무부 출입국·외국인정책본부에서 발간한 《통계월보》(2013년 12월호)를 참조하였다.

력은 5만여 명이다. '단순기능 인력'은 고용허가제로 들어온 비전문취업(E-9)비자 소지지가 24만여 명, 특례 고용허가제로 들어온 방문취업(H-2)비자 소지자가 24만여 명, 선원취업(E-10)비자 소지자가 1만여 명 등으로 분석되었다.

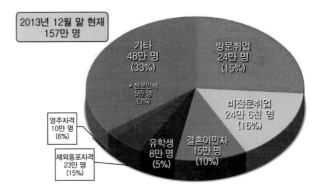

체류외국인 현황

2013년 12월 말 현재 157만 명

기타 48만 명 (33%)
방문취업 24만 명 (15%)
*전문인력 5만 명 (3%)
비전문취업 24만 6천 명 (16%)
영주자격 10만 명 (6%)
유학생 8만 명 (5%)
결혼이민자 15만 명 (10%)
재외동포자격 23만 명 (15%)

【출처 : 출입국외국인정책본부】

다음으로 국민의 배우자인 결혼이민자는 15만여 명으로 전체의 10%를 차지하며 외국인 유학생은 8만여 명으로 5%를 차지한다. 재외동포(F-4) 자격 소지자는 23만여 명으로 14.6%를, 영주(F-5)자격 소지자는 10만여 명으로 6.4%를 차지한다.

한편 체류외국인 157만여 명을 국적별로 살펴보면, 중국동포 49만 7,000여 명을 포함한 중국인이 77만 8,000명으로 전체의 절반 정도를 차지한다. 이어서 미국인 13만 4,000여 명, 베트남인 12만여 명, 일본인 5만 6,000여 명, 태국인 5만 5,000여 명, 필리핀인 4만 7,000여 명 등을 차지하고 있다.

안전행정부의 '2013년 외국인 주민 현황'(2013. 1. 1 기준)에 따르면 한국 국적 취득자는 32만여 명이며, 외국인 주민 자녀는 19만여 명에 이르는 것으로 나타났다.[16]

난민 신청자의 수는 난민 신청을 받기 시작한 1994년부터 2013년 12월 현재 6,643명에 이르고 있다. 이 중 난민으로 인정받은 사람은 377명, 인도적 체류허가를 받은 사람은 177명에 이르고 있다.

2. 외국인근로자 50만여 명

「외국인근로자의 고용 등에 관한 법률」 (이하 「고용허가제법」)에 따르면 '외국인근로자'란 대한민국 국적을 가지지 아니한 사람으로서 국내에 소재하고 있는 사업 또는 사업장에서 임금을 목적으로 근로를 제공하고 있거나 제공하려는 사람을 말한다. 여기서 말하는 '외국인근로자'에는 방문취업(H-2)비자로 들어온 중국 및 구소련 동포 근로자도 포함된다.

다만, 「고용허가제법」에서는 '출입국관리법 시행령'에 규정된 외국인 전문인력 즉 교수(E-1), 회화지도(E-2), 연구(E-3), 기술지도(E-4), 전문직업(E-5), 예술흥행(E-6), 특정활동(E-7) 체류자격에 해당하는 사람은 외국인근로자에 포함되지 않는다고 규정하고 있다. 참고로 필자는 독자들이 이해하기 쉽게 외국인근로자 55만 명에 외국인 전문인력(5만여 명)도 포함하였음을 밝혀둔다.

법무부 통계에 따르면 2013년 12월 현재 우리나라에 들어와 일하

---

16) 법무부와 안전행정부 통계에 따르면 2013년 12월 현재 결혼이민자(혼인귀화자 포함)는 22만여 명, 다문화가족자녀는 19만여 명으로, 여기에 한국인 배우자까지 합하면 다문화가족 인구는 60만 명 정도로 추산된다.

고 있는 외국인근로자(중국동포 등 외국국적 동포 근로자 24만 명 포함)는 55만 명에 이르는 것으로 나타났다.

이를 체류 유형별로 살펴보면 ▲ 베트남인 등 고용허가제로 들어온 비전문취업(E-9) 비자 소지자는 24만여 명 ▲ 중국동포 등 특례 고용허가제로 들어온 방문취업(H-2) 비자 소지자는 24만여 명 ▲ 선원취업(E-10) 비자 소지자는 1만여 명 ▲ 대학교수 · 연구원 · 원어민강사 등 외국인 전문인력은 5만여 명 등으로 분석되었다.

한편, 일부 국민들 사이에서는 외국인근로자들이 많이 들어오면 내국인의 일자리를 빼앗지나 않을까 우려하고 있다. 게다가 우리나라는 현재 청년 실업자가 계속 늘어나고 있다.

하지만 우리의 노동 현실은 어떠한가? 한국인이 일하기 꺼리는 3D 업종을 비롯한 단순 노무직 일자리는 인력을 구하기 어려워 외국인근로자를 찾는 중소 제조업체들이 늘어나고 있다. 특히 우리나라 농어촌에서는 젊은이들이 대부분 농어촌을 떠나 도시로 나가기 때문에 일할 사람이 없다. 일해야 하는데 일할 사람이 없다 보니 외국인근로자를 데려다 쓸 수밖에 없는 실정에 있다.

고용허가제로 입국한 외국인근로자들은 대부분 인력난이 심각한 상시 근로자 300인 미만 중소 제조업체, 건설현장, 농촌 지역의 버섯 농장이나 축산 농가, 어촌 지역의 양식장이나 20톤 미만의 어선 등 우리 국민들이 일하기 꺼리는 3D업종에서 일하고 있다.

비전문취업(E-9) 비자로 들어온 외국인근로자 24만 6,000여 명을 국적별로 살펴보면, 베트남인 5만여 명, 인도네시아인 2만 9,000여 명, 캄보디아인 2만 5,000여 명, 태국인 2만 2,000여 명 등 4개국 출신의 근로자가 절반 이상을 차지하고 있다. 업종별로 살펴보면, 제조업(상시 근로자 300명 미만이나 자본금 80억 이하 중소업체) 19

만 2,000여 명, 건설업 1만 1,000여 명, 농어업에 2만 5,000여 명 등이 종사하는 것으로 나타났다.

법무부에서 최근 5년간 비전문취업(E-9) 비자로 입국하여 체류 중인 외국인근로자의 추이를 분석한 결과를 보면, 2009년 19만 명, 2010년 22만 명, 2011년 23만 명, 2012년 23만 명, 2013년 24만 명 등으로 연평균 22만 명 수준을 유지하고 있는 것으로 나타났다.

최근 5년간 방문취업(H-2) 비자로 입국하여 체류 중인 동포 근로자의 추이를 보면, 2009년 30만 명, 2010년 28만 명, 2011년 29만 명, 2012년 23만 명, 2013년 24만 명 등으로 나타났다. 최근 2년 사이에 방문취업(H-2) 비자 소지자가 급격히 줄어든 이유는 중국 경제가 발전하면서 중국으로 재정착하는 중국동포들이 증가함과 동시에 방문취업(H-2) 비자 만료기간(4년 10개월)이 다가오자 한국에 계속 체류할 수 있는 재외동포(F-4) 비자로 체류자격을 변경한 중국동포들이 늘어났기 때문이다.

참고로 정부는 3D업종의 인력이 부족하다고 외국인근로자들을 무조건 데려다 쓰는 것이 아니라, 국무총리실 산하에 설치된 '외국인력정책위원회'에서 매년 국내 인력 수급 동향과 연계하여 외국인근로자의 도입 업종과 규모를 결정한다. 다음으로 국가별 불법체류율, 고용주의 선호도, 송출비리 정도 등을 고려하여 송출 국가를 선정한다. 이어 송출 국가와 인력 송출에 관한 양해각서(MOU)를 체결하여 외국인근로자 선발조건, 방법, 기관, 준수사항을 정한다.

우리나라는 현재 베트남·태국·인도네시아·우즈베키스탄 등 15개 국가와 외국인력 송출에 관한 양해각서(MOU)를 체결하여 이들 국가 출신 근로자들을 받아들이고 있다.

고용허가제로 입국하고자 하는 외국인근로자는 만 18세 이상 40세 이하인 자로 한국어 능력 시험에 합격해야 한다. 이들에 대해서는 비전문취업(E-9) 체류자격을 부여하고, 단기순환 원칙에 따라 입국일로부터 3년(고용주의 재고용 요청으로 재고용 허가를 받으면 최대 4년 10개월) 동안 국내 체류를 허용하고 있다.

3. 외국국적 동포 60만여 명

2013년 12월 현재 우리나라에 체류하는 '외국국적 동포'는 60만여 명으로, 이는 전체 체류외국인(157만 명)의 38%를 차지한다. 외국국적 동포를 국적별로 살펴보면 중국동포가 51만여 명으로 전체 외국국적 동포(60만여 명)의 85%를 차지한다. 이어서 미국동포 4만 5,000여 명, 캐나다 동포 1만 3,000여 명, 우즈베키스탄 동포 1만여 명 등이 국내에 거주하고 있다.

국내에 체류하는 중국동포(51만여 명)는 국내 체류외국인(157만 명)의 약 3분의 1을 차지한다. 이를 체류자격별로 살펴보면 방문취업(H-2) 자격 22만 8,000여 명, 재외동포(F-4) 자격 15만 9,000여 명, 영주(F-4) 자격 5만 6,000여 명, 결혼이민(F-6) 자격 2만 6,000여 명 등으로 나타났다.

정부는 2007년 방문취업제 시행 초기 중국 및 CIS(1991년 구소련이 해체되면서 러시아를 포함한 11개국으로 형성된 독립국가연합)에 거주하던 만 25세 이상 외국국적 동포에게 방문취업(H-2) 비자를 발급하였다. 하지만 2011년 11월부터는 중국 및 CIS 5개국(우즈베키스탄·카자흐스탄·우크라이나·키르기스스탄·타지키스탄)에 거주하는 외국국적 동포에게만 방문취업(H-2) 비자를 발급하고 있다. 러시아 동포에 대해서는 방문취업(H-2) 비자 대신 재외동포(F-4) 비자를 발급하고 있다.

'외국인력정책위원회'는 2010년부터 중국 및 우즈베키스탄 등 CIS 5개국에 거주하는 동포들을 위한 방문취업(H-2) 비자 발급 쿼터를 매년 30만 3,000명 수준에서 총량제로 관리하도록 결정하였다. 이 중 CIS(독립국가연합) 5개국에 대해서는 매년 6,000명씩 배정하고 있다. 참고로 현재 우즈베키스탄에는 2,000명 정도의 우리 동포들이 무국적 상태로 살아가고 있다고 한다. 이들에 대해서도 동포 포용차원에서 방문취업(H-2) 자격을 부여하는 방안을 고려해 볼 필요가 있다.

4. 결혼이민자 20만여 명

「재한외국인 처우기본법」에서는 '결혼이민자'를 대한민국 국민과 혼인한 적이 있거나 혼인관계에 있는 재한외국인을 말한다고 규정하고 있다. 「다문화가족지원법」에서는 '결혼이민자'를 다문화가족의 구성원으로서 「재한외국인 처우기본법」 상의 결혼이민자와 「국적법」에 따라 귀화허가를 받은 자를 말한다고 규정하고 있다.

'결혼이민자'는 한국인과 결혼한 외국인 배우자를 말한다. 법무부 통계에 따르면 2013년 12월 현재 결혼이민자는 22만 7,000여 명(한국 국적을 취득한 혼인귀화자 7만 7,000여 명 포함)에 이르고 있다. 이 숫자는 국내 체류외국인(157만 명)의 15%를 차지한다. 결혼이민자의 출신 국가명도 타지키스탄, 부르키나파소 등 생소한 이름도 있다.

한국 국적을 취득하지 않은 결혼이민자 15만여 명을 출신 국가별로 살펴보면 중국이 6만 2,000여 명(중국동포 2만 6,000여 명 포함)으로 전체의 41%를 차지하고 있다. 이어 베트남 3만 9,000여 명, 일본

- 2000년대 중반부터 결혼이민자 급증, 귀화자 등 정주외국인 증가
  (2013년 12월 말 현재 결혼이민자 : 15만 명)

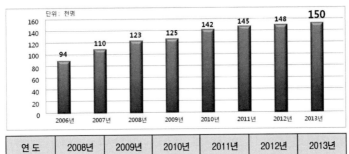

연 도	2008년	2009년	2010년	2011년	2012년	2013년
혼인귀화자 (전체누계)	22,525	39,666	49,938	60,671	68,404	77,425

【출처 : 출입국외국인정책본부】

국적별 결혼이민자 현황

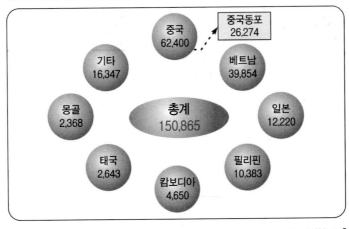

【출처 : 출입국외국인정책본부】

1만 2,000여 명, 필리핀 1만여 명, 캄보디아 4,600여 명 순으로 나
타났다. 중국(41%)과 베트남(26%) 출신 결혼이민자가 전체의 67%

를 차지하고 있다. 성별로 살펴보면 여성은 12만 8,000여 명으로 85.4%를, 남성은 2만 2,000여 명으로 14.6%를 차지하고 있다.

● 국제결혼 가정의 혼인 및 이혼 추세

통계청의 '2012년 혼인·이혼 통계'에 따르면 외국인과의 혼인은 2만 8,000여 건으로 전년대비 1,400건(4.8%) 감소하였고, 외국인과의 이혼은 1만여 건으로 전년대비 600건(5.3%) 감소한 것으로 나타났다. 전체 혼인 중 외국인과의 혼인 구성비는 8.7%로 전년대비 0.4% 감소하였으며, 외국인과의 이혼 구성비는 9.5%로 전년대비 0.5% 감소하였다.

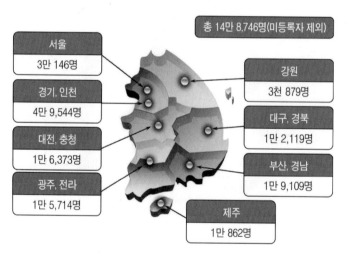

지역별 결혼이민자 현황

총 14만 8,746명(미등록자 제외)

서울	3만 146명
경기, 인천	4만 9,544명
대전, 충청	1만 6,373명
광주, 전라	1만 5,714명
강원	3천 879명
대구, 경북	1만 2,119명
부산, 경남	1만 9,109명
제주	1만 862명

【출처 : 출입국외국인정책본부】

외국인과의 혼인 중 한국인 남성과 외국인 여성과의 혼인은 72.9%, 한국인 여성과 외국인 남성과의 혼인은 27.1%를 차지한다. 외국인과의 이혼 중 한국인 남성과 외국인 여성과의 이혼은 72.4%, 한국인 여성과 외국인 남성과의 이혼은 27.6%를 차지하고 있다.

국제결혼 가정이 늘어남에 따라 이혼율이 증가하고 가정폭력 등 피해를 입는 결혼이주여성이 늘고 있다. 반면 결혼이민(F-6) 비자로 들어와 일시 동거 후 잠적하는 결혼이주여성도 늘고 있어 한국인 남성들이 피해를 입는 사례도 증가하고 있다.

통계청이 분석한 최근 10년간 한국인 남성과 외국인 여성 간의 결혼 또는 이혼 추이는 다음과 같다. 우선 한국인 남성과 외국인 여성 간의 결혼 건수는 2002년 1만여 건을 시작으로 2005년 3만여 건으로 최고를 기록한 후 2008년 2만 8,000여 건, 2010년 2만 6,000여 건, 2012년 2만여 건 등으로 감소하고 있다.

다음으로 한국인 남성과 외국인 여성 간의 이혼 건수는 2002년 380건에서 2005년 2,300여 건, 2008년 7,900여 건, 2010년 7,800여 건, 2011년 8,300여 건 등으로 증가하고 있다.

제5장 인종차별을 넘어 성숙한 다문화사회로

1. 다문화 속의 인종차별

지난 2007년 '유엔 인종차별철폐위원회'는 한국 정부가 제출한 인종차별철폐조약과 관련한 이행보고서를 심사한 뒤 "한국이 단일민족을 강조하는 것은 한국에 살고 있는 다양한 인종과 민족들 간의 이해와 관용 및 우호 증진에 장애가 될 수 있다"고 우려를 표명하였다. 또한, '순혈'(pure blood)과 '혼혈'(mixed-blood) 같은 단순한 용어도 인종적 우월주의를 드러내는 것이라고 지적하면서 "한국인과 혼혈인을 차별하는 단일민족국가 이미지를 극복하라"고 권고하였다.

우리나라에는 인종차별철폐위원회가 지적했듯이 아직도 순혈주의와 단일민족 신화에 사로잡힌 사람들이 많다. 결혼이주여성들은 언어소통 문제, 문화적 차이 등으로 사회적응에 어려움을 겪고 있고, 다문화가정 자녀들은 학교에서 다문화라는 이유로 따돌림과 차별을 당하기도 한다.

최근 한 초등학교에서는 담임선생이 수업 시간에 한 다문화 학생에게 이름을 부르는 대신에 오늘 수업이 끝난 후에 물어볼 일이 있으니

"다문화 잠깐 남아 있어."라고 말을 했다고 한다. 이 일이 있은 후로 그 아이는 친구들로부터 '다문화'라고 놀림을 받았다고 한다.

다문화가정 자녀들을 도와주고 지원해 주는 정책들과 다문화라는 말이 오히려 그들에게 또 다른 상처를 주고 차별화하는 주홍글씨가 되어서는 안 될 것이다.

세계적 가수인 싸이의 '강남 스타일' 뮤직비디오에 출연하면서 세간의 관심을 모았고 '리틀 싸이'라는 별명을 얻은 다문화가정 자녀 황민우 군. 그는 한국인 아버지와 베트남 출신 어머니 사이에서 태어난 다문화가정 자녀라는 이유로 학교 폭력과 악성 댓글 등에 시달리는 등 정신적 충격을 받았다고 한다.

2. 국가인권위원회의 '인종차별 진정사건' 권고 사례

● 크레파스 색상의 피부색 차별 사건

국가인권위원회는 2002년 크레파스 제조업체를 상대로 진정이 들어온 '크레파스 색상의 피부색 차별 사건'에 대해 기술표준원에 한국산업규격(KS)을 개정하도록 권고하였다. 그 이유는 크레파스 및 수채물감 중 특정색의 제품을 살색이라고 명명한 것은 '특정한 색만이 피부색'이라는 인식을 심어주게 되므로 「헌법」 제11조의 평등권을 침해할 소지가 있다고 인정하였기 때문이다.

기술표준원은 국가인권위원회의 권고를 받아들여 크레파스 등 문구류 등에서 살색 대신 연주황(軟朱黃)을 사용하도록 했다. 하지만 2004년 초중등학생 6명은 지나치게 어려운 한자어인 연주황(軟朱黃)을 사용하는 것은 어린이에 대한 차별이라며 국가인권위원회에 진정을 제기하였다. 이후 기술표준원은 기존의 살색에 해당하는 명칭을

살구색으로 최종 확정하였다.[17]

크레파스와 수채물감에서 살색이라는 명칭이 사라졌다고 해서 한국인들의 외국인이나 이주민에 대한 차별이나 편견이 사려졌다고는 할 수 없다. 다만, 인종차별을 상징하는 살색을 살구색으로 바꾼 것만으로도 자라나는 아이들에게 은연중에 이주민에 대한 차별의식을 부추기는 것을 방지하는 교육적 효과는 크다 하겠다.

● 인종을 이유로 귀화여성에 대한 목욕장 시설 이용 제한

2009년 한국 국적을 취득한 우즈베키스탄 출신의 30대 귀화여성은 2011년 9월 부산광역시 동구에 위치한 한 사우나 시설을 이용하고자 했다. 당시 사우나 주인은 "외모가 외국인이고 에이즈를 옮길지 모른다"는 이유로 사우나 출입을 거부했다.

이에 30대 귀화여성은 국가인권위원회에 인종차별을 이유로 진정을 제기하였다. 국가인권위원회는 귀화한 결혼이주여성의 사우나 출입을 제한한 것은 합리적 이유가 없는 인종차별이라고 판단하였다. 사우나 주인에게는 향후 인종 등을 이유로 목욕장 시설 이용을 거부하지 말 것을 권고하였다. 부산광역시장과 동구청장에게는 외국인 및 귀화이주민이 목욕장 시설을 이용함에 있어 출입 제한 등 불합리한 차별을 받지 않도록 관리·감독을 강화할 것을 권고하였다.[18]

● '인터넷상의 인종차별적 표현' 개선을 위한 의견 표명

국가인권위원회는 인터넷상의 인종차별적 표현 실태를 파악하기

---

17) 오경석·고기복·김갑성·신은주·박천응, 〈다르지만 평등한 이주민 인권 길라잡이〉, 국가인권위원회, 2011, 52면
18) 오경석 외, 앞의 책, 55면

위해 2010년 10월 한 달 동안 대학생 10명으로 모니터링단을 구성하여 인터넷의 공개 블로그, 이미지, 댓글 및 동영상 등에 나타난 외국인에 대한 인종적 표현 사례를 조사한 적이 있다.

모니터링 결과 "국제결혼은 우리 사회에 혼혈인의 증가를 가져오며 이를 예방하기 위해서는 국제결혼을 중단시켜야 한다는 우리 사회의 뿌리 깊은 순혈주의 인식을 확인할 수 있었다." 또한, "아프리카나 중동 등 특정 지역 출신의 외국인에 대해서는 우리와 다른 위협적인 존재로 부각하거나, 범죄자 또는 질병을 퍼뜨리는 대상으로 구체화하여 불법과 사회적 혼란의 중심으로 이미지화하는 경향도 확인하였다." 예를 들어, 중동 출신의 국내 체류외국인에 대해서는 테러리즘과 연결하여 위험한 집단으로 묘사하여 이를 합리화하고 강조하기 위한 표현들이 나타났다.

특정 국가 출신이나 피부색을 이유로 비하하거나 차별적인 편견을 조장하는 내용도 인터넷상에서 발견되고 있다. 이는 국내 체류외국인에 대한 왜곡된 인식과 경멸적 태도를 형성할 수 있는 수준의 내용이었다.

인터넷은 한편으로는 우리 사회와는 다른 다양한 문화에 대한 정보 및 가치를 공유할 수 있게 해주는 긍정적인 역할을 담당한다. 다른 한편으로는 익명성에 근거해 외국인에 대한 부정적 관점을 형성하고 이를 전파하거나 왜곡된 정보를 구체화하는 부정적인 효과를 낳기도 한다.

국가인권위원회는 모니터링 결과를 토대로 "우리 사회가 특정 인종 또는 특정 국가 출신의 외국인에 대하여 여전히 인종차별적 태도를 형성하고 있음"을 지적하였다. 그러면서 "인터넷상의 인종차별적 태도는 아직은 구체적 행위로 연계될 정도의 적극성을 가진 것은 아니라 해도 인터넷의 특성인 정보 전달의 순간성과 광범위성을 고려할 때 상당한 폐해를 일으킬 가능성을 내포하고 있는 것으로 볼 수 있다"고 하였다.

한편, 2007년 유엔 인종차별철폐위원회는 우리 정부에 대하여 단일민족 국가라는 이미지를 극복하기 위하여 교육·문화 및 정보 분야에서 모든 인종과 민족 및 국가 집단 간의 이해와 관용 및 우의를 증진하는 인권의식 프로그램을 포함할 것을 권고한 바 있다. 이렇듯 우리 사회는 인터넷 환경뿐만 아니라 다양한 인종과 민족이 공존하는 문화적 환경에서 사회적 갈등을 최소화하고 사회 통합을 이루기 위한 정책적 접근의 필요성이 제기되고 있다.

법무부 등 정부 부처는 「재한외국인 처우기본법」에 근거하여 '인권이 존중되는 성숙한 다문화사회로의 발전'이라는 정책 방향을 설정하여 제1차 외국인정책 기본계획을 추진하고 있다. 하지만 국내 체류외국인에 대한 근거 없는 악의적 표현 및 인종차별을 선동하는 표현 등을 방지하거나 예방하기 위한 정책적 접근을 구체적으로 다루지 않고 있는 실정이다.

따라서 정부는 '인종차별철폐협약'에서 체약국의 의무로 규정하고 있는 인종간의 이해 증진을 위한 정책을 수립하여 우리 사회가 인종적 화합의 중요성을 이해하고 다문화사회의 공감대를 형성할 수 있도록 구체적인 실행계획을 수립할 필요가 있으며, 인터넷상의 인종차별을 조장하는 표현 등에 대해서도 적절한 개선방안을 검토할 필요가 있다.19)

세계인권선언 제2조는 "모든 사람은 인종, 피부색, 성, 언어, 종교, 정치적 또는 그 밖의 견해, 민족적 또는 사회적 출신 등 어떤 이

---

19) 국가인권위원회, "인터넷상의 인종차별 표현을 개선하기 위한 의견표명", 《이주인권분야 결정례집》(2011), 26~32면

유로도 차별받지 않는다."라고 선언하고 있다. 대한민국 「헌법」 제
11조는 "모든 국민은 법 앞에 평등하며, 누구든지 성별, 종교 또는
사회적 신분에 의하여 정치·경제·사회·문화적 생활의 모든 영역
에서 차별을 받지 아니한다."라고 규정하고 있다.

우리는 현재 거의 모든 영역에서 인터넷을 통한 정보 교환으로 국
경이라는 개념이 사라지고 있는 '지구촌 시대'에 살고 있다. 인터넷상
에서 익명성을 담보로 외모나 피부색이 다른 종족의 피가 섞이는 것
을 반대하는 순혈주의와 인종주의가 외국인 혐오나 외국인근로자 또
는 다문화가정 구성원에 대한 차별과 부당한 대우로 구체화되지 않도
록, 우리 모두 국적과 인종이 다르다는 이유로 차별하지 않고 서로를
존중하고 배려하는 성숙한 시민의식이 필요한 때이다.

3. 머리를 넘어 가슴으로 이해하는 다문화

필자는 미국 유학시절 두 아들을 미국 초등학교에 보낸 적이 있다.
당시 큰아들은 초등학교 4학년이었고 작은아들은 초등학교 2학년이
었다. 아들 둘을 학교에 보내놓고 피부색이 다르고, 영어도 서툴고,
미국 문화에도 익숙하지 않아 또래 학생들에게서 따돌림을 당하는 등
학교생활에 잘 적응하지 못할까 은근히 걱정이 되곤 했다.

매일 아침 차로 아이들을 학교에 데려다 주면서 소통도 하고, 때로
는 담임선생을 찾아가 아이들이 학교생활에 잘 적응하는지 상담도 하
곤 했다. 담임선생은 매일 아침 큰아들 태훈이를 보면 가볍게 허그
(껴안음) 하면서 학교생활 잘하라고 격려하곤 했다. 덕택에 태훈이는
학교생활에 잘 적응할 수 있었다.

세계화된 지구촌에서 누구나 이방인이 될 수 있다. 이 땅에 들어와

살고 있는 외국인도 나 자신과 똑같은 인간으로 생각하고 외국인이 겪는 문제는 곧 나의 문제이고, 그들이 차별받고 핍박받는다면 이 또한, 나의 문제가 될 수 있다. 상대방의 입장에 서서 나 자신을 바라보는 '역지사지' 정신이 필요한 때이다.

● 나도 당당한 한국인…… 어디서 왔냐고 왜 묻죠

'다문화인 차별금지법'을 만들어주세요. 세상을 떠난 엄마 아빠가 많이 원망스러웠지만, 이제는 부모님이 너무나 그리워지고 보고 싶어요. 제가 당당하게 한국인으로 사는 모습을 하늘나라에 있는 부모님께 꼭 보여주고 싶습니다.

검은 피부에 짙은 곱슬머리를 지닌 황용연(13) 군은 지난 2013년 4월 6일 tvN '쿨까당 전당대회'에서 다문화인을 차별하는 한국 사회에 일침을 놓았다.(중략)

황군은 2008년 아프리카 가나에서 온 엄마가 뇌출혈로 사망하고, 2년 뒤 한국인 아빠가 잇따라 세상을 떠나면서 부모를 모두 잃었다. 이후 황군이 의지할 수 있는 건 누나와 남동생, 그리고 그들을 돌봐줄 대한민국 사회밖에 없었다.

그러나 어른들은 황군에게 "넌 어디에서 왔니?"라고 물으며 이방인 취급을 했고, 또래 아이들은 피부색과 외모가 다르다는 이유로 놀리고 괴롭혔다. "저는 한국에서 태어났고 한국어밖에 할 줄 몰라요. 아프리카 가나에서 온 엄마는 한 번도 가나어를 가르쳐 주지 않았어요." (중략) "저는 예전에는 많이 울었고 부모님을 원망하기도 했어요. 그러나 이제는 울지 않을 거예요. 제가 어른이 된다면 저와 같은 환경에 처한 아이들의 눈물을 닦아줄 겁니다."[20]

대한민국에서 태어나 대한민국에서 자란 대한민국 국민임에도 피부색과 생김새가 다르다는 이유로 '자아 정체성'을 고민하는 사회가 과연 바람직한 사회일까?

필자도 '반만년의 유구한 역사와 전통을 자랑하는 순수혈통의 단일민족국가'라는 교육을 받아온 세대로서, 머리로는 우리와 피부색과 혈통이 다른 외국인이나 이주민을 다르게 취급하는 것이 차별이라고 인식하면서도, 마음속으로는 여전히 살색의 논리가 지배하여 그들에게 상처를 주고 있지는 않은지 반성해 본다.

우리나라는 경제성장 과정에서 미국·서독 등 선진국의 원조뿐만 아니라 미국 평화봉사단의 도움을 많이 받았다. 1960년대 가난한 시절에는 필리핀의 원조를 받아 장충체육관을 지었다고 한다. 우리 정부는 1991년 개발도상국들과의 우호협력 및 상호교류를 증진하고 이들 국가의 경제·사회발전을 지원하고자 한국국제협력단(KOICA)을 설립하였다. 현재 네팔·베트남·필리핀·인도네시아 등 65개국에 1만 명이 넘는 해외봉사단들이 파견되어, 이들 개발도상국의 국민들을 돕고 있다.

우리나라는 2009년 11월 25일 경제협력개발기구(OECD) 산하 개발원조위원회(DAC)에 가입함으로써 원조를 받는 나라에서 원조를 주는 나라가 되었다.

모든 꽃에는 향기가 있듯이 국가에는 국가의 품격 즉 국격이라는 것이 있다. 원조 제공국이 됐다는 것은 대한민국의 국제적 위상이 그만큼 높아졌음을 의미하는 동시에 국제사회에서 국격과 위상에 걸맞게 제 역할을 다해야 한다는 의미일 것이다.

---

20) 세계일보(Segye.com). 2013. 4. 8. http://www.segye.com/content/html/20 13/04/07/20130407002439.html, (검색일 : 2013. 10. 23.)

국제화·개방화 시대에 순수혈통의 단일민족 신화에 사로잡혀 외국인이나 외국 문화를 배척하는 폐쇄적 민족주의로는 세계 속의 한국으로 웅비(雄飛)[21]할 수 없을 것이다.

다음은 2009년 5월 20일 제2회 세계인의 날 기념식에서 당시 한승수 국무총리가 낭독한 기념사의 일부이다.

"재한외국인 여러분! 많은 사람들은 쉽게 외국인이라 부르지만 여러분은 더 이상 남이 아닙니다. 여러분은 우리 사회의 소중한 구성원입니다. 우리 국민과 함께 희망찬 내일을 열어가는 한 형제이자 가족 및 친척이라 생각합니다.

버락 오바마 미국 대통령의 예에서 보듯이 훗날 이민자나 재한외국인 가운데 대한민국의 우수한 고위 공무원이나 장관, 총리가 나오지 말란 법이 없다고 믿습니다. 우리 사회의 발전을 위해 일할 훌륭한 기업가, 교육자, 과학자 등 모든 분야에서 활동할 사람들이 많이 배출될 것으로 확신합니다. 이런 점에서 여러분도 대한민국의 당당한 구성원으로서 자긍심을 가지고 소중한 꿈을 이루어 나가기를 바랍니다.

21세기 국제화 시대에는 문화의 다양성이 곧 국가의 경쟁력이자 국가 발전의 동력입니다. 이런 의미에서 세계 각국, 다양한 문화권에서 온 재한외국인은 우리의 소중한 자산입니다."

《이코노미스트》는 2012년 10월호에서 "세계 500대 기업의 40%를 이민자나 그들의 자녀들이 설립했다."라면서 "그만큼 이민자 집안 출신의 기업가들은 개척가적인 정신으로 성공할 확률이 높고, 이는 곧 새로운 제품과 일자리를 창출해 그 나라 경제에 활력을 불어넣는다."라고 보도한 적이 있다.

---

21) 이는 세계로 힘차고 씩씩하게 뻗어 나간다는 의미이다.

전 세계는 지금 해외 우수인재를 유치하여 지속적인 국가 성장 동력으로 활용하고자 해외 우수인재 유치 쟁탈전을 벌이고 있다. 미국은 1980년대 인도·중국·러시아 등 이민자 출신 엔지니어와 벤처기업가들을 받아들여 '실리콘밸리(Silicon Valley)'의 신화를 만들어냈다.

저출산·고령화 시대에 대비하고 미래의 지속적인 성장 동력을 유지하기 위해서는 개방적인 이민정책을 통해 해외 우수인재 및 유학생, 외국인 투자자 및 관광객들을 적극적으로 유치할 필요가 있다. 또 국내에 들어와 있는 외국인근로자와 결혼이민자들을 위한 사회통합 정책도 적극 추진할 필요가 있다.

흑인인 주한미군 아버지와 한국인 어머니 사이에서 태어나 2006년 미국의 최고 인기 스포츠인 미식축구 슈퍼볼에서 MVP로 선정된 하인즈 워드(Hines E. Ward, Jr). 그는 분명한 한국인이지만, 순혈주의와 단일민족 전통을 중시하는 한국 사회에서 어느 누구도 그를 한국인으로 바라봐 주지 않고 혼혈인이라는 이유로 차별을 받고 자랐더라면 미식축구의 최고 스타로 탄생할 수 있었을까?

이제 우리 모두 '머리를 넘어 가슴으로 이해하는 따뜻한 다문화사회'를 만들어 가야 할 때이다.

제2부
우리나라 이민의 역사

제1장 역사가 주는 교훈

 2013년 4월 28일 SBS 저녁 뉴스에서는 청소년들의 역사 인식 수준을 알아보기 위해 길거리 인터뷰를 실시한 결과, "청소년들의 역사 인식에 심각한 문제가 있는 것으로 드러났다."라고 보도한 적이 있다.

 야스쿠니 신사를 젠틀맨이라 대답하는 청소년이 있었으며, 위안부를 독립운동했던 곳으로 잘못 알고 있는 청소년도 있었다고 한다.

 한편 주변국들의 역사 왜곡도 갈수록 심해지고 있다. 중국은 동북공정(東北工程)을 통해 고구려와 발해의 역사를 그들의 역사에 편입시키려고 하고 있고, 일본은 독도를 자기네 땅이라고 주장하면서 과거사를 왜곡시키고 있다. 이에 우리 정부는 자라나는 청소년들에게 올바른 역사인식을 심어주기 위해 2017학년도 대학 입시부터 한국사를 수능 필수과목으로 지정한다고 발표했다.

 글로벌 시대를 맞아 선진국은 자국의 역사뿐만 아니라 세계사 교육까지 강화하고 있는 추세다. 우리나라도 전 세계 200여 개 국가에서 온 체류외국인 150만 명의 다문화사회를 맞이하고 있다. 따라서 자라나는 청소년들에게 우리나라의 전통문화와 역사인식에 대한 올바른 교육과 병행하여 다문화에 대한 이해 교육을 통해 이주민을 차별하지 않고 더불어 살아가는 소중한 이웃으로 생각하는 성숙한 시민의식을 갖도록 해야 할 것이다.

영국의 유명한 역사학자 에드워드 카(Edward. H. Carr)는《역사란 무엇인가, What is History》라는 책에서 "역사는 현재와 과거의 끊임없는 대화이다."라고 정의하였다.[1] 우리가 진정으로 역사를 배우는 이유는 역사와 대화를 나누다 보면 그때 일어난 그 사건이 어떤 의미를 지니고 있으며, 현재의 삶에 어떤 영향을 미치는지, 그리고 어떻게 미래를 설계해 나갈지 방향을 제시해 주기 때문이다.

1. 위기를 기회로 바꾼 중공민항기 불시착 사건

지금부터 30년 전인 1983년 5월 5일 어린이날, 승객과 승무원 등 중국인 105명이 탑승한 중공민항 소속 여객기 한 대가 중국인 납치범 6명에 의해 납치되어 춘천에 있는 한 공군기지에 강제로 불시착한 사건이 발생했다.

당시 납치범들은 우리 정부에 '대만으로의 정치적 망명'을 요구하였으나, 대한민국과 중화인민공화국은 미수교 상태였기 때문에 외교적·정치적으로 엄청난 파장을 몰고 왔다.

중국 정부는 불시착 사건 발생 3일 만에 33명의 대규모 교섭 대표단을 우리나라에 파견했다. 당시 중국 대표단은 승객과 여객기 기체는 물론 납치범까지 모두 인도하라고 요구했다.

하지만 우리 정부는 오랜 우방인 자유중국(지금의 대만)과의 선린

---

1) "What is history? is that it is a continuous process of interaction between the historian and his facts, an unending dialogue between the present and the past."

우호관계 유지, 중공(지금의 중국)과의 외교관계 수립 분위기 조성, 납치범의 신변 안전 및 납치범의 인도에 따른 국제사회로부터의 비난 가능성 등 여러 가지 변수를 고려하여 국제법과 국제 관례 및 국내법에 따라 처리하는 쪽으로 타결을 지었다.

당시 중국인 승객과 승무원들이 우리나라에 체류한 기간은 5박 6일에 불과했다. 그러나 우리 정부는 이들을 최고급 호텔인 워커힐 호텔에 투숙시킨 뒤 여의도와 자연농원 관광은 물론 출국 시 컬러 TV를 선물하는 등 한중 관계의 지렛대로 활용하고자 노력하였다.

납치범들에 대하여는 서울지검에서 「항공기운항안전법」, 「출입국관리법」 등을 위반한 혐의로 정식 입건하여 성동구치소에 구속 수감하였다. 1984년 5월 22일 대법원은 납치범들의 상고를 기각하는 확정판결을 선고하였고, 법무부는 납치범들에 대해서 형집행정지 결정을 내렸다.

납치범들은 1984년 8월 13일 본인들의 희망대로 대만으로 강제퇴거 되었다. 이로써 1년 3개월에 걸친 중공민항기 납치 사건은 막을 내리게 되었다.[2]

불시착 사건을 계기로 이듬해인 1984년부터 대중국 수출이 3배나 늘었다. 또 중국 민항기가 한국의 비행정보구역을 통과할 수 있도록 하는 합의가 이루어졌으며, 체육, 문화, 관광 등의 비정치적인 영역에서 양국 간 교류가 시작되었다.

이 사건이 우리에게 주는 교훈은 무엇일까?

"중공민항기 불시착 사건은 단순히 적성국의 비행기 한 대가 국경을 넘어왔다는 물리적 의미를 넘어서는 '외교의 불시착'이자 '중국'이라는 존재 자체를 우리 사회의 안방에 들어오게 만든 '역사의 초청장'으로

---

2) 법무부, 《출입국관리 40년사》, 2003, 282~283면

탈바꿈시킨 계기가 되었다. 또한, 우리 정부로서는 당시 중국과 외교 관계가 없는 미수교국인 상황에서 자칫 잘못하면 양국 간에 최대의 '악 재'가 될 뻔한 사건을 잘 수습하여 북방외교의 출발점이자 1992년 한 중 수교의 초석이 된 최고의 '호재'로 역사에 기록될 것이다."[3]

2. 미국 이민정책의 변천 과정과 교훈

200년의 이민의 역사를 가진 미국은 이민정책 추진 과정에서 수많 은 시행착오를 거쳐 오늘에 이르고 있다. 미국은 여전히 1,100만 명 으로 추산되는 불법이민자 문제와 히스패닉계 이민자들로 고민하고 있다. 히스패닉(hispanic)은 스페인어를 사용하는 중남미계 미국 이 민자들로 현재 미국 인구의 15%인 4,500만 명을 차지하고 있다. 히 스패닉은 자신의 언어와 문화를 지키려는 경향이 강해 미국 주류사회 에 잘 적응하지 못하고 경제적으로도 하층민을 구성하고 있다.

그럼에도 불구하고 일부 이민 전문가들은 "미국이 세계 최고 수준 의 경제력을 자랑하는 것은 해마다 해외 우수인재 등 수십만 명의 이 민자들을 받아들여 인구수를 늘리고 국가 성장 동력의 발판으로 삼은 데 있다."라고 한다.

한편, 미국 전체 인구의 2%를 차지하는 소수민족 유태인들은 오늘 날 미국을 만들어낸 주역이라 할 수 있다. 유태인들은 다양한 창의적 인 아이디어를 바탕으로 미국의 발전에 크게 이바지했다.

19세기 서부 개척시대에 골드러시(gold rush)의 붐이 일어나자 독일에서 미국에 이민 온 유태인 리바이스 스투라우스는 그의 이름을 따서 그 유명한 리바이스 청바지를 만들었다. 세계 금융의 중심지인

---

3) 연합뉴스(2011. 7. 4.) (외교열전) "불시착機에 中 미사일 전문가 탔었다"

뉴욕의 월스트리트에 위치한 골드만 삭스와 리먼 브러더스(2008년 파산) 등 수많은 금융기업이 유태인에 의해 만들어졌다. 또한, 유태인들은 미국의 4대 일간지인 뉴욕 타임즈, 워싱턴 포스트 등을 창간했으며 미국의 주요 방송국인 NBC, ABC 등을 설립했다. 1920년대에는 영화산업에 진출하여 할리우드를 만들어 냈다.[4]

제2차 세계대전 때 히틀러의 박해를 피해 독일을 떠나 미국으로 이주한 유태인들 중에는 상대성이론을 발명하여 노벨 물리학상을 받은 아인슈타인과 외교계의 거물 헨리 키신저 전 미 국무장관이 있다. 그밖에 미 연방준비제도 이사회 의장을 지낸 앨런 그린스펀, 구글의 공동창업자인 세르게이 브린, 영화《죠스》와《쉰들러 리스트》등을 만든 스티븐 스필버그 감독 등이 있다.

이민정책은 국내외의 정치·경제적 상황과 이민에 대한 국민의 정서를 반영하여 때로는 이민 문호를 개방하기도 하고, 이민의 문을 닫기도 한다. 예를 들면 2008년 세계적인 투자은행 리먼 브러더스의 파산으로 촉발된 미국발 국제 금융 위기와 최근 유럽발 국가 부채 위기에 따른 글로벌 경기 침체는 각국의 이민 문호를 닫게 하거나 보수적으로 돌아서게 했다.

국내 경기가 좋지 않으면 자국민의 일자리 보호를 위해 외국인력 유입을 억제하는 등 이민의 문을 닫으려 한다. 또 취업비자 발급 요건이 까다로워지고 불법체류자 단속도 강화된다.

미국은 1860년대 들어서며 서부와 동부를 잇는 대륙 횡단철도 건설에 인력이 모자라자 중국인 노동자들을 받아들였다. 그런데 이들이 미국 사회에 잘 적응하지 못하고 여러 가지 문제를 일으키자 유럽계 백인들의 반감이 커졌다. 게다가 중국인들이 일자리를 빼앗아 경기가

---

4) KBS 스페셜 372회(2009. 12. 13. 방송), "유태인은 미국을 어떻게 움직이는가?"

나빠졌다는 소문이 나면서 미 연방의회는 1882년 중국인 노동자들의 미국 입국을 금지하는 소위 「중국인 입국거부법」(Chinese Exclusion Act)을 제정하였다. 하지만 동양인 배척법이라는 비난을 받던 이 법은 1943년 제2차 세계대전 당시 중국이 연합군에 참전하면서 폐지되었다.

한편, 미 연방의회는 1921년 미국 사회에 반이민 정서가 팽배하자 「이민할당법(Quota Act)」을 통과시켰다. 이 법은 1910년 인구조사를 기준으로 미국에 거주하는 출신 국가별 인구수에 비례해서 최대 3%까지 이민자 수를 할당하는 것이었다. 예를 들어 미국에 거주하는 영국 출신의 이민자 수가 100만 명이라면 초청 가능한 이민자 수는 100만 명의 3%인 3만 명이 된다. 그리고 연간 허용 가능한 이민자 총수를 35만 7,000명으로 정하였다.

하지만 1924년 「이민법(Immigration Act)」을 제정하여 연간 허용 가능한 이민자 총수를 16만 5,000명으로 줄이고, 출신 국가별 이민자의 수도 1890년 인구조사를 기준으로 최대 3%에서 2% 이내로 제한하였다.[5]

이 법 제정 당시 미국 내 인구 구성비로 볼 때 영국 · 독일 · 아일랜드 등 유럽계 이민자들이 대부분을 차지하였던 관계로 아시아계와 남미계 출신자들은 사실상 미국으로의 이민이 차단되었다.

시민이민국(CIS) 통계에 따르면 1965년 수정 이민법이 통과될 때까지 40년 동안 영국 · 독일 · 아일랜드 등 3개국 출신 이민자들은 출신 국가별 이민할당제의 덕택으로 미국 이민자들의 절반 이상을 차지한 것으로 나타났다.

---

5) David Weissbrodt & Laura Danielson, "Immigration Law and Procedure" 5th Ed, 2005, 6~11면

존 F. 케네디 전 미국 대통령은 1958년 상원의원 시절 '수정 이민 법안' 제출 당시, 이민 문호를 개방해도 아시아계와 남미계 등 비유럽계 이민자 수는 1년에 5,000명에서 1만 명 정도에 지나지 않을 것이라고 예상하였다고 한다.

그러나 이 법안은 30년이 지난 1990년대에 들어와서는 유럽계 이민자들은 줄어들고 가족초청이민을 통해 들어온 아시아계와 라틴계 등 비유럽계 이민자들은 급증하는 현상이 나타났다. 이에 따라, 아시아계와 라틴계 등 비유럽계 이민자들이 가족을 초청하고자 할 경우에는 초청인(sponsor)의 재정보증 요건을 강화하였다. 대신 아일랜드인 등 이민이 줄어드는 국가의 국민들에게는 추첨을 통해 이민을 허용하는 '다양성 이민 프로그램'을 도입하였다.

미 연방의회는 1980년대에 들어서면서 동유럽, 아프리카 및 중남미 등 제3세계 출신 난민들이 대규모로 유입됨에 따라 「난민법(Re-fugee Act)」을 제정하였다.

1986년에는 '이민개혁 및 관리법안(Immigration Reform and Control Act : IRCA)'을 통과시켰다. 이 법안은 ▲ 불법 이민자의 고용주에 대한 처벌 강화 ▲ 사용자의 외국인근로자 차별금지 ▲ 불법 이민자를 합법적인 신분으로 변경해주는 사면(legalization) 프로그램 실시 등을 주요 내용으로 하고 있다.

레이건 행정부는 1986년 「이민개혁 및 관리법」을 통해 1982년 1월 1일 이전에 입국한 불법 이민자에 대한 합법화(사면) 조치를 단행하였다. 그 결과 400만 명으로 추산되는 불법 이민자 중 3분의 1에 해당하는 140만 명이 사면 혜택을 받았다. 이들은 일시체류 허가를 받은 후 18개월 후에 영주권을 신청할 수 있는 자격이 주어졌다.[6]

---

6) David heissbrodt & Laura Danielson, 앞의 책, 24~26면

1990년대에 들어와서는 새 이민의 주류가 아시아계와 남미계 등 가족초청이민을 통해 들어온 이민자들은 급증하고 유럽계 이민자들은 줄어드는 현상이 나타났다. 이에 민주당 출신의 케네디 상원의원과 공화당 출신의 심프슨 상원의원이 공동으로 '케네디-심프슨 법안' (Kennedy-Simpson Bill)을 제출하였다.

이 법안의 주요 내용은 가족초청이민을 줄이고 유럽계와 이민이 적은 나라의 국민에게 추첨(lottery)으로 영주권을 부여하는 다양성이민 프로그램을 신설하였다. 100만 달러 이상을 투자하고 10명 이상의 미국 시민권자나 영주권자를 고용하는 고액 투자자에게는 투자이민을 허용하였다.

그러나 이 법안은 아시아계와 남미계 출신 이민자들로부터 가족 재결합을 막으려는 비인도적 법안이란 비판을 받게 되었다. 절충안으로 가족초청이민은 줄이지 않고 우선순위만 재편성하여 가족초청이민, 취업이민, 다양성이민으로 구분하는 내용의 「이민법(Immigration Act of 1990)」을 도입하였다.

1995년 공화당 소속의 라마 스미스(Lamar Smith) 하원 이민분과 소위원장은 불법 이민자에 대한 단속을 강화하고 이민 규제를 목적으로 소위 'HR 2202 법안'을 상정하였다.

당시 이 법안을 상정하게 된 배경으로는, 500만 명으로 추산되는 불법 이민자와 매년 80만 명 이상 받아들이는 이민자들 중에 중국 등 아시아계와 멕시코 등 남미계 이민자들이 주류를 형성하는 데서 오는 유럽계 백인들의 반감이 컸다.

또한, 사회보장 혜택을 무임승차하려는 가족초청 이민자들의 증가에 대한 납세자들의 불만이 고조되고 이민자들이 대도시에 몰리면서 결과적으로 해당 지역에 거주하고 있는 저소득층의 백인들과 흑인들이 도시 외곽으로 밀려나는 데서 오는 불안 심리 등 여러 가지 요인이 복합적으로 작용한 것으로 보인다.[7]

클린턴 대통령은 1996년 9월 30일 'HR 2202 법안'을 근거로 탄생한 '불법이민 개혁 및 이민자 책임 법안'(Illegal Immigration Reform and Immigrant Responsibility Act : IIRIRA)에 서명하였다.

이 법안의 주요 내용[8]은 다음과 같다.

첫째, 외국인이 불법으로 입국하여 잠적해 버리면 그의 적발이 용이하지 않고 설사 적발하더라도 그를 추방할 때까지 행정 경제상의 낭비 등 부작용이 심각하였다. 이에 따라 예방을 통한 억지 전략에 의거 1997년부터 5년에 걸쳐 매년 국경수비요원을 1,000명씩 증원한다. 또 불법체류자와 그를 고용한 업주들에 대한 단속을 강화하기 위하여 3년에 걸쳐 매년 이민수사관을 1,000명씩 늘린다.

둘째, 급증하는 입국 거부 대상 외국인들의 추방을 신속히 하기 위하여 위변조 여권이나 비자를 소지하고 도착하는 외국인이 정치적 망명이나 난민을 신청하는 경우를 제외하고는 이민판사(immigration judge)의 추방 심리 절차를 거치지 않고 이민심사관이 즉시 추방시키도록 하는 '신속추방(expedited removal)' 조항을 신설하였다. 공항만에서 신속추방 조항으로 쫓겨나면 5년 동안 미국 재입국이 금지된다.

셋째, 늘어나는 외국인 범죄자들에 대한 단속과 처벌을 강화하기 위해 「이민국적법」에 규정된 중범죄(aggravated felony)의 범위를 확대하여 중범죄로 유죄 판결을 받은 외국인에 대해서는 추방심사 시

---

7) 박길남, 《미국의 출입국관리제도에 관한 고찰 : 1996 불법이민 개혁 및 이민자 책임법을 중심으로》, 1998, 7면
8) 박길남, 앞의 책, 9~10면

모든 재량적 구제 수단을 박탈하며, 일단 추방되면 평생 재입국이 금지된다.

넷째, 불법체류자 방지 대책으로 6개월 이상 1년 미만 불법체류자는 3년 동안 미국 재입국이 금지되며, 1년 이상 불법체류자는 10년 동안 미국 재입국이 금지된다.

다섯째, 가족초청이민 신청 시 재정보증서 제출을 의무화하고, 재정보증인(sponsor)의 연간 수입이 연방 정부가 정한 빈곤선(poverty line)의 125% 이상 되어야 가족초청이민이 가능하도록 하였다.

여섯째, 낙태 및 불임수술을 강요받은 자가 이를 거부하여 박해를 받은 경우에는 강제적인 인구제한정책에 저항해서 박해를 받은 것으로 간주하여 난민으로 인정하였다.

2013년 4월 미국 상원의 '이민개혁 8인 위원회'는 '2013년 국경관리, 경제기회 및 이민 현대화 법안'(일명 '포괄적 이민개혁법안')을 발의하였다. 이 법안의 주요 내용은 현재 1,100만 명으로 추산되는 불법 이민자들이 1인당 벌금 500달러를 내면 임시 이민자로 등록시켜 미국에 합법적인 체류를 보장해 주는 것이다.

이들은 10년 동안 미국에 합법적으로 체류하면서 세금을 제대로 내면 새로 신설되는 'Merit Based Visa'(실적이나 능력에 근거해서 영주권을 부여하는 이민 비자의 일종)를 통해 영주권을 취득할 수 있다.

일부 이민 전문가들은 불법 이민자들을 구제하면서 1인당 벌금 500달러를 부과하면 55억 달러의 세수가 생겨 미국 경제 회복에 크게 기여할 것이라고 전망하고 있다.

국토안보부 산하 시민이민국(CIS) 통계에 따르면, 1986년 불법 이민자 사면 당시 400만 명으로 추산되는 불법 이민자 중 3분의 1인

140만여 명이 사면을 받은 것으로 나타났다.

이를 근거로 현재 1,100만 명으로 추산되는 불법 이민자 중 3분의 1 수준인 400만 명이 사면을 받는다고 가정하면, 벌금으로 벌어들이는 수입은 20억 달러(한화 2조 1,000억 원 상당)가 될 것으로 추정된다.

따라서 지금 경제가 어려운 오바마 정부로서는 세수 확대를 위해 '포괄적 이민개혁법안' 통과를 성사시키려고 노력하고 있다. 그러나 불법 이민자 사면 반대자들은 건강보험 대상자가 늘어나면서 정부의 재정 부담이 늘어나고 내국인의 일자리를 잠식하는 등 부작용이 우려된다는 비판을 하고 있다.

역사적으로 미국은 이민정책을 둘러싸고 이민 개방주의와 이민 억제 주의가 대립되어 왔다.

'이민 개방주의'는 이민이 내수시장의 확대를 통해 미국의 경제 성장에 도움이 될 뿐만 아니라 이민으로 인한 이산가족의 재결합이라는 가치를 추구해야 한다는 도덕적 명분 등을 근거로 이민 문호를 개방해야 한다는 입장이다.

'이민 억제주의'는 이민자들의 의료 및 교육 등을 위해 지출되는 사회적 비용 증가와 이민자들의 대량 유입으로 초래되는 사회적·문화적 갈등 등을 이유로 이민을 억제해야 한다는 입장이다.[9]

오늘도 미국 정부와 연방의회는 국내외의 정치·경제적 상황과 이민에 대한 미국 국민의 정서를 살피면서, 그리고 이민 개방주의와 이민 억제주의 사이에서 균형점을 찾으려고 고심하면서 선 순환적 이민정책을 추진하려고 노력하고 있다.

---

9) 김귀풍,《미국의 출입국관리제도》, 1993, 163면

3. 우리의 슬픈 이민의 역사와 '역지사지' 정신

우리는 슬픈 해외이민의 역사를 가지고 있다. 일제 강점기 시절 토지와 생산 수단을 빼앗긴 우리 농민과 노동자들은 가난과 굶주림을 피해 만주와 간도 지역으로 이주했다.

1937년 스탈린 집권 시절, 소수민족의 강제 이주정책에 의해 연해주에 거주하던 조선인들은 화물열차에 짐짝처럼 실려 시베리아 벌판을 지나 황무지인 중앙아시아 지역으로 강제 이주하던 도중 굶주림과 질병으로 1만여 명이 희생을 당했다고 한다.

1900년대에는 가난에서 벗어나기 위해 고향을 등지고 이역만리 하와이로 건너가 하루에 1달러도 안 되는 69센트를 받고 사탕수수 농장의 뙤약볕에서 힘들게 일을 한 하와이 이주 한인들이 있다. 또 사기 이민에 속아 멕시코 유카탄 반도의 에네켄(용설란의 일종) 농장에서 채찍을 맞아가며 노예나 다름없는 생활을 한 멕시코 이주 한인들의 슬픈 이민의 역사도 있다.

1960년대 달러를 벌기 위해 서독으로 간 광부들은 1천m 지하 막장에서 위험을 무릅쓰고 석탄을 캤으며, 간호사들은 알코올을 묻힌 거즈로 시체를 닦는 등 힘들게 병원 일을 했다고 한다.

역사는 과거와 현재의 대화이며 미래를 비춰보는 거울이라는 말이 있듯이, 필자는 우리 선조들의 과거 슬픈 이민의 역사를 통해 현재 한국에 들어와 살고 있는 외국인근로자와 결혼이민자 등 150만 이주민들을 역지사지(易地思之) 정신에서 더 잘 이해하고 포용하는 마음을 가졌으면 한다.

아울러 우리나라가 G20 회원국이자 세계 10위권의 경제 대국으로 성장한 것도 가난하고 힘든 시절 우리 선조들의 피와 눈물, 그리고 헌신적인 땀방울이 있었기에 가능했음을 잊어서는 안 될 것이다.

4. 하와이 이주 한인의 교훈

한국이민사박물관에서 발간한 〈전시유물도록〉에 따르면, "하와이 첫 이민자 중 절반 정도는 인천 내리교회 교인들이었으며 나머지 사람들도 상당수가 기독교인이었다."라고 한다. 그러면서 하와이 이주 한인이 우리에게 주는 교훈을 다음과 같이 기술하고 있다.

첫째, 초기 하와이 이주 한인들에게 교회는 한인 공동체의 구심점이자 안식처였다. 이들은 고된 생활 속에서도 교회를 중심으로 일치단결하여 외로움을 달래는 등 친목을 도모하고 자녀의 한글교육, 민족교육, 문화교육은 물론 조국에서 3·1 운동이 일어나자 독립운동 자금 모금 활동에도 발 벗고 나섰다.

둘째, 사진신부로 하와이로 건너가 결혼한 한인 여성들은 '신명부인회'의 사회활동 활성화와 1919년 독립운동 후원을 목적으로 '대한부인구제회'를 설립하여 하와이 한인 사회의 독립운동을 적극적으로 이끄는 주체로서 당당히 활동하기도 했다.

셋째, 하와이 이주 한인들은 물 설고 낯선 이역만리 이국땅에서의 고된 생활 속에서도 교육으로써 국권을 회복하고 자식들에게만큼은 가난을 대물림하지 않겠다는 신념이 강했다. 중국인이나 일본인들에 비해 하와이 땅에 늦게 발을 들여놓았지만, 이들보다 먼저 한국인 학교를 세울 만큼 뜨거운 교육열을 자랑했다.

이처럼 민족의 뿌리를 잊지 않기 위해 한글 교육에도 힘썼던 하와

이 이주 한인들의 뜨거운 교육열로 수준 높은 교육을 받은 한인 2세
와 3세들은 오늘날 미국 주류사회 곳곳으로 진출해 미국 내 한인사회
의 위상을 높이는 기틀을 마련했다.10)

10) 한국이민사박물관, 〈전시유물도록〉, 2012, 59~74면

제2장 우리나라 '해외이민(Emigration)'의 역사

　10년 전만 하더라도 우리는 국토가 좁고 인구가 많으니 해외로의 이민을 장려해야지 이민을 받아들여서는 안 된다거나, 단일민족 국가로서 외모와 피부색이 다른 인종의 피가 섞이는 것을 배척하는 순수 혈통주의가 지배했었다.

　하지만 이제는 사정이 달라졌다. 국내 체류외국인만 하더라도 200여 개 국가에서 온 150만여 명에 이르고 있다. 또 체류외국인의 유형도 외국인근로자 55만여 명, 결혼이민자 22만여 명, 외국인 유학생 8만여 명 등 다양한 형태를 띠고 있다.

　'이민'이란 자기 나라를 떠나 다른 나라로 이주하는 것'을 말한다. 우리는 이민하면 해외로 나가는 이민만 생각하기 쉬운데 국내로 들어오는 이민도 이민이라고 한다. 영어로는 해외로 나가는 이민을 Emigration이라 하고, 국내로 들어오는 이민을 Immigration이라 한다.

　참고로 우리나라에서는 외국인등록의 기준이 되는 90일을 기준으로 단기 체류와 장기 체류로 구분하고 있다. 국제연합(UN)의 국제이주통계에 관한 권고(1998년)에 따르면 1년 이상 해외에 거주하는 자를 장기 이주자로, 3개월에서 1년 미만 해외에 거주하는 자를 단기 이주자로 구분하고 있다.

필자는 독자들이 이해하기 쉽게 우리나라 이민의 역사를 '해외이민'의 역사와 '국내 이민'의 역사로 나누어 기술하였다.

우선 우리나라 '해외이민'의 역사부터 살펴보기로 한다.

1. 조선족과 고려인의 이주사

1860년대 조선에는 흉년이 들어 대기근이 발생했다. 이에 함경도와 평안도 농민들은 대기근을 피해 압록강과 두만강을 건너 사람이 살지 않은 간도 지역으로 이주하기 시작했다.

일제 강점기 시절인 1910년 일제의 토지조사사업으로 땅을 빼앗긴 조선 농민들은 중국 동북 지역으로 이주하였으며, 1920년대 산미증식정책에 따른 일제의 수탈을 피해 중국 동북 지역으로 이주한 농민은 45만 명으로 급증했다. 이들은 만주 땅에 불모지를 개간하고 어렵게 생활 터전을 닦아 나갔다.

1937년 스탈린은 러시아 연해주에 거주하고 있던 조선인들이 일본군과 내통한다는 이유로 연해주에서 가장 먼 중앙아시아 지역으로 강제 이주 명령을 내렸다. 당시 연해주에 거주하던 조선인들은 낡은 화물열차를 타고 시베리아 벌판을 지나 황무지인 중앙아시아 지역으로 가던 도중 굶주림과 질병으로 1만여 명이 희생당했다고 한다. 우리는 독립국가연합(CIS, 구소련)에 거주하는 약 50만 명의 고려인 동포들을 가리켜 '카레이스키'라 한다.

1941년 태평양 전쟁으로 일제의 공출이 더욱 가혹해져 중국으로 이주한 조선인들은 조국 광복과 국권 회복을 다짐하며 항일독립운동을 전개하기도 하였다. 1945년 8 · 15 광복 이후 동북 지역에 거주하던 조선인 40% 정도가 귀국하고 110만 명은 중국 동북 지역에 정착하였다고 한다.

1946년 중국 공산당과 국민당의 '2차 국공내전' 시 중국 동북 지역에 거주하던 조선인들은 중국 공산당에 가입하여 6만여 명이 참전하고 3,000여 명이 전사했다. 이를 계기로 1949년 중화인민공화국 수립 시 조선인은 중국 건국에 기여한 공로로 소수민족 자치를 인정받고 '조선족'이라는 명칭을 사용하게 되었다.[11]

1978년 중국의 개혁 · 개방정책으로 한중 양국 정부는 남한에 고향을 둔 조선족의 고향 방문을 허용하였다. 현재 약 200만 명으로 추산되는 중국국적의 조선족 동포들은 대부분 지린 성(길림성), 헤이룽장 성(흑룡강성), 랴오닝 성(요녕성) 등 동북 3성에 모여 살고 있다.

2. 사탕수수 농장에 깃든 하와이 이주 한인의 애환

구한말의 조선은 서구 열강의 조선 진출에 따른 이권개입 경쟁, 계속되는 가뭄으로 인한 흉년, 일제의 한국에서의 쌀과 곡물의 대량 반출로 인한 식량 사정 악화 등 심각한 사회적 · 경제적 혼란을 겪고 있었다.

때마침 하와이 사탕수수 농장주들은 일본인 노동자들이 18만 명까지 늘어나면서 임금 인상 등 까다로운 조건을 내걸고 파업을 하자, 일본인 노동자들의 노동 독점권에 대한 견제 세력으로 한인의 노동력에 관심을 갖게 되면서 당시 주한미국공사인 알렌(Allen)을 접촉했다.

알렌은 1884년 의료선교사로 조선에 도착한 이후 갑신정변으로 부

---

11) 법무부출입국외국인정책본부, 체류관리과, 《중국동포 이주 및 변천사》, 2012.

상을 입은 민영익을 치료한 공로로 고종 황제의 주치의로 발탁되어 황실의 신망을 얻었고 주한미국공사로도 일했다. 1902년 관서 지방에 가뭄과 홍수로 극심한 흉년이 닥쳐 기근 문제가 심각해지자 고종 황제에게 한인의 하와이 이민을 건의하여 허락을 받아냈다.

알렌은 이민 관련 업무에 미국인 데쉴러(Deshler)를 추천했고 데쉴러는 고종 황제로부터 하와이 이민 사업의 책임자로 임명되었다.[12]

데쉴러는 하와이 이민모집을 위해 '동서개발회사'를 설립함과 동시에 2만 5,000 달러의 운영자금으로 '데쉴러은행'을 설립했다. 당시 대대적인 하와이 이민 모집공고에도 불구하고 한인들은 미지의 세계에 대한 두려움과 친척이나 조상의 묘를 버리고 정든 고향을 떠나는 것은 조상에게 죄를 짓는다는 생각에 지원자가 거의 없었다고 한다.

그래서 알렌의 친구이자 인천 감리교회 담임목사인 존스(Johns)가 교회신도들에게 하와이 이민을 적극적으로 권장하였다. 그 결과 50여 명의 남녀 교인과 20명의 인천항 부두노동자들이 하와이 이민을 지원했다고 한다.

1902년 12월 22일 하와이 첫 이민단 121명이 인천 제물포항을 출발하여 2일간의 항해 끝에 일본 나가사키 항에 도착했다. 나가사키항 검역소에서 신체검사 결과 19명이 탈락하여 102명이 미국 상선 갤릭호(Gaelic)를 타고 3주간의 항해 끝에 1903년 1월 13일 하와이 호놀룰루 항에 도착했다. 하지만 하와이 이민국 검역관의 신체검사 결과 안질 환자 8명과 그의 가족 등 16명은 입국이 거부되어 제물포항으로 되돌아왔다. 따라서 하와이에 정착한 첫 이민자는 86명이었으며, 이들은 오하우 섬의 북단에 있는 와이알루아 사탕수수 농장으

---

12) 한국이민사박물관, 〈전시유물도록〉, 2012, 24면

로 보내졌다.[13)

　하와이 이민이 시작된 1903년 1월부터 일본의 압력으로 이민이 중단된 1905년 8월까지 2년 8개월간 65척의 배편을 이용하여 7,226명(남자 6,048명, 여자 637명, 어린이 541명)의 한인들이 하와이에 도착했다.[14)

**하와이 이민 모집 공고문[15)

- 기후는 온화하여 심한 더위와 추위가 없으므로 각인의 기질에 합당하다.
- 모든 섬에 다 학교가 있어 영문을 가리키며 학비는 받지 아니한다.
- 신체 건강하고 품행이 단정한 사람은 안정되고 장구한 직업을 얻기가 더욱 용이하고 법률의 보호를 받게 된다.
- 월급은 미국 금전으로 매월 십오 달러(대한 돈으로 오십칠 원가량)이고 일하는 시간은 매일 십 시간이며 일요일에는 휴식한다.
- 농부가 유숙하는 집이나 나무 및 식수와 병을 치료하는 경비는 고용하는 주인이 지급한다.

　한인 노동자들은 새벽 4시 30분 기상 사이렌 소리를 듣고 일어나 5시 30분부터 일을 시작해 점심시간을 제외하고는 오후 4시 30분까지 10시간을 쉬지 않고 힘든 일을 해야 했다. 작업 도중 옆 사람과

---

13) 웨인 패터슨, 《아메리카로 가는 길 : 한인 하와이 이민사》, 정대화 옮김, 들녘 2002, 126~132면
14) 동아일보(1998. 2. 25), "고국을 떠났던 선조들 한민족 유민사… 발자취를 찾아서(7), 구한말 하와이 농장이민"
15) 한국이민사박물관, 〈전시유물도록〉 2012, 31면

이야기를 하거나 담배를 피우는 일은 금지되었다. 말을 듣지 않으면 관리인 '루나'라는 사람이 말을 타고 돌아다니면서 채찍을 가하기도 하였다. 보수는 하루 10시간 힘들게 일을 해도 남자는 1달러도 안 되는 69센트를 여자는 50센트를 받았다.[16]

하와이 이주 한인들은 불볕더위와 장시간 노동, 저임금의 악조건 속에서도 억척스런 한민족 특유의 기질을 발휘해 이를 극복함으로써 하와이 지역사회에 강한 인상을 남겼다고 한다. 한인의 하와이 이민 은 1905년 을사조약 체결로 외교권을 빼앗은 일본이 하와이에 있는 일본 노동자들을 보호하기 위하여 조선에 이민 중단 압력을 행사하면 서 중단되었다.

3. 에네켄 농장에 맺힌 멕시코 이주 한인의 한(恨)

멕시코 만과 카리브 해를 양쪽에 끼고 있는 멕시코의 유카탄 반도 는 고대 마야 문명의 발상지이며 현재는 칸쿤 등 유명한 휴양도시가 있는 곳이다. 그런 유카탄 반도에 지금부터 110년 전인 구한말 시대 무슨 일이 일어났을까?

1905년 조선이 일본에 국권을 빼앗겼던 시기에 1,033명의 한인들 은 75일간의 긴 항해 끝에 멕시코 유카탄 반도의 메리다에 도착했다. 이들 중에는 일제에 의해 강제로 군대가 해산되자 울분을 참지 못하 고 멕시코 이민을 선택한 200여 명의 대한제국 군인들도 있었다. 그 러나 이들을 기다린 것은 신천지가 아니라 혹독한 계약노동이었다. 이들은 멕시코 20여 개의 에네켄 농장에 분산되어 계약노동자로 일 을 했다. 그러나 말이 계약노동이지 실제로는 뜨거운 선인장 가시밭

16) 김창범, 앞의 책, 66면

에서 채찍을 맞아가며 노예와 같은 생활을 하였다고 한다. 에네켄은 용설란의 일종으로 이것을 잘라 으깨면 흰 실타래가 되고, 이들을 모아 묶으면 튼튼한 밧줄이 되기 때문에 선박용 로프의 주원료로 쓰였다고 한다.

당시 멕시코는 해양산업이 호황을 이루면서 에네켄 농장주들은 선박용 밧줄의 주원료인 에네켄을 생산하기 위해 값싼 외국인 노동자를 필요로 했다. 멕시코로 간 한인 노동자들은 4년간의 혹독한 노동계약 기간이 끝났을 때, 일부는 조선으로 귀국했으나 대부분은 멕시코 각 지역으로 흩어져 어려운 생활을 이어갔다. 생활고에 시달리던 멕시코 이주 한인들 중 290여 명은 쿠바의 사탕수수 농장으로 재이주하기도 했다[17]. 우리는 흔히 멕시코 이민 1세대를 '애니깽'이라 부른다. 현재 애니깽 후손들은 3만 명에 이른다고 한다.

에네켄이 우리에게 애니깽으로 더 잘 알려지게 된 것은 멕시코 이주 한인의 비참한 삶을 소재로 한 영화와 소설, 뮤지컬 등이 나오면서부터이다.

1996년 대종상 작품상을 받은 김호선 감독·장미희 주연의 영화 〈애니깽〉, 김선영의 3부작 대하소설 《애니깽》, 김영하의 장편소설 《검은 꽃》, 아픈 역사 잊지 못할 연극 《애니깽》 등은 지금부터 110년 전 사기 이민에 속아 멕시코 유카탄 반도의 에네켄 농장에서 노예처럼 비참한 생활을 한 멕시코 이주 한인들의 슬픈 역사를 보여주고 있다.[18]

---

17) 동아일보(1998. 3. 11.), "고국을 떠났던 선조들 한민족 유민사··· 발자취를 좇아서(9), [국가기록원 홈페이지(www.archives.go.kr), 중남미 한인 : 구한말~1950년대 이민] 참조

18) 국무조정실 국무총리비서실 블로그(http://pmoblog.tistory.com/627), 〈멕시코 이주 한인 '애니깽', 그들의 후손을 찾아서〉 참조

4. 서독으로 간 광부와 간호사[19]

1960년대 초반 가난한 나라 대한민국에 돈을 빌려줄 나라는 지구 상에 어디에도 없었다. 당시 필리핀은 국민소득 170달러, 태국은 220달러였으나, 대한민국은 76달러에 불과했다. 오죽 가난했으면 머리카락을 잘라 가발을 만들어 외국에 내다 팔기도 하였다.

우리 정부는 1963년 서독 정부로부터 서독이 필요로 하는 우리 광부와 간호사들을 보내주고, 대신 이들의 봉급을 담보로 1억 5,000만 마르크의 차관을 빌리는데 성공했다. 처음에 고졸 출신 파독 광부 500명을 모집하는데 4만 6,000여 명이나 몰렸으며, 이들 중에는 대학 졸업생들도 수두룩했다고 한다.

서독으로 간 광부들은 1,000미터 이상의 지하 갱도에서 석탄가루를 마시고 뜨거운 지열을 참아가면서 힘들게 일을 했다. 이들이 사용한 삽과 채굴 장비는 덩치가 큰 서독 광부들의 신체 사이즈에 맞게 만들어져 힘에 부쳤다고 한다.

어린 간호사들은 파독 초기에는 병원에서 거즈에 알코올을 묻혀 시체 닦는 일을 했으며, 나중에는 벽촌의 양로원이나 요양원에서 환자들을 돌보기도 했다.

1963년부터 1977년까지 약 8,000여 명의 광부들과 1만여 명의 간호사들이 3년간 근로계약으로 서독으로 파견되었다고 한다.

1964년 박정희 대통령은 서독으로부터 차관을 들여오고 서독의 경제 발전상도 시찰할 겸 서독 행을 결심했다. 하지만 얼마나 가난했으면 서독으로 타고 갈 비행기가 없어 결국 서독 정부가 보내준 루프트

---

19) 이 부분은 김충배 장군이 2003년 육군사관학교 교장 시절 육사생도들에게 보낸 편지글과 《월간 조선》(2003. 12월호)의 "독일로 갔던 광부와 간호사들 이야기"를 참조하였다.

한자 특별기를 타고 갔다고 한다. 1964년 12월 10일 서독에 도착한 박정희 대통령은 육영수 여사와 함께 광부와 간호사들을 위로하기 위해 함보른 탄광을 찾았다.

얼굴과 작업복에 석탄가루가 묻은 광부 300여 명과 간호사 50여 명이 모였다. 박 대통령이 단상에 오르자 광부들로 구성된 밴드가 애국가를 연주했다. 박 대통령의 선창으로 시작된 애국가 합창은 모두 목이 메어 애국가를 제대로 부를 수가 없었다.

겨우 애국가 합창이 끝나자 박 대통령은 눈물을 닦고 연설을 시작했다. 여기저기서 흐느끼는 소리가 들려오자 박 대통령은 연설원고를 밀치고는 다음과 같이 말했다.

"광부 여러분, 간호원 여러분. 무엇 때문에 이 먼 이국땅에 찾아왔는가를 명심하여 조국의 명예를 걸고 열심히 일합시다." "비록 우리 생전에는 이룩하지 못하더라도 후손을 위해 남들과 같은 번영의 터전만이라도 닦아 놓읍시다."

결국, 이 대목에서 박 대통령은 울음이 북받쳐 연설을 끝맺지 못했다. 대통령도 울고 육영수 여사도 울고 광부와 간호사들도 누구 할 것 없이 모두 울었다고 한다.

당시 경제고문 겸 통역관으로 박 대통령을 수행했던 백영훈 박사는 《대한민국, 그 위대한 힘》이라는 저서에서 "그때 박 대통령이 광부, 간호사들과 함께 흘린 눈물이 조국 근대화의 시발점이었다."라고 회고하고 있다.

국가기록원에 따르면 파독 광부와 간호사들이 고국에 보낸 송금액은 1억 1,000여만 달러로 당시 우리나라 국내총생산(GDP)의 약 2%에 달했다고 한다. 이들이 힘들게 번 종잣돈이 오늘날 경제성장의 주춧돌이 된 것이다.

5. 1965년 「수정 이민법」과 제3의 미국 이민 물결

아일랜드계 이민자 집안 출신인 존 F. 케네디 전 미국 대통령은 1958년 상원의원 시절, 미국이 활기 있는 국가로 발돋움하기 위해서는 1921년 이민법 제정 당시 유럽계 백인들에게만 특혜를 부여하던 출신 국가별 이민할당제(national origins quota)를 폐지하고, 대신 인종이나 국적에 상관없이 세계 모든 국가로부터의 이민을 장려하는 것을 주요 내용으로 하는 '수정 이민법안'을 제출하였다.

하지만 이 법안은 공화당의 반대로 통과되지 못하였으나, 1963년 존 F. 케네디 대통령이 암살되자 1965년 고인의 넋을 추모하는 의미에서 통과되었다.

어깨너머로 보이는 저 엘리스 섬에 들어선 이민국 사무소의 텅 빈 복도엔 수십 년 동안 그곳을 통과한 수많은 이민자의 환희의 함성소리가 메아리쳐 오고 있음이 느껴집니다.

오늘 이 순간 전 세계 사람들에게 더 많은 자유의 불빛을 허용함으로써 자유의 여신상의 횃불이 더욱 찬란하게 타오르고 있는 것 같습니다.

이 장면은 1965년 존슨 미국 대통령이 자유의 여신상이 위치한 자유의 섬(Liberty Island)에서 엘리스 섬(Ellis Island)을 바라보며, 역사적인 '수정 이민법안'에 서명하면서 했던 연설문의 일부이다. 엘리스 섬(Ellis Island)은 1954년 폐쇄될 때까지 60년 동안 유럽계 이민자들의 관문 역할을 했던 이민국 사무소가 있었던 곳이다.

아메리칸 드림을 안고 뉴욕 항으로 들어오는 이민자들이 가장 먼저 보게 되는 것이 횃불을 높이 든 '자유의 여신상'이다. 뉴욕의 허드슨 강 입구의 자유의 섬(Liberty Island)에 위치한 자유의 여신상은 1886년 미국 독립 100주년을 기념하여 프랑스 정부가 우호 증진을 위해 미국에 준 선물이다.

자유의 여신상

자유의 여신상 주춧돌에는 엠마 라자루스(Emma Lazarus)의 시가 새겨져 있다.

"고단한 사람들이여, 가난한 사람들이여,
자유로이 숨 쉬기를 갈망하는 사람들이여, 다 내게로 오라."

1965년 「수정 이민법」 통과를 계기로 한국·중국 등 아시아계와 멕시코 등 남미계 출신자들의 미국 이민이 본격적으로 시작되었다. 「수정 이민법」을 통해 가족초청이민과 취업이민, 그리고 소액투자 비자 등을 통해 미국에 들어가 정착한 한인을 가리켜 제3의 이민 물결이라 한다.

참고로 하와이 이민이 시작된 1903년 1월부터 일본의 압력으로 이민이 중단된 1905년 8월까지 2년 8개월간 하와이 사탕수수 농장으로 이주한 7,200여 명의 한인들과 950여 명의 사진신부(picture bride)들을 가리켜 제1의 미국 이민 물결이라 한다.

1950년부터 1965년 「수정 이민법」이 통과될 때까지 한국에 주둔한 주한미군 병사와 국제결혼을 한 후 미국으로 건너간 약 6,000명의 전쟁신부(war bride)들과 6·25 전쟁고아·혼혈아 등으로 미국인 가정에 입양된 약 5,000명의 입양아들을 가리켜 제2의 미국 이민 물결이라 한다.[20]

● 미국 흑인 민권운동의 시초가 된 로자 파크스 사건

미국은 링컨 대통령에 의해 흑인 노예해방은 이루어졌지만, 남부지방에서는 수십 년간 인종차별이 공공연히 이루어지고 있었다. 1955년 12월 앨라배마 주 몽고메리시의 한 백화점에서 일을 마친 로자 파크스(Rosa Parks)는 버스에 올랐다. 하지만 그녀는 백인 승객에게 자리를 양보하라는 버스 운전기사의 지시를 거부하였다는 이유로 경찰에 체포되었다.

당시 미국 남부에서는 인종차별법인 「짐 크로우법」에 의해 백인과 흑인은 거의 모든 일상생활에서 분리되어 생활하였다. 버스와 기차 같은

---

20) 로스앤젤레스 한국교육원, "〈미주한인역사〉 교수학습자료", 2009, 12~14면

대중 교통수단도 앉는 자리를 분리하도록 강제하였다. 또한, 흑인 어린이들에게는 학교버스가 제공되지 않아 먼 길을 걸어 다녀야만 했다.

로자 파크스 사건은 380여 일 동안 몽고메리시 버스 승차 거부 운동과 인종차별에 저항하는 대규모 시위로 번져 나갔다. 당시 마틴 루터 킹(Martin Luther King Jr.) 목사도 참여한 이 운동은 아프리카계 미국인의 인권과 권익을 개선하고자 하는 미국 민권 운동의 시초가 되었다. 이 사건을 계기로 1964년 공공장소에서 인종차별을 금지하는 「민권법」이 제정되었다. 로자 파크스는 이 사건 이후 백화점에서 쫓겨나는 등 어려움을 겪었지만, 그녀의 작은 행동이 미국의 인권 지형을 크게 바꾸어 놓은 계기가 되었다.[21]

🌑 미국으로 이주한 한인들이 자영업을 선택한 이유[22]

1965년 「수정 이민법」 통과 이후 한인들은 더 나은 삶과 자녀 교육을 위해 미국으로 이민을 떠났다. 하지만 이들은 아메리칸 드림을 이루기 위해 '기회의 땅' 미국에 왔지만 각종 차별에 직면했다. 한인 이민자들은 한국에서 받은 고등교육이 미국 사회에서 제대로 인정받지 못하는 현실과 언어장벽 때문에 취업의 문호가 제한되어 있었다.

한인들이 미국으로 이주하기 훨씬 전에 유태계 이민자들은 도시 빈민 지역에서 스몰 비즈니스(small business), 즉 자영업을 운영하고 있었다. 하지만 1960년대 유태계 2세와 3세들은 부모 세대들과는 달리 도시 빈민 지역을 벗어나 주류사회의 노동시장에 뛰어들어 상당수가 전문직종과 화이트칼라 일자리를 차지하였다.

---

21) 로자 파크스 · 짐 해스킨스, 《로자 파크스 나의 이야기》, 최성애 옮김, 문예춘추사(2012) 참조

22) 로스앤젤레스 한국교육원, "〈미주한인역사〉 교수학습자료", 2009, 21~22면 참조

유태계가 도시를 떠났지만, 소비자들의 숫자는 증가하여 유태계를 대체할 집단에 대한 필요성이 높아졌다. 이에 한인 이민자들은 '버려진 도시들'의 경제적 기회를 최대한 활용하였다.

당시 미국으로 이민을 간 대부분의 한인들은 한국에서의 전문직 근무와 중산층(middle class)이라는 배경을 가지고 있었음에도 불구하고 인종 차별과 언어장벽 때문에 어려움을 겪어야 했다. 대부분의 한인들은 미국의 관습과 문화에 익숙하지 않았으며, 한국의 명문대학 출신이라는 점도 종종 미국 사회에서는 인정받지 못했다. 설령 한인들이 미국 대학에 다시 다닌다고 하더라도 새로운 언어를 자유롭게 구사한다는 것은 어려웠고, 그 결과 미국인과의 경쟁에서 매우 불리한 처지에 놓였다.

이러한 이유로 한인 이민자들은 대부분 가게 임대료가 싼 흑인 거주지에서 식료품 가게, 채소 가게, 생선 가게, 비디오 가게, 세탁소, 간이식당 등 스몰 비즈니스 형태의 자영업을 시작했다.

당시 영주권을 취득하지 못한 한인들 중에는 소액투자 비자(E-1비자)로 자영업을 하는 경우가 많았다. 소액투자 비자를 받으면 배우자와 21세 미만 자녀를 동반 가족으로 데려갈 수 있으며 자녀들을 공립학교에 보낼 수 있는 혜택이 주어졌다. 또한, 계속 사업을 하고 있으면 2년마다 체류기간 연장을 통해 미국에 체류가 가능했다.

한편, 언어 장벽과 문화적 충격에 직면한 한인에게 자영업은 미국에서 안정된 삶을 영위할 가능성을 제공하였다. 당시 한인 이민자들 중 세탁소, 식료품 가게, 미용실, 식당 등을 운영하는 자영업자가 40%를 차지하였다고 한다.

이렇듯 주류사회의 노동시장에서 차별을 경험했지만, 자신들의 가족을 책임지고 자녀들을 키우며 한국에서 부모들을 초청하려는 한인

이민자들에게 자영업은 하나의 해결책이 되었다.

결국, 자영업 덕택에 한인 이민자들은 자녀들을 미국 대학에 진학시킬 수 있었으며, 나중에 그들이 주류사회에서 전문직에 종사하는 것이 가능해졌다. 미주 한인 1세에게 자영업은 하나의 생존 전략이자 자녀들의 미래에 대한 투자였다.

● 한인들의 미국 이민 현황과 역이민

미국 국토안보부 산하 시민이민국(CIS)의 '연간 이민 분석 자료 (2011)'에 따르면, 2010년 현재 미국 영주권을 취득한 한인 이민자들의 숫자는 100만 명에 달하는 것으로 나타났다.

이 자료에 따르면 1960년대에는 2만 7,000여 명, 1970년대에는 24만여 명, 1980년대에는 32만 명으로 급증하다가 1990년대에는 18만 명으로 줄어들었다.

한편, 1980년대에 들어와서는 매년 3만 명이 넘던 이민자 수가 1987년 3만 5,000명을 정점으로 그 이후부터 감소세로 돌아섰다. 그 이유는 '88 서울올림픽을 성공적으로 개최함으로써 우리나라의 국제적 위상이 높아지고 경제가 급성장하면서 미국으로의 이민이 줄어들었기 때문이다.

미국의 한인 이민자들은 특유의 근면성으로 경제적 부는 달성했으나, 단일민족의 특성상 수많은 민족이 모여 살고 있는 다양한 문화에 익숙하지 않은 관계로 흑인 등 다른 소수민족과 갈등을 겪다 1992년 LA에서 발생한 '흑인 폭동 사건'의 희생자가 되기도 했다. 이 사건을 계기로 한국으로의 역이민이 증가했다.

하지만 1997년 IMF 외환 위기를 겪으면서 경제적으로 어려워지자 2000년대부터 미국 이민이 다시 증가하기 시작했다. 오늘날에는 생계형 이민보다는 30~40대의 고학력층이 자녀교육과 취업 및 새로운 사업에 도전하기 위해 미국 이민을 선택하고 있다. 이와는 반대로 60세 이상의 고령 교포는 한국에서 노후를 보내기 위해 한국으로의 역이민을 선택하고 있다.

6. 1989년 해외여행 전면 자유화

우리나라는 1983년 이전까지만 하더라도 여권은 해외로 출장 가는 공무원들과 무역업 종사자 등 특별한 사정이 있는 사람에게만 발급되었으며, 오늘날처럼 해외여행을 가기 위해 필요한 관광여권은 발급되지 않았다.

그나마 1983년부터 관광이나 방문 목적의 해외여행이 시작됐지만, 부부 동반을 제외하고는 연령 제한(50세 이상)이 있어 해외여행은 여전히 특권층의 전유물처럼 여겨졌다. 게다가 해외여행 한 번 가려면 200만 원을 1년간 예치하는 조건이 있었으니 해외여행 가기가 쉽지 않았다. 또 여권 신청자는 소양교육을 받아야 하는 등 절차가 복잡했다.

● 여권으로 마신 외상술

1980년대 초 「여권법」 시행규칙이 개정되기 이전에는 중동 건설현장이나 독일의 탄광으로 취업해 나가는 이들을 제외하면 일반 서민에게 여권은 남의 나라 이야기였다.

당시엔 여권이 있다는 사실 하나만으로도 특별한 대접을 받을 수 있었다. "여권을 처음 발급받았을 때 부모님께서 얼마나 뿌듯해하셨는지 모릅니다. 크게 출세한 것처럼 생각하셨으니까요. 그땐 여권을 보여주면 외상술도 쉽게 마실 수 있었습니다." 1981년 4월 한진관광에 입사한 한 직원의 얘기다. (중략)

여권 발급 간소화 시행에 즈음해 신문들은 앞다퉈 해외여행 관련 기사를 게재했다. 1981년 7월 2일 동아일보에는 '해외여행은 이렇게…'라는 제목으로 특집기사가 실렸다. 출발 준비부터 귀국까지 해외여행에서 알아두어야 할 예절과 주의사항을 안내하고 있는데 어떤 부분은 다소 의아스럽다.

"……일단 호텔에 들어가면 무거운 짐은 호텔 종업원에게 맡기고 자신은 서류가방이나 핸드백만을 드는 것이 점잖게 보인다. 종업원에 대한 팁은 50센트 정도면 무난하다. ……호텔 안 레스토랑에서 저녁 식사를 할 때는 넥타이를 매는 등 반드시 정장을 해야 한다는 것도 알아두어야 할 일. 그러나 무엇보다 알아야 할 건 긴장하지 말고 자세를 바로 해서 먹는 소리는 작게 내되 이야기를 하면서 식사를 하라는 것이다……"

소양교육과 마찬가지로 신문기사도 실제 해외여행에선 도움이 되지 못했다. 외국어에 서툰 나이 지긋한 여행객들이 해외에서 벌이는 해프닝이 줄을 이었다. 개 그림이 들어간 통조림(애완견 먹이)을 구입해 일행 전체가 나눠 먹고, 호텔 객실에서 처음 본 비데의 사용법을 알지 못해 물벼락을 맞은 사연이 속속 전해졌다.

'88 서울올림픽 직후인 1989년 1월 1일부터 연령 제한이 없어지면서 해외여행 전면 자유화가 이뤄졌다.[23]

---

23) 출처 : 연합이매진(2007. 1. 18.) [TRAVEL FEATURE] 해외여행 변천사 ② 여권으로 마신 외상술, http://news.naver.com/main/read.nhn?mode=LSD& mid=sec&sid1=103&oid=225&aid=0000001426, 검색일: 2013. 7. 8.)

7. 소중한 인적자원인 700만 재외동포

재외동포 700만 명이라 하면 한국 국적을 보유하고 있는 '재외국민'(외국 영주권자와 유학생 등 해외 체류자)과 외국 국적을 취득한 '외국국적 동포'(시민권자)를 모두 포함한 것을 말한다.

2013년 외교부의 '해외거주 재외동포 현황' 통계에 따르면, 전 세계 5대양 6대주에 흩어져 살고 있는 재외동포의 수는 700만 명에 달한다. 이는 남북한 인구의 약 10%에 해당한다. 재외동포 700만 명 중 영주권자 등 재외국민은 260만 명이며, 시민권자 등 외국국적 동포는 440만 명을 차지한다.

재외동포 거주 지역으로는 중국 257만여 명(중국동포 포함), 미국 209만여 명, 일본 89만여 명 등 3개국이 전체의 79%를 차지하고 있다. 이어서 독립국가연합(CIS) 49만 명, 캐나다 20만 명, 호주 13만 명, 유럽 12만 명, 중남미 11만 명 순으로 나타났다.

우리나라 재외동포의 수는 중국·인도·이탈리아·이스라엘에 이어 세계 5위로, 이는 한 민족의 짧은 이민사에 비하면 수적으로 많은 재외동포를 가지고 있다고 할 수 있다.

미국 인구조사국은 10년마다 인구조사를 실시한다. 2010년도 인구조사(2010 Census) 결과에 따르면 한국계 미국인(Korean American)은 170만여 명으로, 이는 미국 전체 인구(3억 800만여 명)의 0.6%를 차지하고 있는 것으로 나타났다. 아시아 국가로는 1위 중국, 2위 필리핀, 3위 인도, 4위 베트남에 이어 5위를 기록하고 있다. 170만여 명 가운데 캘리포니아 주에 45만여 명, 뉴욕 주에 14만여 명, 뉴저지 주에 19만여 명 등 절반 정도가 3개 주에 살고 있는 것으로 나타났다.

한편, 700만 재외동포 가운데 차세대로 지칭되는 인구는 전체의 약 3분의 1인 200만 명 정도로 추산되고 있다. 임채완 전남대 교수는 "차세대란 비교적 젊은 2~3세대를 의미하며, 이들은 자식만큼은 절대로 고생시키지 않고 가난만은 대물림하지 않겠다는 동포 1세대들의 뜨거운 교육열 속에 모국과는 떨어져 거주국 문화에 동화하면서 자란 젊은이"라고 한다.

오늘날 이들은 현지 주류사회에 성공적으로 진출해 활약하면서 한민족의 위상을 높이고 있으며, 또한 모국인 대한민국이 경제대국으로 성장하고 한류와 케이팝(K-pop)이 전 세계를 휩쓸자 자부심도 높아졌다고 한다.

전 세계 5대양 6대주에 흩어져 살고 있는 700만 재외동포는 한민족 네트워크 차원에서 특별히 보호해야 할 대상일 뿐만 아니라 우리나라와 거주국 간의 교량 역할을 하는 우리의 소중한 인적자원이라 할 수 있다. 오늘날 세계 각국은 부족한 노동인력을 언어와 문화적 동질성이 같고 이주민에 비해 사회통합에 유리한 자국 동포를 우선적으로 활용하는 경향이 있다.

일본은 노동력 부족 문제를 해결하기 위해 브라질 등 중남미에 거주하는 200만 명의 '니케이진(일본인 2세와 동포)'에게 정주자격을 부여하여 자유로운 취업활동과 장기체류를 보장하고 있다. 예컨대 27만여 명의 니케이진 유입으로 1989년 247명이던 소도시 인구가 20배 이상으로 증가하는 등 이들은 단순 노동력이 아니라 아파트 임대 사업, 상점 매상고 등을 고려하면 순환적인 경제 효과 및 지역경제 활성화에 크게 이바지하였다.[24]

---

24) 법무부 출입국·외국인정책본부, 〈국가경쟁력 보고자료〉, "외국국적 동포 정책 현황 및 과제", 2008.

중국은 자국 입국을 희망하는 해외동포에게 영주권에 해당하는 정주자격을 부여하고 자유로운 출입국과 취업을 허용함으로써 중국 현대화 건설을 위한 해외 인적 자원으로 적극 활용하고 있다.

이스라엘은 미국·유럽·독립국가연합(구소련)에 거주하는 약 2,000만 명의 자국 동포에 대해 이중국적을 부여하여 내국인과 동등한 지위와 권리를 보장하고 있다.

● 메리 로빈슨 아일랜드 대통령과 '아이리시 네트워크'

아일랜드의 동포 네트워크인 '아이리시 네트워크'는 아일랜드를 가장 살기 좋은 나라로 만든 주역이다. 변방의 섬나라 아일랜드는 1980년대까지만 해도 인구는 계속 줄어들고 1인당 국민소득은 1만 달러도 되지 않은 서유럽에서 가장 낙후된 나라였다.

하지만 1990년 대통령 선거에서 "우리 더는 이렇게 살지 말자."라고 외치며 최초의 여성 대통령으로 당선된 메리 로빈슨은 "나는 아일랜드인입니다. 오세요, 저와 함께 아일랜드에서 춤을 춥시다."라는 아일랜드 민족 시인이자 노벨문학상 수상자인 '예이츠'의 시구를 인용해 대통령 취임사를 밝히고는, 아일랜드의 부흥을 위해 해외에 흩어져 살고 있는 아일랜드 동포들의 적극적인 지원을 호소했다.

그리고 대통령궁에는 하루 24시간 횃불을 켜놓고 아일랜드 동포들의 성공과 발전을 기원함으로써 전 세계에 흩어져 살고 있는 아일랜드 동포들에게 감동을 주어 급기야 조국 돕기 운동에 불을 붙였다. 미국과 유럽 등지에서 활동하는 아일랜드 경제인들이 앞다투어 조국 아일랜드에 투자하여 일자리를 만들고 조국 건설에 이바지함으로써 지금은

1인당 국민소득이 4만 달러가 넘는 유럽에서 가장 살기 좋은 나라가 되었다.[25]

아일랜드는 1980년대 후반까지만 해도 유럽에서 가장 낙후된 나라 중의 하나였다. 하지만 아일랜드 최초의 여성 대통령인 메리 로빈슨 (Mary Robinson)은 당선되자마자 적극적인 외자 유치 정책과 아일랜드 동포들의 적극적인 지원을 이끌어냄으로써 아일랜드는 연평균 10%대의 높은 경제성장률을 이룩했다.

또한, 인권변호사와 여성운동가로 활동하다 대통령에 당선된 로빈슨은 재직 시절 내전 지역인 북아일랜드를 방문해 평화를 정착시키려고 노력하였다. 아울러 아일랜드는 보수적인 색채가 강한 카톨릭 국가였지만, 그녀는 이혼 합법화와 동성애자 차별금지 등 소외 계층을 감싸는 정책을 실시하여 국민으로부터 전폭적인 지지를 받았다.

그녀는 평생 인권 문제에도 관심을 기울여 '르완다 학살 사건'이 발생하자 국가수반으로는 최초로 르완다를 방문하여 난민 구호활동을 한 공로로 '국제인권상'을 수상했다. 퇴임 후에는 '유엔 인권고등판무관'으로 임명되어 제3세계 내전 지역의 고통받는 사람들의 인권을 위해 헌신하기도 하였다.

메리 로빈슨은 1990년 경쟁자인 브라이언 레니한을 8만여 표 차이로 힘들게 이기고 아일랜드 최초의 여성 대통령에 당선됐다. 하지만 7년이 지난 1997년 메리 맥컬리스(Mary McAleese)에게 정권을 넘겨 줄 당시 그녀의 지지도는 90%를 넘었다고 한다.

---

25) 서울신문(2008. 2. 25.), 사설 / 오피니언 "민족의 소중한 자산, 700만 재외동포", 양창영 호서대 교수.

세계화 시대는 인적 자원의 역량이 곧 국가 경쟁력을 좌우한다. 세계 각국은 전 세계에 흩어져 살고 있는 자국 민족과 네트워크를 강화하고 있다. 현재 전 세계에 흩어져 살고 있는 700만 재외동포 가운데는 각 분야에서 인정을 받으며 조국의 명예를 드높이는 훌륭한 인재들이 많다.

저출산·고령화 사회에 진입한 우리로서는 '아이리시 네트워크'를 교훈 삼아, 전 세계에 흩어져 살고 있는 700만 재외동포를 한민족의 소중한 인적 자원으로 활용할 필요가 있다. 또한, 이들이 긍지와 자부심을 갖고 현지 사회에서 세계화의 첨병으로 활동할 수 있도록 교류와 협력을 확대함은 물론 모국의 발전에 이바지할 수 있는 방안을 마련하여야 할 것이다.

제3장 우리나라 '국내이민(Immigration)'의 역사

1. 우리나라 이민행정의 연혁

우리나라는 대륙에 인접한 반도 국가로서 중국 대륙과 해양 세력으로부터 수많은 외침을 받아왔다. 또한, 외국 사신들이 우리나라를 방문하고 우리의 우수한 문물을 이들 나라에 전파하는 등 인적 · 물적 교류도 빈번했다.

고려 시대에는 국제 무역항 벽란도를 통하여 송나라 상인은 물론 여진족이나 저 멀리 아라비아 상인까지 와서 활동함으로써 '코리아'라는 이름이 서양에 알려지게 되었다.

《조선왕조실록》에 따르면 조선 시대에는 세종 8년(1426) 대마도 정벌 이후 일본인에 대한 유화책의 하나로 3포(내이포, 부산포, 염포)를 개항하여 일본인에게 교역을 허용함과 아울러, 이곳에 왜관을 두어 일본인의 거주를 허용하였다고 한다. 1882년 조선은 미국과 국교 및 통상을 목적으로 '조미수호통상조약'을 체결하여 거류지를 인정하였다.

우리나라는 일제 강점기 시절 통치권과 외교권을 박탈당해, 사실상 국가의 주권을 행사하고 국가의 이익과 안전을 추구하는 출입국관리행정과 출입국관리법령은 존재하지 않았다.

한편, 우리나라 출입국관리행정은 주권이 회복되어 외국인 등록업무를 관장하던 1948년으로 볼 수 있으나, 미군정 및 6·25 전쟁으로 인해 1950년에도 이렇다 할 발전이 없었다. 다만, 1954년 4월 김포국제공항에 김포출입국관리사무소가 개청되면서 출입국심사 업무가 시작되었다.

1960년대에 들어와서는 출입국관리행정이 단순히 여권 발급과 관련된 출입국심사만을 위한 기능이 아니라, 외국인의 체류관리 업무까지 포함하는 행정이라는 인식에서 1961년 10월 출입국관리업무가 외무부에서 법무부로 이관되었다.

이로써 출입국관리행정은 종래의 단순한 여권 발급 업무에서 내외국인의 출입국심사 업무와 외국인의 체류관리 업무까지 확대되었다. 또한, 1963년 3월 「출입국관리법」이 제정되고, 같은 해 12월에 출입국관리직제가 공포되어 서울·부산·인천 등 3개 출입국관리사무소와 11개 출장소가 설치됨으로써 비로소 출입국관리행정 체계를 갖추게 되었다.[26)]

1970년대에는 한국인이 일본에서 취업할 목적으로 밀항을 시도하는 밀항 사범과 병역 기피 목적의 해외 출국 사례가 빈발하였다. 이에 따라 1971년 2월 최초로 전국 출입국관리 사무소장 회의를 개최하여 밀항 사범 단속 방안 등을 논의하였다.

당시 내무부 외사국 외사과에서 발간한 '밀항사범 단속 처리 및 분석 자료'에 따르면, 1968년부터 1972년까지 5년간 3,000여 명의 한국인이 일본에서 취업할 목적으로 밀항을 시도하다 적발되었다. 이

---

26) 법무부, 《출입국관리 40년사》, 2003, 45~50면

는 당시 국내외의 정치·경제적 불안과 일본의 급속한 경제발전으로 인한 노동력 부족 현상으로 일본에서의 불법 취업이 용이한데 기인한 것으로 분석되고 있다.[27]

1983년 중공민항기 불시착 사건 해결과 보트 피플 월남 난민에 대한 인도적·국제법적 처우는 출입국관리행정이 국제 환경 변화에 능동적으로 대응할 수 있는 중요한 경험을 제공하였다.

1984년 전국 출입국관리사무소에 온라인 전산망을 구축함으로써 대량 출입국자 시대에 대비한 발판을 마련하였다.

1988년 서울올림픽의 성공적 개최와 1989년 해외여행 전면 자유화 실시로 내외국인의 출입국자 수가 급증하게 되었다. 법무부 통계에 따르면 1986년도 출입국자 수는 500만여 명이었으나, 3년 뒤인 1989년도에는 880만여 명(승무원 포함)으로 급증하였다.

한편, 1989년 냉전의 상징이었던 베를린 장벽이 무너지면서 1990년 독일이 통일되었다. 이는 소련의 페레스트로이카로 촉발된 헝가리·체코 등 동유럽의 민주화 바람이 끼친 영향이다. 1991년 소비에트 연방을 해체하고 러시아를 비롯한 우크라이나·우즈베키스탄·카자흐스탄 등 11개 공화국이 독립국가연합(CIS)을 결성하였다.

우리나라는 1990년 「남북교류 협력에 관한 법률」이 제정되고 1991년 남·북한이 유엔에 동시에 가입한 것을 계기로, 러시아와 중국 등 북방 사회주의 국가와 외교관계를 수립하였다. 즉 1990년에는 러시아와 1992년에는 독립국가연합(CIS) 10개국과도 외교관계를 수립하였다. 1992년 8월에는 역사적인 한중수교가 이루어졌다.

1992년 12월 '난민 지위에 관한 협약'과 '난민 지위에 관한 의정서'에 가입한 것을 계기로, 1993년 12월 「출입국관리법」을 개정하여

---

27) 법무부, 《출입국관리 40년사》, 2003, 104면

'난민인정 조항'을 신설하였다.

1997년 제4차 「국적법」을 개정하여 남녀차별 조항으로 비난받아 온 부계혈통주의를 폐지하고 '부모양계혈통주의'를 채택함으로써, 1948년 「국적법」 제정 이후 40여 년간 거의 변화 없이 유지되던 대한민국의 국적 제도에 큰 변화를 가져왔다.

제4차 개정 「국적법」이 시행되기 전인 1998년 6월 13일 이전에는 출생 당시 부(父)가 대한민국 국민인 경우에만 대한민국 국적을 취득할 수 있었다. 그러나 부모양계혈통주의 채택으로 출생 당시에 부모 중 어느 한쪽이 대한민국 국민이면 대한민국 국적 취득이 가능해졌다.

2002년 4월 '출입국관리법 시행령'을 개정하여 재한 화교와 50만 달러 이상을 투자하고 한국인 5명 이상을 고용한 고액투자 외국인으로서 거주(F-2) 자격으로 5년 이상 국내에 거주한 외국인에게 처음으로 영주(F-5) 자격을 부여하였다.

2004년 8월 중소 제조업체의 인력난을 해소하고 외국인근로자를 합법적으로 고용할 수 있는 '고용허가제'를 시행하였다. 고용허가제로 입국하는 외국인근로자에 대해서는 비전문취업(E-9) 체류자격을 부여하고 단기순환 원칙에 따라 3년(고용주가 원하면 최대 4년 10개월) 동안 국내 체류를 허용하였다.

2005년 9월 인천공항 출입국사무소는 급증하는 출입국심사 업무에 효율적으로 대처하기 위해 여권 자동판독시스템(MRP System)을 도입하였다. 이는 여권판독기가 여권 인적사항을 자동으로 인식하여 출입국 규제자 검색은 물론 출입국자 기록을 자동으로 저장함으로써 출입국심사 시간을 대폭 단축하는 효과를 가져왔다.

또한, 승객정보 사전분석시스템(APIS : Advance Passenger Information System)을 도입하였다. APIS는 출발지에서 비행기가 이륙함과 동시에 탑승객 명단이 인천공항 출입국에 전송되면, 정보분석과에서 비행기가 인천공항에 도착하기 전에 입국 규제자 등 문제 승객을 미리 파악하여 입국심사 시 활용할 수 있는 유용한 시스템을 말한다.

APIS는 우리의 우수한 IT 기술력을 출입국심사 시스템에 접목하여 입국심사에 활용함으로써, 테러리스트나 국제 범죄자 등 국익에 해가 되는 외국인의 입국을 사전에 차단함은 물론 선량한 입국자에 대해서는 입국심사 시 대기시간을 단축하는 효과를 가져왔다.

인천공항 출입국은 국민 공모를 통해 채택된 출입국심사 혁신 브랜드 'KISS(Korea Immigration Smart Service의 첫 글자 조합)'을 도입함과 아울러 출입국심사제도와 절차를 혁신하고 출입국심사서비스 역량을 높이기 위해 노력한 결과, 2007년 6월 공공행정 분야에서 세계 최고의 권위를 자랑하는 '유엔 공공행정상'을 수상하였다.

법무부는 2007년 3월 중국동포를 단순히 '외국인력 관리' 대상이 아니라 국민에 준해 '포용'의 대상으로 보아야 한다는 국민 정서를 반영하여, 그간 미국과 일본 등에 거주하는 동포에 비해 상대적으로 소외받아 온 중국(조선족)동포와 고려인 동포에 대해서도 입국 문호와 취업 기회를 확대하자는 취지에서 '방문취업제'를 도입하였다.

법무부는 방문취업제 도입을 계기로, 중국 및 구소련 지역에 거주하는 만 25세 이상 동포들에게 자유로운 모국 방문을 허용하고 단순노무 분야에서도 취업이 가능한 5년짜리 방문취업(H-2) 복수비자를 발급하였다.

또한, 국내에 호적이나 친인척이 없는 무연고 동포에 대해서도 방문취업(H-2) 비자를 발급하였다. 다만, 무연고 동포에 대해서는 국내 노동시장 보호 차원에서 매년 쿼터(숫자)를 정하여 법무부장관이 고시하는 한국말 시험이나 추첨 등의 절차에 의하여 선정된 사람에 한하여 방문취업 비자를 발급하였다.

2007년 5월 17일 「재한외국인 처우기본법」이 제정되었다. 이 법은 재한외국인이 대한민국 사회에 적응하여 개인의 능력을 충분히 발휘할 수 있도록 하고, 대한민국 국민과 재한외국인이 서로를 이해하고 존중하는 사회 환경을 만들어 대한민국의 발전과 사회통합에 이바지함을 목적으로 한다.

「재한외국인 처우기본법」은 단일민족 신화를 가진 우리나라 역사에 있어 다문화 수용의 방향성을 제시하고 국민과 재한외국인 간의 사회통합을 목적으로 하였다는 점에서 역사적 의의가 있는 것으로 평가된다.

「재한외국인 처우기본법」에 따르면 "법무부장관은 관계 중앙행정기관의 장과 협의하여 5년마다 외국인정책에 관한 기본계획을 수립하여야 한다."고 규정하고 있다. 이에 근거하여 2008년과 2012년에 각각 제1차 및 제2차 '외국인정책 기본계획'이 수립되었다.

또한, 국민과 재한외국인이 서로의 문화와 전통을 존중하면서 더불어 살아갈 수 있는 사회 환경을 조성하기 위하여 매년 5월 20일을 '세계인의 날(Together Day)'로 정하고, 세계인의 날부터 1주간의 기간을 '세계인 주간'으로 하고 있다.

세계인의 날에는 기념식 행사는 물론 다문화 학술포럼 개최, 세계 음식문화 체험 전시회, 내국인과 외국인이 함께하는 어울림 한마당 축제 등이 열린다.

호주는 매년 3월 21일을 '화합의 날(Harmony Day)'로 지정하여 서로 다른 문화와 전통을 가진 사람들이 한데 모여 서로 이해하고 소통하는 날로 활용하고 있다.

2008년 3월 21일 「다문화가족 지원법」이 제정되었다. 이 법은 다문화가족 구성원으로 하여금 안정적인 가족생활을 영위할 수 있도록 함으로써 그들의 삶의 질 향상과 사회통합에 이바지함을 목적으로 한다. '다문화가족'의 범위는 한국인과 결혼한 결혼이민자, 출생 시부터 한국 국적을 취득한 자, 한국 국적으로 귀화한 자로 한정하고 있다.

2010년 5월 제10차 「국적법」을 개정하여 출생에 의한 복수국적자 외에 해외 우수인재와 65세 이상 고령 동포, 해외 입양인과 결혼이민자 등에게 복수국적을 제한적으로 허용하였다. 다만, 복수국적 허용에 따른 원정 출산과 병역 기피 등 부작용과 사회적 위화감을 최소화하는 방향으로 관련 규정을 보완하였다.

2012년 2월 난민인정 업무에 대한 국민의 인지도 제고와 선진 인권 국가로서의 국제적 위상을 높이기 위하여, 아시아에서는 최초로 단일 법률인 「난민법」을 제정하여 2013년 7월부터 시행하고 있다.

2. 중국동포의 애환과 방문취업제

중국동포(조선족)는 중국 동북3성과 그 밖의 중국 땅에 흩어져 살고 있는 한민족 혈통을 가진 중국 국적의 동포를 말한다. 올해는 중국동포를 위한 방문취업제가 시행된 지 7주년이 되는 해로 2013년 12월 현재 방문취업 비자, 결혼이민 비자, 재외동포 비자 등으로 국내에 들어와 체류하고 있는 중국동포는 51만여 명에 이르고 있다. 이 숫자는 국내 체류외국인(157만여 명)의 약 3분의 1을 차지하고 있다. 또 중국 동북3성에 거주하는 중국동포(약 200만 명) 4명 중 1명 정도가 국내에 들어와 살고 있다.

● 이산가족 재회와 모국 방문

이산가족 재회라는 인도적인 차원에서 추진된 중국동포의 모국 방문은 1976년부터 시작되었다. 당시 우리 국민들은 이들의 모국 방문이 이산가족 재회와 한민족 화합이라는 측면에서 이들을 열렬히 환영하며 뜨거운 동포애를 느꼈다.

또 우리 정부는 독립유공자의 후손이나 KBS 이산가족 찾기 캠페인 등을 통해 생사가 확인된 중국동포들에 대해 중국 국적임에도 불구하고, 인도적인 차원에서 까다로운 입국비자 대신에 홍콩 등의 재외공관에서 여행증명서를 발급받아 입국하도록 허용하였다. 아울러 이들이 한국에 입국할 때 소지한 한약재 등이 세관 통관 기준을 초과해도 통관시켜 주는 등 편의를 제공하였다.

한편, 1988년 북한·중국·소련에 대한 개방정책 6개항의 대북 정책을 담은 7·7 선언으로 국내 친족이 있는 중국동포에 대한 자유로운 입국 허용, '88 서울올림픽과 '90 북경아시안 게임 개최, 90년 한중 페리 골든브리지호 취항 등을 계기로 중국동포의 입국자 수가 급증하였다.

법무부 출입국 통계에 따르면 1991년도 중국동포의 입국자 수는 3만 6,000여 명으로, 1987년도의 364명에 비해 4년 동안에 무려 100배나 증가하였다.

● 중국동포의 한약재 노점 판매, 사회문제화

중국동포의 입국자 수가 급증하면서 중국동포 사회에서는 이들이 국내로 들어올 때 가져온 한약재 등을 친척 등에게 판매하여 큰돈을 벌었다는 소문이 나면서 '코리안 드림'의 불을 지폈다.

그 결과 이산가족 상봉 등 순수한 친족 방문 목적에서 시작된 고국 방문이 여행 경비 마련 등 한약재를 과다 반입해 덕수궁 주변 등지에서 좌판 노점 판매를 하는 것으로 변질되어 사회문제가 되었다.

이에 정부는 중국동포들이 국내에 입국할 때 여행증명서 대신에 입국 비자를 받도록 하였으며, 또 이들이 국내에 반입하는 한약재 등의 세관 통관 기준을 강화하였다.

그럼에도 불구하고 중국동포들의 한약재 좌판 노점 판매가 덕수궁 앞 거리에서 서울시청역 지하도, 탑골 공원 등지로 번지자 1990년 11월 27일 대한적십자사는 중국동포 배려 차원에서 중국동포들이 보유한 한약재를 일괄적으로 구매해 주기로 결정하였다. 그 결과 1990년 12월 1일 이전에 입국한 중국동포 2,450명으로부터 17억 3,000만 원 상당의 한약재를 일괄 매입하였다.[28]

● 한중 수교와 중국동포 입국 러시

1992년 8월 역사적인 한중 수교가 이루어졌다. 정부는 한중 수교 이후 국내 친족의 초청을 받은 중국동포에게 친족방문 비자를 발급하기 시작했다. 또한, 초청 대상 친족 범위 및 연령 인하 등을 통해 중국동포에 대한 입국 문호를 단계적으로 확대하였다.

당시 내국인의 3D 업종 기피, 대규모 아파트 건설붐에 따른 인력 부족 현상과 중국동포들의 대규모 입국 러시가 맞물리면서 중국동포들은 단순히 모국 방문이 아닌 건설업, 제조업, 식당업 등지에서의 불법취업자로 전락하였다.

이에 따라 중국동포들의 불법 체류, 위장결혼, 밀입국, 비자 브로커 문제 등이 사회 문제화되었다. 당시 일부 시민단체와 언론에서는 한국말이 되고 우리와 정서가 비슷한 중국동포에 대한 인력수요는 많

---

28) 법무부 출입국관리국, 〈체류외국인 동향조사 종합보고 I〉, 2001, 361면

지만, 우리 정부는 중국동포를 동포로서가 아니라 외국인근로자와 똑같이 관리와 통제의 대상으로 보고 있다고 문제를 제기하였다.

중앙일보 특별취재팀은 2001년 10월 중국동포를 포함한 중국인 밀입국자 25명이 여수 인근 해상에서 한국 어선의 그물창고에 숨어있다 질식사한 사건이 발생한 직후, 3회에 걸쳐 "중국동포 정책 이대론 안 된다"는 주제로 특별기획 보도를 한 적이 있다.

중국동포들이 한국으로 밀려오고 있다. 국내의 저임금 업종에서 일해도 중국 평균임금의 열 배까지 벌 수 있기 때문이다. 우리 정부는 재미·재일동포와 달리 중국동포의 자유 왕래를 허용하지 않고 있다. 그래서 대부분이 거액의 입국 수수료를 내면서 목숨을 걸고 밀입국·위장 입국을 시도한다. 밀입국자 25명이 숨진 여수 사건 같은 참사가 언제든지 일어날 수 있다. …… "술시중 들면 어때요. 2만 위안(300만원)만 더 벌면 한국에 갈 수 있는데……" 지난 19일 밤 베이징(北京)의 유흥가 뒷골목. 이곳 술집에서 일하는 중국동포 金모(21. 여) 씨는 "밀입국하는 데 드는 5만 위안을 벌기 위해 1년 넘게 돈을 모으고 있다"며 이렇게 말했다.

역시 베이징에서 가정부로 일하는 李모(30. 여) 씨는 입국서류 위조단에게 7만 위안을 준 상태다. 李씨는 "한국 남자와 결혼하는 것처럼 서류를 꾸며 조만간 위장 입국할 계획"이라고 털어놓았다. 요즘 베이징 주재 한국영사관 안팎은 '코리안 드림'을 좇는 중국동포들로 붐빈다. 이 영사관은 올 들어 9월까지 10만 건이 넘는 비자를 내주었다. 지난해 같은 기간보다 50%나 늘어난 수치다. 비자 발급을 거부당한 사람은 영사관 밖에서 어슬렁거리는 브로커들을 만나 불법 입국 가능성을 타진한다.

2001년 국내에 체류하는 중국동포는 약 15만 명. 최근 3년 새 두 배로 늘어났다. 이 중 절반 이상이 불법체류자다. 이들의 상당수는 밀입국하거나 위장 입국한 사람들이다. 이처럼 밀입국이 기승을 부리는 것은 중국에 비해 높은 임금을 좇아 한국행을 원하는 중국동포들이 많지만 까다로운 비자 발급 등 합법적인 입국 기회가 극히 제한돼 있기 때문이다. 중국동포들이 모여 사는 동북 3성에는 10여 개의 밀입국 조직이 활동 중이다. 이와 관련한 사기 등 범죄와 사고도 빈발하고 있다.

　　전문가들은 "이러한 국내 체류 형태의 변질은 내국인의 3D 업종 기피, 대규모 아파트 건설붐에 따른 인력 부족 현상 등 국내 노동 시장의 비정상적인 인력 수급과 중국동포 입국러시에 따른 부작용을 가져왔으나 출입국정책 당국은 준비 부족으로 이에 적절하게 대처하지 못하고 있다"고 비판한다.[29]

● 중국인 밀입국자 수장 사건

　　해양경찰청의 '중국인 밀입국자 적발 현황(2001) 자료'에 따르면 1997년부터 2001년까지 5년간 적발된 밀입국자 수는 4,450여 명으로, 이들은 대부분 중국인(중국동포 포함)으로 나타났다. 특히 2001년 10월 여수 인근 해상에서 중국동포 11명이 포함된 중국인 60명이 한국 어선에 숨어 국내에 밀입국하려다 그물 창고에 숨어 있던 25명이 질식사하자, 선장의 지시로 시체를 바다에 수장한 충격적인 사건이 발생했다.

　　정부는 이 사건을 계기로 밀입국 알선자에 대한 처벌 강화 및 밀입

---

29) 중앙일보(2001. 10. 22~24.) "중국동포 정책 이대론 안 된다".

국 경계태세 강화 등 범정부적 밀입국자 보완대책을 마련했다. 특히 「출입국관리법」을 개정하여 영리를 목적으로 밀입국을 알선한 자에 대하여는 7년 이하의 징역이나 금고 및 5,000만 원 이하의 벌금에 처하도록 하였다.

● 「재외동포법」과 헌법소원

정부는 1999년 8월 재외동포들이 고국인 대한민국을 자유롭게 국내를 출입하면서 경제활동을 할 수 있도록 하고, 외국 자본의 국내 유입 등에 있어서 재외동포들의 투자 기회를 확대하기 위한 법적·제도적 장치를 마련하기 위하여 「재외동포의 출입국과 법적지위에 관한 법률」(이하 「재외동포법」)을 제정하였다.

「재외동포법」 제정 당시 우리 정부는 중국 및 러시아와의 외교적 마찰을 피하고 값싼 동포 노동력의 공급 과잉으로 인한 국내 노동시장의 혼란을 방지하기 위해, 구한말이나 일제 강점기 때 중국이나 러시아로 이주했거나 일본으로 끌려간 동포들을 「재외동포법」의 적용 대상에서 제외하였다.

그러자 일부 시민단체는 평등권 침해를 이유로 헌법재판소에 헌법소원을 제기하였다. 이에 헌법재판소는 정부수립 이전에 해외로 이주한 중국(조선족) 동포와 구소련(고려인) 동포 등을 「재외동포법」의 적용 대상에서 제외한 것은 합리적 이유 없이 정부 수립 이전 재외동포를 차별하는 자의적인 입법으로, 「헌법」 제11조의 평등의 원칙에 위배된다는 취지의 헌법불합치 결정(99헌마494, 2001. 11. 29)을 내렸다. 그러면서 2003년 12월 31일까지 「재외동포법」을 개정하도록 하였다.

이에 따라 법무부는 「재외동포법」을 개정하여 '외국국적 동포'의 적용 범위에 '대한민국 정부수립 이전에 국외로 이주한 동포로서 외국국적을 취득한 자'를 포함함으로써 해외이주 시점에 따른 외국국적 동포들 간의 차별 규정을 폐지하였다.

하지만 법무부는 200만 명이 넘는 중국동포들이 대거 입국하여 단순노무 직종에 종사할 경우, 국내 노동시장과 체류 질서에 대혼란이 생길 것을 우려하였다. 결국, 중국 및 구소련 거주 동포들의 단순노무 직종 취업을 방지하기 위하여 '출입국관리법 시행령'을 개정하여 단순노무 행위를 재외동포(F-4) 체류자격의 활동 범위에서 제외하였다.

이는 중국동포를 동포로서가 아니라 외국인근로자와 똑같이 관리와 통제의 대상으로 취급하였다는 뜻이다. 중국동포들은 2007년 방문취업제가 시행되기 전까지는 단순노무 분야의 취업기회 제한 등으로 취업비자를 받을 수 없어, 밀입국을 시도하거나 불법체류자로 전락하여 강제퇴거를 당하는 등 설움을 겪어야 했다.

중국동포들에게 고국인 대한민국은, 한편으로는 약속의 땅, 기회의 땅이면서, 또 다른 한편으로는 불법 취업과 산업재해, 밀입국과 사기 피해 등 배신의 땅, 눈물의 땅이기도 하였다.

● '방문취업제'와 무연고 동포 취업 허용

「재외동포법」 시행 이후에도 중국 및 구소련 거주 동포들은 미국이나 일본 등 선진국 거주 동포들에 비해 상대적으로 차별을 받아 왔다. 이에 법무부는 2007년 3월 중국 및 구소련 거주 동포들에 대한 차별 해소와 동포 포용 정책의 일환으로 이들에게 입국 문호와 취업기회를 확대하는 내용의 '방문취업제'를 도입하였다.

방문취업제의 주요 내용은 다음과 같다.

첫째, 중국 및 구소련에 거주하는 만 25세 이상 동포들에게 5년간 유효한 방문취업(H-2) 복수비자를 발급하였다. 이 경우 정주(定住)를 막기 위해 최초 입국일로부터 3년 범위 내에서 체류기간 연장을 받도록 하고, 3년 체류기간이 끝나면 출국한 후 재입국하여 방문취업 비자 만료일(최대 4년 10개월)까지만 국내 체류를 허용하였다.

둘째, 국내에 호적이나 친인척이 없는 '무연고 동포'에 대해서도 입국 문호를 확대하여, 이들이 법무부장관이 고시하는 한국어시험에 합격한 후 전산 추첨을 통해 선발되면 방문취업(H-2) 비자를 발급하였다.

셋째, 유학(D-2) 비자 소지자로서 국내 대학에 1학기 이상 재학 중인 자의 부모 또는 배우자에게도 이들이 동포임을 입증할 수 있는 서류를 제출하면 방문취업(H-2) 비자를 발급하였다.

넷째, 방문취업(H-2) 비자로 입국한 동포들은 취업 교육을 마치고 구직 신청 후 고용지원센터에서 취업 알선을 받거나 특례 고용가능 확인서를 발급받은 사업체에 취업할 수 있도록 하였다.

한편, 방문취업제 시행 이후 불법체류 중인 중국동포의 수는 크게 감소했다. 예를 들어 2013년 12월 말 현재 불법체류 중인 중국동포의 수는 1만 9,000여 명으로, 이는 방문취업제 시행 초기인 2007년 6월의 3만 7,000여 명에 비해 2배 정도 감소했다.

또한, 방문취업제 시행으로 중국동포 사회에 한국에 대한 모국 정체성이 강화되었다. 방문취업제 관련 한국어능력시험의 실시로 한국어를 모국어로 인식하는 분위기가 중국 동포사회에 확산되었으며, 중국 일부 대학의 경우 학과명이 '조선어과'에서 '한국어과'로 변경되는 등 동포사회에 실질적인 변화의 바람이 불기도 했다. 이런 변화는 한민족 공동체 건설을 통한 국가와 민족 발전이 허황된 비전이 아니라 정부의 적극적인 동포 포용정책으로 얼마든지 구축이 가능한 것임을

보여주고 있다.[30]

방문취업제는 우리 가정의 은인[31]

글 김국화

저는 중국 길림성 화룡의 한 자그마한 산골 마을에서 살았습니다. 중학교를 다니는 아들 하나와 이제 소학교를 다니는 딸 하나, 그리고 남편, 시어머니까지 다섯 식구가 함께 살고 있었습니다. 산골이다 보니 거의 수입이 없었고 남편은 심한 허리디스크로, 시어머니는 노환으로 시름시름 아파 살림은 무척이나 가난했습니다.

남들은 다들 대도시로, 해외로 또는 친척 방문으로 한국에 돈벌이를 떠났지만, 수중에 돈 한 푼 없고 한국에 일가친척 하나 없는 우리는 한국 방문을 생각조차 못 했습니다. 아들딸의 공부 뒷바라지에 남편과 시어머니의 의료비까지 마련해야 하니 1년 내내 일해도 남는 것 하나 없었습니다. 그러다 보니 자연히 이집저집 다니며 돈을 빌려야 했고 그 뒤엔 빚 갚을 일에 걱정이 태산 같았습니다.

가족 몰래 뒷산에 올라가 통곡한 적이 한두 번이 아니었습니다. 엉엉 울며 신세타령도 해 보았지만, 가족을 위해서는 이래서는 안 된다는 생각에 묵묵히 살았습니다. 그러던 중 저같이 한국에 친인척이 없는 '무연고 동포'도 한국어시험에 합격하면 한국으로 갈 수 있

---

30) 곽재석, "방문취업제에 대한 평가와 정책 과제", 이민행정연구회, 제6회 M·paz 정기포럼, 2010, 27면
31) 이 글은 출입국·외국인정책본부가 주최한 '방문취업 동포 한국 생활 체험 수기 공모전'의 우수작품 수상작임. 출입국 계간지 《共Zone》(2009년 가을 호)에서 재인용.

다는 소식을 들었습니다. 이곳저곳 수소문 끝에 길림신문사를 통해 돈 한 푼 들이지 않고 한국어시험에 응시할 자격을 얻을 수 있었습니다.

무연고 동포 방문취업제가 시행되기 전에는 제 인생이 참 기구하다고 느꼈는데 운이 좋게도 남들이 많은 돈을 들여가면서도 얻지 못하는 한국어시험 자격을 얻었고, 한국어시험도 무난히 통과했습니다. 게다가 전산 추첨에도 탈락되지 않고 단 한 번에 당첨되는 행운도 얻었습니다.

한국에 입국한 후 취업교육을 이수하고 취업도 무난히 했습니다. 제가 일하고 있는 곳은 강남의 한 음식점인데 사장님은 저를 친동생처럼 대해 주십니다. 휴식시간에 가끔 제 가정사를 들려주면 사장님은 눈물을 흘리며 "귀국할 때까지 자리 옮기지 말고 우리 집에서 일해라", "열심히 노력해서 집으로 돌아간 후 꼭 성공하라"고 힘을 실어 주셨습니다.

저는 지난 2월 재입국을 한 이후 또 다시 그 음식점에 들어가 일을 하고 있습니다. 이제는 일반 직원이 아닌 주방장이 되었습니다. 귀국해 보니 아들딸, 남편 그리고 시어머니 모두 잘 지내고 있는 모습을 보니 우리 동포들에게 방문취업 혜택을 준 고국에 새삼 고마움을 느꼈습니다.

이 글을 통해 방문취업제로 입국하는 동포들에게 한 가지 부탁드리고 싶은 말이 있습니다. 조건 좋고 월급 많은 곳만 찾아다니며 일자리 없다고 아우성치지 말고 적당한 일자리를 구해 열심히 노력한다면 언젠가는 인정을 받아 자리를 잡을 수 있다고 생각합니다. 방문취업제로 우리 동포들에게 주어진 시간은 단 5년뿐입니다. 또다시 불법체류자가 되지 말고 이 기간에 다들 열심히 노력하여 부자가 되기를 진심으로 바랍니다.

다시 한 번 우리 동포들에게 '방문취업제'라는 정책적 배려를 해 준 고국에 감사드리며, 다가오는 무연고 동포를 위한 전산 추첨에서 도 많은 동포들이 추첨되어 가난에서 벗어나 꿈을 이룰 수 있기를 기대해 봅니다.

● 중국동포, 차별을 넘어 포용으로

지금부터 100여 년 전 기근을 피해 만주 등 중국으로 이주해 동북 3성에 모여 살았던 중국동포를 1세대라고 하고, 1992년 한중 수교 이후 코리안 드림을 안고 국내에 들어와 3D 업종에서 힘들게 일한 중국 동포를 2세대라 한다. 그리고 부모 세대와는 달리 대학 교육을 받고 능력을 바탕으로 전문직을 비롯한 화이트칼라 직종에 진출하는 중국동 포를 3세대라 한다.

1992년 한중 수교 이후 '코리안 드림'을 안고 한국에 들어온 중국 동포 2세들은 한국인들이 일하기 싫어하는 3D 업종, 즉 위험한 건설 현장이나 화학제품 공장의 노무자, 식당 종업원, 모텔 청소부, 가사 도우미 등의 일을 도맡아 했다. 그러나 최근 들어 국내에서 돈을 벌 어 소자본으로 기업투자(D-8) 비자를 받아 개인 사업을 하는 중국동 포들이 늘고 있다.

또한, 부모 세대와는 달리 국내 대학에 유학하고 국제적인 경쟁력 을 갖춘 고학력 중국동포 3세들이 등장했다. 이들 중에는 2008년부 터 허용된 재외동포(F-4) 비자 중 우수인재로 분류돼 비자를 발급받 은 사람들이 많다.

법무부는 2013년 4월부터 '국가기술자격증'을 취득한 동포들에 대 해서도 재외동포(F-4) 비자를 발급하고 있다. 그 결과 방문취업 비자로 들어와 제조업, 건설업, 음식점 등에 종사하는 중국동포들이 방문취업(H-2) 비자 만료일이 다가오자 재외동포(F-4) 비자로 변경하기 위해 다니는 회사에 임시 휴가를 내서라도 국가기술자격증을 따려고 학원으로 몰리고 있다고 한다.

이처럼 중국동포들은 방문취업(H-2) 비자보다는 재외동포(F-4) 비자를 선호한다. 그 이유는 방문취업(H-2) 비자를 취득하면 38개 단순노무 업종에서 일은 할 수 있으나, 4년 10개월간 국내에 체류한 후에는 중국으로 출국했다가 1년 후에 다시 방문취업 비자를 받아야 재입국이 가능하며 가족도 데려올 수 없기 때문이다.

하지만 재외동포(F-4) 비자는 방문취업(H-2) 비자에 비해 3년에 한 번씩 체류기간 연장허가를 받으면 계속해서 한국에 체류할 수 있으며 취업활동이나 경제활동도 비교적 자유롭다. 또한, 재외동포(F-4) 비자 소지자의 배우자와 20세 미만 자녀는 방문동거(F-1) 90일 비자로 입국한 후 출입국사무소에서 1년마다 체류기간 연장허가를 받아 국내에 체류할 수 있다.

우리는 중국동포하면 건설 노동자, 간병인, 청소부, 식당 종업원 등 3D 업종 종사자로 알고 있는데 꼭 그렇지 만은 않다. 중국동포들 중에는 음식점이나 도매상을 경영하는 중소 자영업자도 있고, 석·박사 소지자로서 대학교수, 대기업, 연구소, 금융업 등 전문직에 종사하는 엘리트 지식인들도 있다.

3D 업종에 종사하는 중국동포 2세뿐만 아니라 엘리트 지식인 3세들도 그들의 부모나 친척들이 힘든 근무 환경 속에서 노동을 하면서 때로는 차별과 멸시를 당하는 것을 목격하면서 성장해 왔다. 그래서 중국동포들 중에는 한국에 정착해 살면서도 중국의 경제 사정이 좋아지면 중국으로 돌아가려고 하는 사람들도 있다.

그러나 최근 중국동포 관련 한 연구조사 결과에 따르면, 대부분의 중국동포들은 단순히 경제적인 이점만이 아니라 문화생활 등 여러 가지 면을 고려하여 중국으로 돌아가기보다는 한국에 계속 살고 싶은 정주(定住) 의사를 보이고 있는 것으로 나타났다.

우리는 중국동포를 차별과 냉대로 마음의 거리를 두기보다는 동포로서 끌어안아야 한다. 이들은 일제강점기 시절 독립운동을 한 후예들이며, 중국과 우리나라의 가교 역할은 물론 통일 한국에도 이바지할 수 있기 때문이다.

따라서 방문취업(H-2) 비자로 입국한 중국동포들에 대해서는 단순히 며칠간 취업교육을 시킨 후 단순노무 업종에서 4년 10개월간 거주하다 돈을 벌면 중국으로 돌아가게 하는 귀환 정책이 아니라, 직업능력개발 교육이나 기술훈련 등 인적 자원 개발을 통해 국가 발전의 인적 자원으로 활용하는 정책을 추진해야 할 것이다.

아울러 중국동포들이 한국 사회에 안정적으로 정착하면서 주류사회에 편입할 수 있도록 한국 사회와 문화에 대한 이해 교육도 필요하다고 본다.

3. 외국인근로자 유입과 고용허가제

● '88 서울올림픽과 외국인근로자 입국 러시

좁은 국토와 자원이 부족한 우리나라는 산업화가 되기 이전까지만 해도 국내에서 마땅한 일자리를 찾지 못한 잉여 노동력을 해외로 송출하는 전형적인 인력 송출 국가였다. 즉 1980년대 중반까지만 해도 우리나라는 세계에서 인구밀도가 가장 높고 1인당 국민소득은 5,000달러 수준에 머물렀으며, 잠재적 실업자 등 유휴노동력도 넘쳐흘렀다.

따라서 우리나라는 외국인력 정책에 있어서 대학교수, 연구원, 기술자 등 전문기술 인력에 대해서만 국내 취업을 허용하고, 단순노무 인력이나 숙련기능 인력에 대해서는 국내 취업을 허용하지 않았다.

그러나 '88 서울올림픽의 성공적 개최로 국제적 위상이 높아짐과 동시에 급속한 경제성장으로 임금이 상승하고, 국민소득 수준이 향상되자 국민들 사이에 ▲ 더럽고 ▲ 힘들고 ▲ 위험한 소위 3D(Dirty, Difficult, Dangerous) 업종 기피 현상이 만연하였다. 그 결과 중소 제조업체에서는 내국인 인력을 구하지 못해 문을 닫거나 공장을 해외로 이전할 수밖에 없는 처지에 놓였다.

인력난이 심각해지자 값싼 외국인근로자를 불법으로 고용해서라도 해결하려는 고용주의 의식과 상대적으로 높은 임금을 받을 수 있다는 외국인의 의식이 맞물려, 중국동포를 비롯하여 필리핀 · 태국 · 네팔 · 파키스탄 · 방글라데시 · 스리랑카 등 동남아시아 및 서남아시아 국가 국민들이 관광이나 방문 등의 비자로 대거 입국하였다.

이들은 대부분 체류기간이 지나도 출국하지 않고 인력난이 심한 중소 제조업체에서 불법 취업하였다.

이에 따라 정부는 불법체류자를 제도권 내로 흡수하여 정확한 실태 파악과 효율적인 관리를 위해 1992년 6월 10일부터 7월 31일까지 50여 일간 '불법체류 외국인 자진신고 기간'을 운영하였다. 그 결과 불법체류 외국인 6만여 명이 자진 신고하였으며, 자진 신고자에 대해서는 범칙금을 면제하였다. 특히 중소 제조업체에 불법 취업하고 있던 자진 신고자 4만 2,000여 명에 대하여는 중소 제조업체 인력난을 해소하기 위해 6개월씩 3회에 걸쳐 출국유예 조치를 하였으나, 40% 정도는 출국하지 않고 잠적하기도 하였다.[32]

---

32) 법무부,《출입국관리 40년사》, 2003, 354면

● '외국인 산업연수제'와 네팔인 산업연수생 농성 사건

우리나라는 '88 서울올림픽을 계기로 경제가 급성장하고 국민소득 수준의 향상으로 국민들 사이에 소위 3D 업종 기피 현상이 나타나자 중소 제조업체는 심각한 인력난을 겪게 되었다. 이에 정부는 1991년 10월 26일 법무부 훈령으로 '외국인 산업기술연수사증발급 등에 관한 업무처리지침'을 제정하여 해외투자 기업을 대상으로 단순기능 외국인력을 활용할 수 있는 '외국인 산업연수제도'를 도입하였다. 1993년에는 일본의 기능실습제와 유사한 산업연수생제도로 확대되었다.

'산업연수생제도'는 심각한 인력난을 겪고 있는 중소 제조업체에 부족한 노동력을 제공함으로써 우리나라 경제성장에 일정 부분 이바지한 것은 사실이다. 하지만 산업연수생들은 근로자가 아니라 연수생 신분으로 들어왔기 때문에 같은 일을 하더라도 내국인 근로자에 비해 월급을 절반도 받지 못해 값싼 외국인 노동력을 착취한다는 비판여론이 일기도 했다.

일부 악덕 고용주들은 연수 업체를 이탈하여 불법체류자로 전락한 산업연수생들에 대해 불법체류자라는 약점을 이용하여 임금을 체불하거나 폭행 및 폭언을 하는 등 인권침해가 심각하였다. 불법체류자들은 일을 하다 산업재해를 당해도 단속에 걸려 강제퇴거 될까 봐 치료도 제때 받지 못하였으며, 일부 고용주들은 이들이 도망갈까 봐 여권과 외국인등록증 등 신분증을 압류하기도 하였다.

1995년 1월 추운 겨울날 네팔인 산업연수생 13명이 명동성당 앞에서 온몸에 쇠사슬을 감고 "때리지 마세요!", "우리는 노예가 아니에요!"라며 시위를 한 적이 있다. 이들은 기술을 배워 가난에서 벗어나기 위해 산업연수생 신분으로 '코리안 드림'을 좇아 한국에 왔다.

그런데 고용주는 기술을 제대로 가르쳐 주기는커녕 저임금에 장시간 노동만 강요하고, 인력 송출업자는 중간에서 이들의 임금을 가로채는 등 인권유린이 심각하였다.

법무부는 이 사건을 계기로 불법체류자의 산업재해와 임금 체불 등 인권침해 문제의 심각성을 인식하고 '외국인 산업기술연수생의 보호 및 관리에 관한 지침'을 제정하였다.

대법원도 1995년 9월 "취업자격 없는 외국인이 「출입국관리법」상의 고용 제한 규정을 위반하여 근로계약을 체결하였다 하더라도 그것만으로 근로계약이 당연히 무효라고는 할 수 없다."라고 하면서 산업연수생의 근로자성을 인정하는 판결을 내렸다.

● 고용허가제의 도입 배경 및 주요 내용

우리나라는 지난 1993년 중소 제조업체의 심각한 인력난을 해소하기 위해 일본의 기능실습제도와 유사한 산업연수생제도를 도입하였다. 하지만 산업연수생 제도는 시행 과정에서 외국 인력의 편법 활용과 송출비리, 산업연수생의 사업장 이탈로 인한 불법체류자 증가 및 인권침해 등 구조적인 문제점이 드러났다. 이에 따라 산업연수생제도의 문제점을 해결하고 외국 인력에 대한 합법적인 고용 및 체계적인 관리를 위해, 2003년 8월 '고용허가제'의 도입을 내용으로 하는 「외국인근로자의 고용 등에 관한 법률」(이하 「고용허가제법」)이 제정되었다.

정부는 고용허가제의 성공적인 정착을 위해 2003년 9월부터 11월까지 3개월 동안 22만 7,000여 명의 불법체류자들에 대한 합법화 조치를 시행하였다. 그 결과 자진 신고한 18만 4,000여 명의 불법체류자들에 대해서는 최장 2년 동안 국내 취업을 허용하는 비전문 취업(E-9) 체류자격을 부여하였다.[33]

기존의 산업연수생제도는 2004년 8월부터 고용허가제의 시행으로 2006년까지 병행하여 시행되다 2007년 1월부터 고용허가제로 통합되었다.

지금부터는 「고용허가제법」에 규정된 고용허가제의 주요 내용을 살펴보기로 한다.

우선 외국인근로자의 도입 업종 및 규모는 국무총리실 산하에 설치된 '외국인력정책위원회'에서 매년 국내 인력수급 동향과 연계하여 적정 수준에서 결정한다.[34] 다음으로 국가별 불법체류율, 고용주의 선호도, 송출비리 정도, 외국인근로자 선발의 공정성 등을 고려하여 송출국가를 선정한다. 이어 송출 국가와 인력송출에 관한 양해각서(MOU)를 체결하여 외국인근로자 선발조건, 방법, 기관, 준수사항을 정한다. 우리 정부는 현재 베트남·태국·인도네시아·우즈베키스탄 등 15개 국가와 외국인력 송출에 관한 양해각서(MOU)를 체결하여 이들 국가 출신 근로자들을 받아들이고 있다.

고용허가제로 입국하고자 하는 외국인근로자는 만 18세 이상 40세 이하인 자로 한국어 능력시험에 합격해야 한다. 이들에 대해서는 비전문취업(E-9) 체류자격을 부여하고, 단기순환 원칙에 따라 입국일로부터 3년(고용주의 재고용 요청으로 재고용 허가를 받으면 최대 4

---

33) 법무부 출입국·외국인정책본부, 《출입국관리법 해설》, 2010, 149~150면
34) 법무부와 고용노동부에 따르면 최근 5년간 연도별 외국인력(비전문취업 자격 해당자) 도입 규모는 2010년 3만 4,000명, 2011년 4만 8,000명, 2012년 5만 7,000명, 2013년 6만 2,000명, 2014년 5만 3,000명 등으로 나타났다.

년 10개월) 동안 국내 체류를 허용한다.

고용허가제 양해각서 체결국가 현황(15개국)

	필리핀		인도네시아		방글라데시
	몽골		우즈베키스탄		키르기스스탄
	스리랑카		파키스탄		네팔
	베트남		캄보디아		미얀마
	태국		중국		동티모르

【출처 : 고용노동부】

한편, 외국인근로자의 고용 절차는 다음과 같다.

첫째, 송출국 정부는 한국어 능력시험과 기능 테스트에 합격한 취업희망 외국인구직자 명부를 작성하여 우리 정부에 보낸다.

둘째, 사용자는 고용노동부 고용센터로부터 구직자 명부에 등재된 외국인근로자를 추천받아 직접 선정한 후 고용허가서를 발급받는다. 이 경우 내국인 구인 노력(7~14일)에도 불구하고 내국인을 구하지 못했어야 한다.

셋째, 사용자는 외국인근로자와 근로계약을 체결하고 출입국사무소에 비전문취업 비자용 사증발급인정서 발급을 신청한다.

넷째, 외국인근로자는 재외공관에서 비전문취업(E-9) 비자를 발급받아 입국한 후 20시간 이상 취업교육을 이수한다. 이 경우 「근로기준법」을 비롯한 기본적인 법률과 제도 및 산업안전교육을 받는다.

다섯째, 취업교육을 받은 외국인근로자는 사용자에게 인계되어 일을 시작하게 된다.

외국인근로자는 입국한 날로부터 90일 이내에 출입국사무소를 방문하여 외국인등록을 해야 한다. 근로계약 기간은 1년마다 갱신해야 하며 체류기간 연장허가도 받아야 한다. 외국인근로자는 취업기간 중 가족 동반 입국이 허용되지 않으며, 취업할 수 있는 기간도 정주를 막기 위해 입국한 날로부터 3년이 원칙이다. 다만, 사업주의 재고용 요청으로 재고용 허가를 받으면 최대 4년 10개월까지 국내에 체류하면서 취업할 수 있다.

외국인근로자는 원칙적으로 취업활동 기간(3년) 동안 사업장을 3번만 변경할 수 있다. 고용노동부는 2012년 7월부터 국내 취업활동 기간(3년 또는 4년 10개월) 동안 사업장을 변경하지 않고 성실하게 근로한 후 자진 귀국한 외국인근로자에 대해서는 3개월 후 재입국하여 다시 4년 10개월간 일할 수 있도록 하는 '성실근로자 재입국 취업제도'를 시행하고 있다.

● 외국인근로자의 권익보호

외국인근로자는 2004년부터 시행 중인 고용허가제에 의해 국내법에 정하는 바에 따라 각종 권리와 이익을 보호받을 수 있다. 외국인근로자도 내국인과 동등하게 「근로기본법」, 「최저임금법」, 「산업안전보건법」 등 노동 관계법의 적용을 받는다. 또한, 고용보험, 산업재해보험, 국민건강보험의 혜택을 받을 수 있고 상호주의 원칙에 따라 국민연금에도 가입할 수 있다.

생산성·근무환경 등의 차이로 정당한 차별은 가능하나 외국인근로자라는 이유만으로 부당한 차별을 받는 것이 금지된다. 사용주의 근로계약 위반, 부당해고 등 위법·부당한 처분에 대해서는 근로감독관이나 노동위원회를 통해 권리구제를 받을 수 있다.

법무부는 전국 출입국사무소에 불법체류자에 대한 임금 체불 및 가혹행위 등 인권침해 방지와 권리구제를 위해 '외국인 고충상담실'을 설치·운영하고 있다. 또한, 임금 체불, 산업재해, 가정폭력 등 인권침해를 당한 외국인이 보다 쉽게 법률 구조와 체류허가 지원서비스를 받을 수 있도록 법무부 차관을 위원장으로 하고 시민단체 대표와 관계부처 국장급을 위원으로 하는 '외국인 인권보호 및 권익증진협의회'를 설치·운영하고 있다.

아울러 임금 체불, 산업재해, 성폭력 등으로 피해를 보면서도 언어·문화적 차이로 인하여 권리구제를 받기 어려운 외국인에 대해서는 권리구제가 끝날 때까지 체류를 허가함으로써 고충을 해결한 후 출국할 수 있도록 하고 있다.

특히 소액의 체불임금이 있는 외국인이 안심하고 출국할 수 있도록 대한법률구조공단에 채권추심을 의뢰하거나 대리인을 선임하여 소송을 대리하도록 하고 있다.[35]

● 고용허가제의 공과와 자발적 귀국 프로그램

고용허가제는 2004년 시행 이후 올해로 10주년을 맞았다. 국제노동기구(ILO)는 2010년 고용허가제를 아시아의 선도적 이주 관리 시스템으로 평가했고, 국제연합(UN)은 2012년 6월 부패방지 및 척결 분야의 혁신 성과를 인정해 유엔 공공행정상을 수여했다. 고용허가제가 산업연수생제도 도입 당시 불법체류자를 양산하고 노동 인권 문제를 야기했던 것을 합법적인 테두리로 끌어낸 점은 긍정적이라 할 수 있다.

하지만 사업장 변경 제도의 제한적 운영이나 고용기간 제한 문제는 여전히 과제로 남아 있다. 또한, 사용자는 외국인근로자의 기능 등을

---

35) 김원숙, 《여수이민행정 50년사》, 여수출입국관리사무소, 2013, 181~182면

평가할 기회가 없어 기능이나 숙련도 등에서 불일치가 발생하며, 외국인근로자는 사업장에 대한 정보를 제공받지 못해 입국 단계부터 사업장 이동을 원하거나 불법체류자로 전락하는 경우가 발생하고 있다. 아울러 고용허가제로 입국한 외국인근로자들 중에는 '성실근로자 재입국 취업자'를 제외하고는 정주기간(3년 또는 4년 10개월)이 끝나면 더는 국내에 체류할 수 없으므로 불법체류자로 전락하는 사례도 증가하고 있다.

참고로 법무부는 비전문취업(E-9) 비자로 입국하여 4년 이상 제조업, 건설업, 농축어업에 합법적으로 체류 중인 숙련기능공에 대해서는 일정 요건을 갖추면 전문직종 비자의 일종인 특정활동(E-7) 비자로 체류자격 변경을 허용하고 있다. 이는 인력난이 심각한 제조업체 등에서 일하는 외국인근로자들로 하여금 근무처를 이탈하지 않고 숙련기능공이 되면 장기체류와 가족 재결합을 허용함으로써, 이들이 불법체류자로 전락하는 것을 방지하는 효과가 있다.

최근 국가인권위원회는 '농축산업 이주노동자 인권상황 실태조사 최종보고회'를 가진 적이 있다.[36] 그에 따르면 농축산업 분야에 종사하는 외국인근로자들의 노동조건은 저임금과 휴일 없는 장시간 노동 등 열악한 것으로 나타났다. 즉 임금과 월 근무시간을 토대로 최저임금을 계산했을 때 71%는 최저임금에 못 미치는 월급을 받고 있는 것으로 드러났다. 또한, 이들의 숙소형태는 컨테이너로 지은 가건물이 68%로 가장 많았고, 별도의 집이나 건물에 마련된 숙소는 22%에 불과했다. 이들도 건강보험에 의무적으로 가입해야 하지만 건강보험에 가입한 비율은 27%에 불과했고, 나머지 73%는 건강보험에 가입하지 않았거나

---

36) 국가인권위원회 보도자료(2013. 10. 14.), "농축산업 이주노동자 인권상황 실태조사 최종보고회"

건강보험이 있는지도 모른다고 답변하여 아프거나 산재를 당하여 병원에서 치료를 받아야 할 경우 문제가 심각한 것으로 드러났다.

특히 농축산업에 종사하는 외국인근로자들은 여성의 비율이 30% 이상으로 타 업종에 비해 높은 것으로 드러났으나, 이들 여성들은 숙소가 외부의 침입을 막기 힘든 고립된 지역에 위치해 있을 뿐만 아니라 허술해서 성폭력의 위험에 노출된 정도가 높은 것으로 나타났다.

끝으로 이민정책은 경제개발정책과 밀접히 관련되어 있으므로 인력 송출국과 인력 유입국 모두의 국가 경제에 영향을 미친다. 우리나라의 경우 내국인이 기피하는 산업현장에서 근무하는 외국인근로자는 일정 부분 국가 경제에 기여하고 있다. 또한, 본국 송금을 통해 그 지역 경제 활성화에 이바지하고 있다. 따라서 외국인근로자를 일시적 노동력의 보충적 수단으로 보는 것이 아니라, 우리나라 경제 발전에 이바지하고 있는 우리 사회의 일원으로 바라보는 자세와 인식이 필요하다.

한국에 들어와 있는 외국인근로자들이 고용계약 기간을 마치고 본국에 돌아가서도 성공적인 경제생활을 영위할 수 있도록 희망을 약속하는 '자발적 귀국 프로그램'을 적극 활용할 필요가 있다. 왜냐하면 한국에서 고용계약 기간을 마치고 본국으로 귀국하는 외국인근로자들은 한국 문화와 한국 경제의 세계화·현지화를 주도할 잠재 세력이기 때문이다. 따라서 이들을 한국에 대해 우호적인 여론을 주도하며 한국의 상품과 문화를 선도할 오피니언 리더(opinion leader)로 육성할 필요가 있다.[37]

---

37) 김남일, "외국인력 정책 전망과 대응전략", 이민행정연구회, 제4회 M. Paz 정기포럼, 2010, 37면

4. 외국인정책 기본계획 및 정책목표

지난 2007년 5월 17일 제정된 「재한외국인 처우기본법」 제5조에 따르면 법무부장관은 관계 중앙행정기관의 장과 협의하여 5년마다 '외국인정책에 관한 기본계획'을 수립하도록 규정하고 있다.

외국인정책위원회는 '제2차 외국인정책에 관한 기본계획안'에서 "외국인정책 기본계획"을 우리나라 이민정책에 관한 범정부 차원의 국가 계획이자 정책 지침서이며, 향후 5년간의 이민정책 추진에 관한 기본 설계도라고 정의하고 있다.

● 제1차 외국인정책 기본계획

'저출산·고령사회위원회'는 2005년 9월 '인구 변동과 노동력 감소'에 대응하기 위한 '인구대책'의 일환으로 외국인정책 기본계획의 필요성을 제기하였다. 정부는 이를 계기로 2006년 5월 26일 노무현 대통령 주재로 제1회 외국인정책회의를 개최하여 '외국인정책 기본방향 및 추진체계'를 확정하였다.

이에 따라 정부 부처 간에 단편적으로 추진되던 외국인 관련 정책들을 종합적·체계적으로 추진할 수 있는 다문화주의 기반이 조성되었다. 또한, 외국인정책의 심의조정기구로 '외국인정책위원회'와 외국인정책의 총괄 추진기구로 '출입국·외국인정책본부'가 출범하였다.

한편, 2006년 5월 26일 개최된 제1차 외국인정책회의에서는 '외국인과 더불어 사는 열린 사회'를 제시하였다. 이를 구현하기 위해 ▲ 개방적 이민 허용을 통한 국가 경쟁력 강화 ▲ 질 높은 사회통합 ▲ 질서 있는 국경관리 ▲ 외국인 인권 옹호를 정책 목표로 설정하였다.

2007년 5월 17일 기본법인 「재한외국인 처우기본법」이 제정되어 시행중에 있다. 이 법은 외국인정책 수립 및 추진체계, 재한외국인 등의 처우, 국민과 재한외국인이 더불어 살아가는 환경 조성, 매년 5월 20일을 '세계인의 날'로 지정하는 등의 내용을 담고 있다. 「재한외국인 처우 기본법」은 기본법으로서의 한계를 지니고 있지만, 단일민족 전통이 강한 우리나라 역사에 있어 다문화 수용의 방향성을 제시하였다는 점에서 역사적 의의가 있는 것으로 평가된다.[38]

또한, 이 법은 과거 통제 중심의 출입국관리행정에서 외국인을 유치하고 재한외국인의 사회 통합을 도모하는 이민행정으로 국가정책의 패러다임을 전환시켰다는 점에서 의의가 있다. 그럼에도 불구하고 이 법은 국가와 지방자치단체에의 기본적인 의무에 관한 방침을 규정하는 프로그램적 입법이라는 한계가 있다. 이를 보완하기 위해서는 미국·일본 등과 같이 이민행정의 실효성을 확보할 수 있는 법적 체계를 갖출 필요가 있다.[39]

🔵 제2차 외국인정책 기본계획

정부는 「재한외국인 처우기본법」에 따라 2008년부터 2012년까지 5년 단위의 '제1차 외국인정책 기본계획'을 수립·시행하였으며, 2012년 11월 28일 외국인정책위원회에서 '제2차 외국인정책 기본계획'(2013~2017)을 확정하였다.

'제1차 외국인정책 기본계획'은 해외 우수인재 유치, 이민자 사회 적응 지원 등 정책 추진, 인권·문화·민원 편의 제공 등의 가치를

---

38) 김원숙, 앞의 책, 22~23면
39) 우기봉, 〈이민행정·법제에 관한 국제적 비교 연구〉, 동아대학교 대학원 박사학위 논문, 2011, 40면

강조하였다.

　반면에 '제2차 외국인정책 기본계획'은 외국인정책에 대한 국민의 다양하고 상반된 요구들을 최대한 반영하여 외국인의 인권 보장과 사회통합 이외에 질서와 안전, 이민자의 책임과 기여를 강조하는 균형잡힌 외국인정책을 추진하는 데 중점을 두고 있다.

　다음 그림에서 보는 바와 같이 '제2차 외국인정책 기본계획'은 '세계인과 더불어 성장하는 활기찬 대한민국'을 비전으로 제시하고 있다. 이를 구현하기 위해 ▲ 경제 활성화 지원과 해외 우수인재 유치 ▲ 대한민국 공동 가치가 존중되는 사회통합 ▲ 차별 방지와 문화 다양성 존중 ▲ 국민과 외국인이 안전한 사회 구현 ▲ 국제사회와의 공동발전을 5대 정책목표로 제시하고 있다.

【자료출처 : 외국인정책위원회, 제2차 외국인정책기본계획, 14면】

제3부
역사 속의 다문화 사례와
귀화인 10만 시대

제1장 단일민족과 외래 귀화 성씨

우리는 5000년의 유구한 역사와 전통을 자랑하는 순수혈통의 단일민족이라고 알고 있다. 하지만 박기현 씨는 그의 저서 《우리 역사를 바꾼 귀화 성씨》에서 "한민족이야말로 잡탕이라 할 만큼 수많은 외래 집단의 혼성체로 한반도라는 살기 좋은 큰 그릇 속에 서로 녹여가며 일체감을 이뤄낸 민족 공동체"라고 기술하고 있다. 그에 따르면 "우리 민족 열 명 가운데 세 명은 다른 나라에서 이주해온 이방인들로 중국과 일본은 말할 것도 없고 저 멀리 인도·베트남·네덜란드에서도 한반도에 들어와 살았다."고 한다.

그는 역사적 기록과 취재를 바탕으로 전쟁과 재난을 피해 우리나라를 흠모해 한반도를 선택한 귀환인을 다음과 같이 나열하고 있다.

▲ 가야국 김수로왕의 왕비가 된 인도 아유타국의 공주 허황옥 ▲ 베트남의 첫 독립국가인 안남국 리씨 왕조의 마지막 왕족으로 고려에 망명해 화산이씨의 시조가 된 이용상 ▲ 고려 광종 때 과거제도 실시를 건의하고 한림학사까지 지낸 후주인 쌍기 ▲ 원나라 제국대장 공주의 수행원으로 고려에 와 충렬왕의 측근이 된 위구르 출신의 장순룡 ▲ 이성계와 함께 위화도회군을 감행하여 조선 개국공신에 앞장선 여

진족 장수 이지란 ▲ 평소 조선의 문물을 흠모하다 임진왜란이 일어나
자 조선에 투항하여 조총과 화약 제조법을 전수한 일본인 장수 사야
가(김충선으로 개명한 후 우록 김씨의 시조가 됨) ▲ 17세기 초 일본
으로 가던 중 풍랑을 만나 제주도에 표착한 네덜란드인 벨테브레(박연
으로 개명한 후 원산 박씨의 시조가 됨) 등은 과거 한반도에 귀화한
사람들이다.

● 단일민족과 외래 귀화성씨

정수일 한국문명교류 연구소장은 한겨레에 연재한 '정수일 교수의
문명교류기행'에서 "인적 교류인 귀화를 통해 이질적인 문명이 전파
되고 수용되기 때문에 귀화는 문명교류의 역사적 배경이 되는 동시에
그 양상이다"라고 하였다. 또한, 그는 "어느 나라 역사든 정도나 형
태 차이는 있어도 귀화가 배제된 일은 거의 없으며, 귀화의 양상은
그 나라의 개방성 및 국력과 크게 연관된다."라고 하였다. 그는 국내
275개 성씨 가운데 절반이 중국계 등 귀화성임을 들어 다음과 같이
한민족이 단일민족이 아님을 역설하고 있다.[1]

> 족보가 발달한 우리나라의 경우, 275개(1985년 통계) 성씨가 있는
> 데, 그중 귀화성이 무려 136개를 헤아린다. 시대별로 보면, 신라 때
> 40여 개, 고려와 조선시대에 각각 60여 개와 30여 개인데, 그 가운데
> 절대다수인 약 130개가 중국계 귀화성이라고 한다. 고려시대의 귀화
> 성을 살펴보면, 중국계로 충주 매씨와 남양 제갈씨 같은 희성이 많으
> 며, 몽골계로는 연안 인씨, 여진계로는 청해 이씨, 위구르계로는 경주

---

1) 정수일, "(40) 고려 품에 안긴 귀화인들", 한겨레 | 문명교류기행(2005. 3. 21.)

설씨, 회회계로는 덕수 장씨, 일본계로는 우륵 김씨(후에 김해 김씨로 바꿈) 등이 있다. 고려시대에 '투화(投化)'나 '내투(來投)'라는 말로 표현된 귀화가 가장 많이 성행한 셈인데, 이는 고려가 튼튼한 국력과 문화적 자신감을 바탕으로 귀화인에게 포용과 우대의 선정을 널리 베풀었기 때문일 것이다. (중략)

고려의 품에 안긴 이들 귀화인들은 고려인들과 동고동락하면서 고려사회를 함께 일구어나갔다. 그들에 의해 새 문물이 들어와 고려사회의 면모는 좀더 다채로워졌다. 원래가 외국인들이었으므로 외국사정에 밝아 외교사절에 기용되는 경우가 많았고, 외교문서 작성이나 외국어 교육에도 종사했다. 귀화한 거란포로 수만 명 중에는 뛰어난 의관제작자와 토목기술자들이 1할이나 되어, 그들이 제작한 의상과 기물은 전래의 질박함을 잃을 정도로 화려하고 정교했다고 전해진다. 오늘날까지도 말총으로 의관을 만드는 기술은 유목민 출신의 이들 거란 귀화인들이 남긴 유산이다. (중략)

고려시대 귀화가 어느 시대보다 성행한 것은 고려가 적극적인 귀화인 수용정책을 편 결과다. 고려는 '내자불거(來者不拒)', 즉 '오는 자는 거절하지 않는다'는 원칙을 견지했는데, 궁극적 목적은 인재 등 인력 확보에 있었다. 고려는 건국 초부터 북진정책과 북방개척에 필요한 국방인력을 확충하기 위해 발해유민과 여진계 귀화인들을 받아들이고, 외교나 문반에 필요한 지식인들을 유치했다. 특히 후기에는 대몽전쟁으로 인구부족(《송사》 '고려전'에는 당시 인구를 230만 명으로 추산)이 심화되자, 외국에 잡혀갔거나 외국으로 흘러간 유민들을 데려오는 이른바 '추쇄(推刷)'정책을 실시했다. 이러한 유민들과 함께 귀화인에 대해서는 반드시 호적에 편입시키고, 성을 하사했다. 성을 하사할 때는 관직을 제수하고 작위를 주며 식읍을 함께 내리기도 했다. (중략)

흔히들 우리 겨레는 '한핏줄'이라고 말한다. 그러나 성씨 가운데 절반 가까이가 외래 귀화성이라는 사실을 감안할 때 결코 그렇지만은 않다. 혈통을 따질 때 우리들 속에서 순혈과 혼혈의 비중이 어느 정도인지는 밝혀진 바가 없으나, 분명한 것은 귀화에 의한 혼혈이 만만찮은 비중이라는 점이다. 그런데도 우리가 굳이 '한핏줄'이라고 말하는 것은 역대로 포용성과 융합성이 남달리 강한 한민족의 '용광로' 속에서 귀화인들을 '용해'시켜 적어도 생활문화나 가치관에서는 동질성이 확보되었기 때문일 것이다.

최근에 귀화한 성씨 사례를 보면 다음과 같다. 러시아 출신 축구선수 '신의손'은 본관을 소속지인 구리로 하여 구리 신씨의 시조가 되었으며, 방송인 '로보트 할리(한국명 하일)'는 거주지인 부산 영도를 본관으로 하여 영도 하씨의 시조가 되었다. 전 한국관광공사 사장인 '이참' 씨는 출생지인 독일을 본관으로 하여 독일 이씨의 시조가 되었으며, 아프리카 부룬디 출신 난민귀화인 '김난민(가명)' 씨는 거주지인 경남 창원을 본관으로 하여 창원 김씨의 시조가 되었다.

제2장 단일민족 의식 형성 과정

"우리 민족은 반만년 이상의 유구한 역사를 가지고 있고 세계사에서 보기 드문 단일민족국가로서의 전통을 이어오고 있다." 이는 10년 전 고등학교 국사교과서에 실린 글이다.

한경구 국민대 교수는 《다문화 사회의 이해》에 실린 "다문화 사회를 어떻게 바라볼 것인가? 한국의 단일민족주의, 기원과 오해" 편에서 "단군의 후예라는 개념은 고려 후기에 등장하여 조선 초 권근 등을 거쳐 조선 후기 실학자 이익과 안정복 등에 의해 완성된 '삼한 정통론'을 통해 완성되었다"라고 한다.

또한, 이 개념은 "우리 민족이 단군의 생물학적 자손임을 강조한 것이 아니라, 중국 못지않게 오랜 역사와 문명을 이룩한 자랑스런 민족임을 강조하기 위한 것"이라고 한다. 그러면서 고려와 조선은 외국인의 정착을 환영했고 많은 외래 성씨가 형성되었음을 근거로 문명론의 관점에서는 차별이 존재했으나 혈통을 근거로 차별하지는 않았다고 한다.

그러다가 구한말 위기상황에 직면하여 단일민족주의는 독일의 민족 개념과 문화 개념이 일본을 거쳐 도입되었다. 즉 독일의 민족 개

넘은 언어 · 문화 · 역사와 함께 혈통을 강조하는데, 한국에서도 전통적 문명에 대한 자부심을 상실하고 일본의 병합과 내선일체론 등 민족의 아이덴티티(identity)에 대한 사상적 공세에 직면하면서 혈통이 강조되기 시작했다.[2)]

단일민족 의식은 일제강점기 시절 일제침략에 맞서 민족주의 의식을 고취하고 저항의식을 함양하기 위해 일부 역사가들이 펴낸 역사교과서 등을 통해 강조되었다. 8. 15 광복 이후에는 일부 민족주의 정치가들이 이를 자신들의 정치적 행위를 합리화하는 수단으로 사용하였으며, 초 · 중 · 고등학교의 교과서에도 계속 단일민족 의식을 강조하는 내용이 실려 우리의 의식 속에 뿌리를 내렸다고 한다.

한편, 단일민족 의식은 나라가 어려울 때 전 국민의 힘을 한데 모아 위기를 극복하는데 일조하기도 했다. 예를 들어 일제강점기 시절 전 국민이 힘을 합쳐 일제식민지에 저항했으며, 1960~1970년대 가난한 시절 "우리도 한번 잘살아보세"라는 새마을운동의 구호 아래 경제성장을 이룩했다.

IMF 금융위기 때는 전 국민이 금 모으기 운동에 동참하여 이를 극복하는데 이바지했으며, 2002년 한일월드컵 때에는 붉은 악마의 함성에 힘입어 월드컵 4강 신화를 이룩했다.

하지만 2007년 '유엔 인종차별철폐위원회'는 한국 정부가 제출한 인종차별철폐조약과 관련한 이행보고서를 심사한 뒤 "한국이 단일민족을 강조하는 것은 한국에 살고 있는 다양한 인종과 민족들 간의 이해와 관용 및 우호 증진에 장애가 될 수 있다."라고 우려를 표명하였다. 또 '순혈'(pure blood)과 '혼혈'(mixed-blood) 같은 단순한 용

---

2) 권재일 외,《다문화 사회의 이해》, 유네스코 아시아 · 태평양 국제이해교육원, 동녘 2007, 119~120면

어도 인종적 우월주의를 드러내는 것이라고 지적하면서 "한국인과 혼혈인을 차별하는 단일민족 국가 이미지를 극복하라"고 권고하였다.

이에 교육인적자원부는 2007년 단일민족주의를 강조하는 초·중·고등학교의 교과서 내용을 다문화에 대한 이해 존중과 타민족에 대한 편견 극복을 강조하는 내용으로 수정하기로 발표하였다.

우리는 국가 간의 경계가 허물어지고 지구촌이 일일생활권으로 변모해 가는 글로벌 시대에 살고 있다. 또 국내에 체류하는 외국인도 전 세계 200여 국가에서 온 150만여 명에 이르고 있다. 순수 혈통만을 강조하는 순혈주의와 이민족을 배척하는 폐쇄적인 민족주의가 오히려 국가 발전을 저해하는 걸림돌이 될 수 있음을 유념할 필요가 있다.

제3장 우리 역사 속의 다문화 사례

지금부터는 역사의 수레바퀴를 거꾸로 돌려 우리 역사 속의 다문화 사례와 귀화인의 발자취를 더듬어 본다.

1. 황조가

훨훨 나는 저 꾀꼬리
암수 서로 정다운데
외로울사 이 내 몸은
뉘와 함께 돌아갈꼬

〈황조가〉는 고구려 제2대 유리왕이 지었다는 시가이다. 원가(原歌)는 전하지 않고 《삼국사기》 고구려 본기 유리왕조에 4언 4구의 한역 시와 창작 동기가 전한다.

유리왕은 왕비 송씨가 죽자 후실로 자치구인 골천 사람의 딸 화희와 중국 한나라 사람의 딸 치희를 맞아들였다. 그런데 두 여자가 한 임금을 섬기므로 질투로 인하여 매일 싸움이 벌어졌다. 이에 유리왕은 양곡에 동궁과 서궁을 지어 각자 살도록 해 주니 두 여자의 싸움이 가라앉았다.

어느 날 유리왕이 기산으로 7일간 사냥을 나가고 없는 동안 화희와 치희 사이에 큰 싸움이 벌어졌다.

"너 같은 천한 한나라 계집이 무례하게 덤비다니!"

화희가 비웃으며 욕을 하자 분을 참지 못한 치희는 자기 나라로 가 버렸다.

왕이 사냥터에서 돌아와 보니 사랑하는 치희가 보이지 않았다. 자초지종을 전해 들은 왕이 말을 달려 치희를 찾아가 좋은 말로 달래었으나 듣지 않았다.

"소녀를 한나라 출신의 천한 계집이라고 하므로 돌아갈 수가 없습니다."

치희는 눈물을 글썽거리며 단호하게 말했다.

"노여움을 풀고 나와 함께 돌아갑시다."

유리왕이 아무리 달래도 치희는 끝내 말을 듣지 않았다. 어쩔 수 없이 왕은 혼자 돌아오는 수밖에 없었다.

때는 마침 화창한 봄날이었다. 유리왕이 고개를 넘어 나무 밑에서 잠시 쉬고 있을 때, 나뭇가지 사이로 꾀꼬리들이 짝을 지어 훨훨 날고 있었다. 유리왕은 한스럽게 중얼거렸다.

"새들도 저토록 짝을 지어 노니는데, 나 홀로 쓸쓸히 돌아가다니 이 마음을 어찌할꼬!"

필자가 〈황조가〉의 배경 설화에서 주목하는 것은 유리왕의 후실인 치희가 중국 한나라 출신이라는 것이다.

2. 처용가

서라벌 달 밝은 밤에
밤늦도록 노닐다가
들어와 내 자리를 보니
다리가 넷이로구나
둘은 내 것인데
둘은 누구의 것인가
본래 내 것이다마는
빼앗긴 것을 어찌하리?

향가 가운데 배경 설화가 가장 널리 알려진 작품은 〈처용가〉일 것이다. 〈처용가〉는 신라 헌강왕 때 동해 용왕의 아들 처용이 지은 향가를 발전시킨 노래를 말한다. 처용이 밤늦도록 놀다 집에 오니 전염병을 퍼뜨리는 역신이 부인과 함께 누워 있는 장면을 목격하게 된다.

그러나 처용은 자신의 아내를 범한 역신에게 화를 내는 대신 그를 용서하고 춤을 추며 〈처용가〉를 불렀다. 역신은 이런 처용의 너그러운 마음에 감동하여 잘못을 뉘우치고 스스로 물러났다. 그때부터 마을에 전염병이 돌면 역신을 물리치기 위해 처용의 형상을 걸어두는 풍습이 생겼다고 한다.

처용이 춘 춤을 처용무라 하는데 현대에 와서는 처용의 가면을 쓰고 추는 탈춤으로 변용되었다. 처용무는 유네스코 인류 무형문화유산에도 등재되어 있다. 울산시에서는 해마다 10월이면 '처용문화제'를 열고 처용을 기리는 문화 한마당과 역신을 좇아내는 처용무 등을 공연한다.

정수일 한국문명교류 연구소장은 한겨레에 연재한 '정수일 교수의 문명교류기행'에서 "처용설화의 내용은 민담과 신화, 전설 등 여러 가지 주제를 설화적으로 가공하고 윤색한 것"으로, 오늘날까지 전승되어 오는 처용설화의 모체는 고려시대 후반에 씌어진 〈삼국유사〉에 실려 있다고 하면서 다음과 같이 기술하고 있다.[3]

신라의 49대 임금인 헌강왕은 어느 날 개운포(開雲浦:오늘날 울산)에 놀러 나갔다가 그만 구름과 안개로 길을 잃게 되었다. 왕은 동해의 용이 부린 조화이므로 좋은 일을 행해 풀어야 한다는 일관의 말을 듣고 근처에 절을 세우도록 명하니 구름과 안개가 걷혀 이곳을 개운포라 하였다. 동해용이 기뻐서 아들 일곱 명을 데리고 왕 앞에 나타나 덕을 찬양하고 춤추며 노래를 불렀다. 아들 가운데 한 명은 왕을 따라 서울에 와서 정사를 돕게 되었는데, 그의 이름을 처용이라 하였다. 왕은 그를 서울에 안주시키려고 미모의 아내를 맞게 하고는 급간이란 관직까지 주었다. 그러나 아내의 미모를 흠모하던 역신이 사람으로 변하여 아내와 몰래 동침한다. 처용이 그 현장을 보고 처용가를 부르고 춤을 추며 물러나오자, 역신이 처용의 이러한 너그러움에 감복하여 본래의 형체를 드러내어 무릎을 꿇고 사죄하면서 앞으로는 처용의 형상만 봐도 그 집 문안에 들어가지 않겠다고 맹세한다. 이 일로 인해 사람들은 처용의 형상을 문에 붙여 벽사진경(僻邪進慶 : 사악을 피하고 경시를 맞음)을 꾀했으며, 왕은 서울에 돌아와 약속대로 영취산에 절을 지었는데, 이름을 망해사(望海寺) 또는 신방사(新房寺)라 하였다.

---

[3] 정수일, "(26) 처용이 서역인인 이유", 한겨레 | 문명교류기행 (2004. 12. 7.)

한편, 처용이라는 인물의 실체에 대해서는 학자마다 화랑, 지방 호족의 자제, 무당, 아라비아 상인이라고 하는 등 의견이 분분하다.

정수일 소장에 의하면 당시 개운포(지금의 울산)는 수도 서라벌(지금의 경주)을 배경으로 상업의 중심지일 뿐만 아니라 내륙 교통의 요충지라는 조건을 갖춘 국제 무역항이었다는 사실을 고려해 볼 때, 처용은 이 무역항을 통해 들어온 아라비아 상인일 것이라고 추측하고 있다.

또한, 그는 "처용은 비록 외모와 의상이 괴이한 이방인이지만 배척하지 않고 수용해 설화의 주인공으로 승화시켰듯이 외래 문물도 잘 다듬으면 우리의 것이 될 수 있다."고 강조한다.

3. 김수로왕의 왕비가 된 아유타국의 공주 '허황옥'

김수로왕은 가락국의 시조이며 김해김씨의 시조이다. 김수로왕의 탄생과 업적은 《삼국유사》에 실린 〈가락국기〉에 전해지고 있다.

"서기 42년 가락국의 아홉 족장이 구지봉에 모여 나라를 통솔할 족장을 얻기 위해 하늘을 향해 의식을 올리자 한 줄기 빛이 내려와 함께 달려가 보니 금함에 여섯 개의 황금색 알이 담겨 있었다. 얼마 후에 알에서 여섯 명의 사내아이가 나왔는데 그중에 제일 먼저 나온 자를 '수로'라 하고, 성은 금궤에서 나왔다고 하여 '김씨'로 정하고 금관가야(가락국) 왕으로 받들었다. 이로써 김수로왕이 김해김씨의 시조가 되었다."

하루는 김수로왕이 신하들에게 말했다. "왕비가 될 공주가 바닷가에 이를 것이니 마중하라." 김수로왕의 명을 받은 신하들이 바닷가에 이르자 시종을 거느린 공주가 보물을 가득 싣고 바닷가에 도착했다.

허황옥은 김수로왕에서 "소녀는 인도 아유타국의 공주로 나이는 16세이며 성은 허씨이고 이름은 황옥이라 하옵니다."라고 소개하였다. 이리하여 인도 아유타국에서 온 허황옥 공주는 가락국의 김수로왕의 왕비가 되었다.

국제결혼을 한 김수로왕과 허황옥 사이에는 10명의 왕자가 있었다. 큰아들 거등왕자는 김해 김씨의 시조인 김수로왕의 대를 이어 왕이 되었으며, 둘째 아들 마품왕자는 어머니 허황옥의 성을 받아 김해 허씨의 시조가 되었다고 전해진다.

필자는 이 대목에서 다문화가정 1호인 김수로왕과 왕비 허황옥의 남녀평등 사상을 엿볼 수 있다. 또한, 오늘날처럼 문패가 있었다면 문패에 '김수로, 허황옥'이라는 이름을 새겨 나란히 걸어두지 않았을까 상상해본다.

한편, 당시 허황옥이 가져온 보물 가운데 '파사석탑'이라는 것이 있었는데, 이 석탑은 우리나라에는 없는 진귀한 돌로 만들었다고 한다. 당시 허황옥 일행은 이 탑을 싣고 인도 아유타국에서 먼 뱃길을 돌아 가야까지 무사히 도착했는데, 파도를 진정시키는 신령스러운 탑이라 하여 '진풍탑(鎭風塔)'이라고도 한다.

파사석탑을 보러 가는 사람들 중에는 이 탑의 부스러기 한 조각이라도 떼서 먹으면 아들을 낳을 수 있다는 소문이 나면서, 아들을 못 낳는 사람들이 몰래 탑의 한 조각씩을 떼어 가는 바람에 원형이 많이 훼손되었다는 에피소드도 전해진다.

김수로 왕릉 대문에는 물고기 한 쌍이 그려져 있는 쌍어문이 있다. 쌍어무늬는 우리나라 건축양식에서는 발견할 수 없는 것으로 전형적인 인도 아유타 시절의 건축양식으로 인도 아유타 지방에서는 지금도 쌍어무늬를 즐겨 쓰고 있다고 한다. 파사석탑과 쌍어문을 통해 허황

옥이 저 멀리 인도 아유타국에서 온 귀화인임을 짐작할 수 있다.[4]

4. 베트남 왕족 출신 귀화인 '이용상'

지금부터 780여 년 전인 1226년 고려 고종 때, 베트남 최초의 독립국가인 안남국을 통치했던 리씨 왕조가 멸망하자 왕족의 후손 이용상(李龍祥)은 고려에 망명하여 화산(花山) 이씨의 시조가 되었다. 베트남 리씨 왕조는 우리로 따지면 고구려와 비슷한 존재로, 이용상이 탈출한 13세기 초 중국계 진씨 왕족에 의해 멸망한 뒤 베트남에서는 자취를 감추었다.

하지만 베트남 정부는 1992년 한국과 국교 수립을 앞두고 13세기 초 멸족된 것으로만 알고 있던 리씨 왕조의 후손들이 780년이 지난 현재 한국에 1,000여 명이나 살고 있다는 사실을 알게 되었다. 1995년 화산이씨 종친회 대표들이 선조의 고향 베트남을 방문하였을 때 베트남 당 서기장을 비롯한 3부 요인이 모두 나와 환대하고, 베트남인과 똑같은 법적 지위를 부여한다며 왕손 예우를 했다고 한다. 당시 현지 언론들은 베트남 왕조가 남긴 유일한 왕손이 금의환향하였다고 대서특필했다.

화산이씨 종친회 대표들은 해마다 리씨 왕조 건국기념일(음력 3월 15일)에는 초청되어 제사를 지내고 있으며, 한국과 베트남 간의 우의를 증진하는 등 가교 역할을 하고 있다.[5]

정수일 한국문명교류 연구소장에 따르면 화산 이씨 시조인 이용상(李龍祥)은 베트남 첫 독립국가인 리씨 왕조(1009~1226)의 8대 왕

---

4) 박기현,《우리 역사를 바꾼 귀화 성씨》, 역사의 아침, 2007, 68~76면
5) 박기현, 앞의 책, 32~33면

혜종의 숙부이자 왕자 신분의 군 총수였다고 한다. 그러면서 이용상의 베트남 탈출 과정과 화산 이씨의 시조가 된 과정을 다음과 같이 기술하고 있다.[6]

이용상은 한 척신의 권모술수로 왕이 폐출되고 왕족이 몰살당하는 난국에서 구사일생으로 탈출한 뒤 배에 몸을 싣고 정처 없이 떠났다. 어쩌면 최초의 베트남 '보트피플'이었을 것이다. 계절풍을 타고 바람 부는 대로 흘러 흘러 와 닿은 곳이 바로 한반도 서해안 옹진반도의 화산(지금은 북한 땅)이다. 비행기로도 5시간이나 걸리는 3,600여 km의 거리다. 때마침 몽골군이 이곳을 유린하자, 베트남 왕자는 섬사람들과 힘을 모아 침략자를 물리쳤고, 이 사실이 고려 조정에 알려지자 고종은 행위를 가상히 여겨 이용상에게 화산 일대를 식읍으로 내리고 본관을 화산으로 하는 이씨 성을 하사했다. 그래서 이용상은 화산 이씨의 시조가 되었다. 지금도 화산 인근에는 이용상의 행적을 전해주는 유적이 남아있다. 몽골군 침입을 막고자 쌓았다는 안남토성과 고향이 그리울 때마다 찾아가 고국 쪽을 향해 통곡했다는 망국단, 그리고 리씨 왕조의 시조 이름을 딴 남평리와 당시 베트남의 나라 이름을 본받은 교지리 마을이 그 유적들이다. 성을 하사받고 귀화한 이용상 일가 중에는 걸출한 인물들도 여럿 배출되었다. 장남은 예문관 대제학을 제수받고 차남은 안동 부사를 지냈으며, 6세손 맹운은 공민왕 때 호조전서를 역임하다 국운이 기울자 고향에 은거하면서 '두 임금을 섬기지 않는' 충절을 지켰다. 지금 이용상 후예들이 남한에는 약 260가구에 1400명 가량 살고 있으며, 북한에는 더 많다고 한다. 화산 이씨 외에 베트남 귀화인으로는 이양혼을 시조로 하는 강원도 정선 이씨가 있다.

---

6) 정수일, "(40) 고려 품에 안긴 귀화인들", 한겨레 | 문명교류기행.(2005. 3. 21.)

5. 네덜란드 출신 귀화인 '벨테브레'

네덜란드 출신의 벨테브레는 인조 5년인 1627년 일본으로 항해하던 중 풍랑을 만나 제주도에 표착했다. 당시 그는 동료 선원 2명과 함께 물을 구하기 위해 육지에 상륙했다가 관헌에게 붙잡혀 한양으로 압송된 후 훈련도감에서 총포 제작을 도왔다. 1636년 병자호란이 일어나자 참전해 2명의 동료는 목숨을 잃었고 박연만 살아남았다.

박연이 조선에 체류한 지 26년이 지난 1653년 같은 네덜란드 출신인 하멜 일행이 일본 나가사키 항으로 가던 중 폭풍우를 만나 제주도에 표착했다. 당시 제주목사는 하멜 일행과 말이 통하지 않자 조정에 서양 말을 할 수 있는 통역사를 구해달라고 요청했다. 이에 조정에서는 조선에 귀화한 박연을 제주도로 보내 하멜 일행을 통역하게 하였다.

박연은 큰 키에 노란 머리, 푸른 눈을 가졌으며 겨울에 솜옷을 입지 않을 정도로 건장하였다고 전해진다. 갓을 쓰고 도포를 입은 건장한 네덜란드 사람이 통역관으로 나타나자 하멜 일행은 깜짝 놀랐다고 한다. 박연은 하멜 일행이 한양으로 압송되었다가 전라도 병영으로 이송되기까지 3년 동안 함께 지내면서 이들에게 조선의 풍속과 말을 가르쳤다.

하멜은 당시 지방관의 탄압과 중노동에 시달리다 기회만 되면 본국인 네덜란드로 돌아가려고 했다. 결국, 하멜은 1666년 동료 선원 7명과 함께 여수 해변에서 배를 타고 일본으로 탈출하는데 성공했다.

하멜 일행은 1667년 12월 선원 64명 가운데 8명만이 14년째 지속된 고난과 모험을 끝내고 네덜란드로 돌아갔다.[7]

하멜은 네덜란드로 돌아간 후 14년간의 억류생활을 기록한 《하멜

---

7) 박기현, 앞의 책, 138~148면 참조

표류기》를 발표했는데, 이는 조선의 존재를 유럽인에게 최초로 알린 계기가 되었다.

한편, 벨테브레는 처음엔 네덜란드에 두고 온 부인과 자식에 대한 그리움 때문에 눈물도 많이 흘렸으나, 세월도 무심한지라 네덜란드로 돌아가지 않고 조선에 귀화하여 이름을 박연이라 바꾸고 조선인 여성과 결혼해 1남 1녀를 둔 것으로 알려졌다.

360여 년이 흐른 지난 1991년 3월 네덜란드에 살고 있던 그의 후손이 한국을 방문하여 우리나라 어디선가 살고 있을 박연의 후손을 찾고자 하였으나 찾지 못했다고 한다. 박연의 고향인 네덜란드 데리프(DeRijp) 시에는 현재 600명 정도의 박연의 후손들이 살고 있다고 한다.

서울 광진구 어린이대공원 분수대 옆에는 갓을 쓰고 도포를 입은 박연의 동상이 있다. 이 동상은 '88 서울올림픽'을 앞두고 박연이 태어난 네덜란드 데리프 시에서 제작해 1991년 한국에 기증한 것이다.

조선 최초로 서양에서 귀화한 박연의 후손들이 살아 있다면 박씨라는 성에 아마도 유난히 큰 키에 오뚝한 코를 지녔을지도 모른다. 과연 박연의 후손들은 우리나라에 몇 명이나 뿌리를 내리고 있을까?

🌑 17세기 네덜란드, 열린 정책의 교훈

네덜란드는 저지대 낮은 땅이라는 뜻으로 국토의 25%가 바다보다 낮아 끊임없이 풍차를 이용한 배수시설과 제방을 쌓아 물과의 전쟁을 치르지 않으면 수면 아래로 가라앉을 수밖에 없는 운명을 가진 나라였다. 네덜란드 하면 떠오르는 이미지는 풍차와 튤립으로 상징되는 낙농업의 나라, 빈센트 고흐와 렘브란트로 대변되는 예술의 나라, 2002년 한일월드컵 때 4강 신화를 달성한 거스 히딩크 감독이 태어난 곳이다. 최근에는 2014 소치 동계올림픽의 스피드스케이팅 5종목에 출전한 네덜란드 선수들이 메달을 휩쓸어 스피드스케이팅 강국의 모습을 보여주었다.

17세기 중엽 네덜란드 국적의 하멜 일행이 일본으로 항해하던 중 풍랑을 만나 제주도에 표착하던 당시, 네덜란드는 황금기라 불릴 만큼 경제적인 번영은 물론 문화적으로도 융성하였다고 한다.

차이를 인정하고 다름을 허용하는 관용의 나라였던 네덜란드는 종교의 자유와 사상의 자유를 허용함으로써, 당시 유럽 전역에 불어 닥친 종교적 박해를 피해 유태인 등 수많은 이주민이 네덜란드로 몰려들기 시작하였다.

우리에게 "내일 지구의 종말이 온다 할지라도 나는 한 그루의 사과나무를 심겠다."라고 말한 것으로 잘 알려진 철학자 스피노자도 유태인 아버지를 따라 종교적 박해를 피해 네덜란드로 이주한 후 《에티카》 등 유명한 철학 저서를 남겼다.

데카르트도 로마 가톨릭 교회의 영향을 받던 프랑스를 떠나, 자유로운 학문 분위기가 지배하는 네덜란드로 이주했다. 그는 네덜란드에서 "나는 생각한다. 고로 나는 존재한다."라는 유명한 철학서인 《방법서설》을 남겼다.

네덜란드의 모나리자로 불리는 〈진주 귀걸이를 한 소녀〉는 네덜란드의 화가 '요하네스 베르메르(Johannes Vermeer)'가 그린 작품으로 17세 중엽 네덜란드 미술의 황금기를 상징적으로 보여주고 있다. 또한, 초상화와 빛의 화가인 '렘브란트(Rembrant)'도 17세기 네덜란드 화가로 〈돌아온 탕자〉, 〈툴프박사의 해부학 강의〉, 〈야경〉 등의 걸작을 남겼다.

신분의 차별을 넘어 개방정책을 추구하였던 네덜란드는 귀족은 물론 평민도 주주가 될 수 있는 동인도회사를 설립하여 대자본이 형성되었다. 그 결과 영국이나 스페인보다 훨씬 큰 선박을 건조함으로써 아프리카와 인도를 거쳐 중국·일본과도 활발한 해상무역을 전개하였다.

　박연이 조선에 체류한 지 26년이 지난 1653년에 같은 네덜란드 출신인 하멜 일행이 제주도에 표착하였다. 당시 조정에서는 박연을 제주도로 보내 하멜 일행을 통역하게 하였다.

　만약 조선의 왕과 관리들이 중국에만 의존하는 모화사상에서 벗어나, 박연과 하멜 일행이 조선에 머무르던 당시 황금기라 불릴 만큼 경제적인 번영은 물론 문화적으로도 융성하였던 네덜란드와의 교역을 통해 '코레아호'가 조선과 네덜란드를 오가는 등 서양의 문물을 빨리 받아들였다면 조선의 역사는 어떻게 바뀌었을까?

제4장 귀화인 10만 시대

　귀화인은 순수 외국인으로서 한국 국적을 취득한 사람을 가리킨다. 대한민국 국민으로 귀화(歸化)한다는 것은 귀화허가 절차를 통해 대한민국 국적을 취득한다는 의미이다.

　1948년 대한민국 정부 수립 이후 최초의 귀화인은 누구일까?

　그는 1957년 귀화한 대만 출신의 손일승 씨로 기록되고 있다.

　그렇다면 10만 번째 귀화인은 누구일까?

　그는 인도 출신 '로이 알록 꾸마르' 부산외국어대 교수로, 지난 2011년 1월 귀화자 국적증서 수여식에서 대한민국 정부수립 이후 63년 만에 10만 번째 귀화인으로 등록됐다.

　그는 인도의 명문 델리대에서 정치학을 전공하였고 졸업 직후 동북아 정치를 연구하고자 한국을 찾게 됐다. 서울대 유학생 신분으로 한국과 인도를 오가다 지금의 부인을 만나게 됐고, 두 명의 딸을 낳아 다문화가정을 꾸리면서 한국은 그에게 '제2의 조국'으로 다가왔다. 그러나 한국 국적 취득은 또 다른 문제였다.

　로이 알록 씨는 연합뉴스와의 인터뷰에서 "국적 취득은 단순히 주소를 바꾸는 문제가 아니다."라며 "한국이라는 나라의 담을 넘어 마당까지 왔지만 안방의 열쇠(국적)를 차지하기 위해서는 마음의 준비가 필요했다."라고 털어놨다.

이어서 그가 그동안 한국 국적 취득을 망설인 것은 '순혈주의'로 대변되는 외국인에 대한 배타적인 사회 분위기 때문이었다. 30년 넘게 한국 땅에서 살아왔고 한국인 부인 사이에 자식까지 낳았지만, 그는 여전히 가난한 제3세계 출신의 이방인일 수밖에 없었던 것이다.

아이들이 "우리는 100% 한국 사람이기도 하고 100% 인도 사람이기도 한데 왜 한국 사람들은 우리를 절반만 한국 사람이라고 하느냐."며 불만을 토로할 때는 정체성의 혼란을 느끼기도 했다고 한다.

하지만 세월이 흘러 국제화가 빠르게 진행된 한국 사회가 이제는 외국인도 차별 없이 받아들일 정도로 성숙했다는 것을 자각하면서 한국 국적을 취득하기로 마음을 바꿨다고 한다.[8]

우리나라 「국적법」에서는 귀화의 종류를 일반귀화, 간이귀화, 특별귀화 등 3가지 종류로 나누고 있다. 외국인이 대한민국 국민이 되려면 특별귀화를 제외하고는 국내 거주 요건을 충족해야 한다.

'일반귀화'를 신청하려면 한국 국적을 취득한 적이 없는 순수 외국인으로서 외국인등록을 한 날로부터 5년 이상 한국에 거주해야 한다. 또한, 품행이 단정하고, 생계를 유지할 능력이 있으며, 한국어 능력과 한국 풍습에 대한 이해 등 한국 국민으로서의 기본 소양을 갖출 것을 요건으로 한다. 품행이 단정해야 한다는 의미는 마약이나 도박, 음주운전, 성범죄 등 전과 기록이 없어야 한다는 뜻이다.

'간이귀화'는 한국인과 결혼하여 한국 국적을 취득한 결혼이민자 등이 이에 해당한다. 이 경우 한국에 주소를 두고 2년간 한국인 배우자

---

8) 연합뉴스(2011. 1. 24.), "10만 번째 귀화인 로이 알록 꾸마르 교수"

와 생활하는 것을 조건으로 한다.

'특별귀화'는 부모 중 어느 한쪽이 한국 국민인 자녀, 대한민국에 특별한 공로가 있는 외국인, 과학·경제·문화·체육 등 특정 분야에서 우수한 능력을 보유한 자로서 대한민국의 국익에 기여할 것으로 인정되는 외국인이 이에 해당한다.

특별귀화의 경우에는 국내 거주 요건에 상관없이 한국에 주소만 있으면 한국 국적을 취득할 수 있다. 예를 들어 2002년 한일월드컵에서 한국 축구 대표팀을 월드컵 4강까지 이끌었던 네덜란드 출신의 히딩크 감독, 노벨상이나 퓰리처상 수상자, 올림픽 금메달리스트 등은 국내 거주 요건에 상관없이 특별귀화를 통해 한국 국적을 취득할 수 있다.

법무부는 저출산·고령화 시대에 대비하고 국가 경쟁력 강화에 필요한 해외 우수인재 등을 유치하기 위해 2010년 5월 「국적법」을 개정하여 해외 우수인재, 결혼이민자, 65세 이상 고령 동포 등에게 복수국적을 일부 허용하였다.

다만, 선천적 복수국적자의 경우 출생 당시 모(母)가 자녀에게 외국 국적을 취득하게 할 목적으로 외국에서 체류한 상태에서 출생한 소위 '원정 출산자'에 대해서는 외국 국적을 포기한 경우에만 한국 국적을 선택할 수 있도록 함으로써 복수국적 허용으로 인한 부작용을 최소화하고자 하였다. 또한, 인구의 순유출을 방지하기 위해 외국에 주소가 있는 경우에만 재외공관을 통하여 한국 국적 이탈 신고를 할 수 있도록 함으로써 실제로 한국에 생활 기반을 두고 있는 사람에 대해서는 한국 국적을 이탈하는 것을 제한하였다.

1. 특별귀화자 1호 '인요한'

낯선 이국땅에 정착해 4대에 걸쳐 인술을 펼치고 있는 가계의 이력도 이색적이지만, 인요한 소장의 '한국 사랑'은 각별하기로 유명하다. 2012년 3월에는 아예 한국인으로 뼈를 묻겠다며 대한민국 국민으로 특별귀화한 인요한 소장. 환자를 진료하는 의사로, 대북사업을 펼치는 사회활동가로, 그리고 지난 박근혜 정부 출범 당시에는 국민대통합위원회 부위원장직을 맡으면서 광폭 행보를 이어가고 있는 인요한 소장의 인생 드라마는 여전히 현재진행형이다.9)

인요한 씨는 본명이 John Linton(존 린튼)으로 연세대학교 의과대학 가정의학과 교수 겸 국제진료센터 소장으로 재직하고 있다. 그는 구한말 미국 선교사로 조선땅을 밟은 유진 벨의 외증손으로 1959년 전주에서 태어나 순천에서 어린 시절을 보냈다.

1980년 광주민주화운동 때 외신기자와 시민군 사이에 통역을 맡았고, 1987년 연세대 의학과를 졸업한 뒤 서양인 최초로 의사국가고시에 합격했다.

인요한 소장의 아버지는 1984년 갑작스레 교통사고를 당했으나 앰뷸런스가 없이 택시를 타고 병원으로 가는 도중에 사망하였다. 인요한 소장은 이 일을 계기로 한국형 구급차(앰뷸런스)를 개발해 119 응급구조체계의 산파역을 했을 만큼 의료 분야 발전에 큰 기여를 했다.

1997년에는 외증조할아버지인 유진 벨 선교사의 이름을 딴 '유진 벨' 재단을 형인 인세반(Stephan Linton)과 함께 설립해 북한 결핵 퇴치 사업 등 대북의료지원 활동을 한 공로로 2005년 국민훈장목련

---

9) [나의 삶 나의 길] 인요한 세브란스병원 국제진료센터 소장, BBS 불교방송 대담 프로그램(2013. 5. 28.)

장을 받았다.

인요한 소장은 2012년 3월 대한민국에 기여한 공로로 「국적법」 제7조(대한민국에 특별한 공로가 있는 자)에 의해 특별귀화 허가를 받았다. 그동안 독립 유공자 후손 등 선대의 공로로 대한민국 국적을 수여받은 전례는 있지만, 자신의 공로로 특별귀화자가 된 경우는 인요한 소장이 처음이다.

인요한 소장이 한국인으로 귀화하기로 결정한 데는 아무런 조건이 없었다고 한다. "한국의 문화를 사랑하고, 한국어를 사랑하고, 한국인의 끈끈한 정을 사랑해서였다."라고 한다.

그의 저서에는 《내 고향은 전라도, 내 영혼은 한국인》이 있다.

그는 그의 저서에서 다음과 같이 술회하고 있다.

"나는 내 핏속에 흐르는 한국인의 기질을 자랑스럽게 생각한다. 나를 키운 8할은 한국 사람들의 뜨거운 정이었다. 내 영혼은 한국 사람들의 강직하고 따뜻한 심성을 기꺼이 받아들였고 그것에 길들어졌다."

한편, 인요한의 할아버지인 윌리엄 린튼은 22세 때 한국에 와서 48년간 의료 및 교육 선교 활동을 하면서 전주와 군산 지역에 수많은 중고등학교를 세웠고 대전에 한남대를 설립했다.

인요한의 아버지인 휴 린튼은 검정 고무신을 즐겨 신어 '순천의 검정 고무신'이라고 불렀다. 또한, 전라도와 경상도 도서 지역에 600여 개의 교회를 개척했으며 한국전쟁 당시 인천상륙작전에도 참전했다.

인요한의 어머니 로이스 린튼(한국명 : 인애자)은 순천기독결핵재활원을 설립해 35년 동안 결핵 퇴치 사업을 하고 있다. 그의 형인 인세반은 결핵 퇴치를 목적으로 설립한 '유진벨' 재단의 회장직을 맡고 있다.

이처럼 인요한 소장의 집안은 4대째 대를 이어 한국에 살면서 선교, 의료봉사활동, 결핵퇴치 사업과 의료장비 지원 사업 등을 통해 사회 발전에 이바지해 왔다.

필자가 인요한 씨와 인연을 맺게 된 것은 지난 2007년 법무부 서울출입국사무소 근무 시절, 다문화 사업을 하게 되면서부터였다. 그는 바쁜 와중에도 결혼이민자 정착 지원 사업 등 '다문화 전도사'로서 열심히 활동하였다. 또한, 소주에 돼지갈비 안주를 유난히 좋아하는 파란 눈의 인요한 씨는 때로는 구수한 전라도 사투리를 써가며 한국인보다 농담을 더 잘하여 주위 사람들을 웃기곤 한다.

일례로 어느 더운 여름날 고양이가 쥐를 잡으려 하자 쥐는 얼른 쥐구멍으로 들어갔다. 한참이 지나도 쥐가 나올 생각을 하지 않자 고양이는 꾀를 생각해 냈다. '야옹'이라는 고양이 소리 대신 '멍멍'이라는 개소리를 흉내 낸 것이다. 쥐는 개소리를 듣고는 고양이가 사라졌다고 안심하고 쥐구멍을 나오는 순간 고양이에게 잡히고 말았다. 그때 고양이는 회심의 미소를 지으며 다음과 같이 말했다고 한다. "다문화 시대를 살아가려면 2개 언어는 사용할 줄 알아야 한다."

다음은 그분이 일전에 한 강연회에서 했던 이야기를 소개한 글이다.

1960년대 초, 어릴 적 살았던 전남 순천의 집 주변은 초가집 일색이었다. 이웃 주민들은 점심때 매일 고구마와 김치를 먹었는데 처음에는 맛이 있어 먹는 줄 알았다. 나중에 알고 보니 먹을 게 없어서 매일 고구마와 김치를 먹는다는 사실을 알고 가슴이 아팠다.

1930년대 미국의 대공황 시절 모두가 어려웠던 시기라 추워도 온돌 문화가 발달하지 못해 가정에서 난방하지 못했다. 그러나 한국은 구들로 아랫목을 따뜻하게 하는 온돌 문화가 발달했다.

온돌방에 가족이 모여 오손도손 이야기하는 여건이 되면서 저절로 자녀교육이 되었다. 가족의 힘이 살아난 것이다. 삶의 지혜, 사람 사는 길을 어른들이 다 이야기해 주었다. 지금은 중앙난방으로 가족들이 함께 모여 대화할 기회가 적어졌다. 과거 한국의 '온돌 문화'가 나를 키워 준 원동력이 된 것이다.

한국인보다 더 한국을 사랑하는 인요한 소장은 한 사람 한 사람의 정이 온 세상을 흘러 다시 나 자신에게로 돌아오듯이 '남을 돕는 것이 곧 나를 돕는 것'이라 한다.

2. 최초의 귀화인 공기업 사장 '이참'

이참 씨는 독일 출신으로 1982년 한국인 여성과 결혼하여 1986년에 대한민국에 귀화하면서 독일 이름 베른하르트 크반트(Bernhard Quandt)를 한국 이름 이한우로 바꿨다. 그는 독일에 본관을 둔 독일 이씨의 시조로 나중에 '이참에 한국 문화에 동참한다'는 뜻으로 이참으로 개명하였다.

그는 방송인과 사업가로 활동하다 2009년 귀화인 출신으로는 최초로 공기업인 한국관광공사 사장으로 임명되었으며, 외국인 관광객 1,000만 명 유치에도 크게 이바지한 것으로 알려졌다. 그는 한국인 부인과의 사이에 1남 1녀를 둔 다문화 가장이다.

우리 역사상 공직에 임명된 귀화인 중에서 가장 기여한 인물로는 고려 광종 때 귀화한 후주 출신 쌍기를 들 수 있다. 그는 한림학사에 임명된 후 광종에게 오늘날 고시제도의 모태인 과거제도의 실시를 건의하였다. 또 그해 처음 실시된 과거에서 지공거(시험을 주관하는 사람)를 맡았다.

과거제도의 도입으로 실력이 없는 개국공신이나 호족의 자제들이 관직을 대물림하는 현상이 사라지게 되었다. 당시 호족들의 거센 반대에도 불구하고 광종이 과거제도를 실시할 수 있었던 것은 별다른 정치적 이해관계가 없는 중국 후주 출신 귀화인 쌍기를 공직에 임명했기 때문이다.

필자는 다문화시대를 맞이하여 한국에 귀화한 외국인들 중에 한국의 제도와 문화에 대한 이해가 높고 진취적인 분들을 고위 공직에 임명하는 것은 국가 경쟁력 강화는 물론 우리나라의 대외 이미지를 높일 수 있다는 점에서 바람직한 일이라고 생각한다.

예를 들어, 법무부 출입국·외국인정책본부의 '국적통합정책단장'에 평소 다문화 관련 사업에 관심이 있고 이민정책 관련 전문지식이 있는 귀화인 출신을 임명해 보는 것도 개방성과 다문화 포용성의 측면에서 상징적인 의미가 클 것이다.

또한, 외국인투자 유치기관, 외국인 의료관광객 유치기관, 국제대학원장, 다문화가족지원센터장 등 외국인을 상대로 하는 기관에 외국인의 눈높이에서 외국인을 바라볼 수 있도록 한국에 귀화한 사람들을 임명해 보는 것도 좋을 것이다.

앞으로 성숙한 다문화사회를 위해서는 개방성과 다양성의 존중을 통해 우리 사회의 다양한 가치를 포용하고 통합해 냄으로써 국가 발전을 위한 창조적 에너지원으로 활용하려는 적극적인 노력이 필요한 때이다.

이참 씨는 2008년 8월 14일 중앙공무원교육원 주최 다문화 관련 특별교육 과정에서 '다문화사회의 기회 : 무한한 가능성의 나라 한국'이라는 주제로 특별강연을 한 적이 있다.

그는 이 자리에서 프랑스 문화 한가운데 한국인 정명훈 씨가 지휘봉을 높게 치켜들 수 있었던 것처럼 우리도 '국립국악원장'을 외국인에게 한번 맡겨 보자고 다음과 같이 제안한 적이 있다.

프랑스인의 자국 문화에 대한 자존심은 어느 나라 못지않게 하늘을 찌른다. 그런 프랑스인도 1989년 프랑스의 자랑인 파리 바스티유 오페라단 음악 총감독 겸 상임지휘자에 한국인 정명훈 씨를 임명하여 세계 정상급의 오페라단을 지휘하게 함으로써 한국 국민에게 큰 자긍심을 안겨주었다.

프랑스 문화 한가운데 정명훈 씨가 우뚝 설 수 있었던 것은 프랑스 문화를 객관적으로 해석하여 이끌어주기를 원했던 프랑스 국민들의 자국 문화에 대한 높은 자긍심 때문이었을 것이다.

세계화 시대에 문화를 공유하고, 그것을 보고 즐기는 기회가 확대되어 갈수록 문화 수요자의 욕구는 그 나라 문화의 정체성에 대한 관심으로 이어진다.

우리 문화가 세계 속에서 더욱 친근감을 가지고 다가서기 위해서는 우리 고유문화의 지휘봉도 가끔은 외국인에게 맡겨 보는 것도 좋을 것이다. 왜냐하면, 이것 또한, 우리 문화의 우수성을 세계에 알리는 또 다른 방법이 될 수도 있기 때문이다.[10]

3. 귀화인 1호 국회의원 '이자스민'

우리에게 영화 〈완득이〉의 엄마로 더 잘 알려진 필리핀 이주여성인 이자스민은 19대 국회에서 새누리당 비례대표로 금배지를 달았다. 귀화인으로서는 최초로 국회의원이 된 그녀는 학력위조 논란, 제노포비아(Xenophobia, 외국인 혐오증) 이슈에 휩싸이기도 했다.

---

10) 중앙공무원교육원, "성큼 다가선 다문화사회! 정부의 역할 및 과제", 2008, 26~27면

그녀는 1993년 필리핀에 있는 대학교 2학년에 재학 중에 한국인 남편을 만나 교재하다 1995년 결혼을 했으며 1998년에 한국인으로 귀화했다.

또한, 2005년 KBS 1TV '러브인 아시아' 프로그램 고정 출연자로 활동하면서 프로그램에서 만난 사람들과 봉사단체 '물방울 나눔회'를 만들어 결혼이주여성을 위한 봉사활동을 하였다. 아울러 EBS 한국어교육방송 강사, 서울시 계약직 공무원으로 근무하기도 했다.

특히 그녀는 주한 일본대사관 앞에 설치된 '평화의 소녀상' 말뚝 테러 사건을 계기로 어떻게 하면 위안부 할머니들을 도울 수 있을까 고민하다 일본군 위안부 피해자 법률 지원을 담은 개정안을 대표 발의하기도 하였다.

이자스민 씨는 법무부 출입국·외국인정책본부 계간지 《共Zone》(2011년 겨울호)에 실린 글에서 "다문화는 다른 것이 아니라 같아지기 위한 것"이라 하였다.

그러면서 처음 영화 〈완득이〉의 출연 제의를 받고 망설였다고 한다. 그 이유는 17년간이나 자식을 떼어 놓고 나온 이주여성이기에 혹시 다문화가정에 부정적인 영향을 주지나 않을까 걱정했기 때문이다. 그런데 500만여 명의 사람들에게 이주여성에 대한 연민과 공감대를 불러일으킨 영화의 영향력을 보면서 오히려 영화에 출연한 것이 잘된 일이라 생각된다고 하였다. 그녀는 영화에서처럼 "한국 사회의 구성원으로 당당하게 살아가는 결혼이주여성들의 긍정적인 모습이 많이 비춰질수록 다문화에 대한 편견과 인식변화가 빨리 올 수 있다."고 한다.

그러면서 "지식을 배우는 것은 머리이지만 사람을 이해하는 것은 가슴"이라며 "다문화가정을 머리로만 이해하려 하지 말고 마음으로 받아들여야 한다"고 말했다.

4. 독도 지킴이, 일본 출신 귀화인 '호사카 유지'11)

일본 도쿄에서 태어나 도쿄대 공학부를 졸업한 일본인 호사카 유지 세종대학교 교수가 우리 땅 독도 지킴이로 나서게 된 데에는 한국에 대한 특별한 인연 때문이다.

인연의 시작은 부친이 경영하던 회사와 협력 관계에 있던 재일교포 한인과의 만남을 통해서였다. 인정 많고 따뜻한 사람들, 부드러운 한국말, 아름답고 환상적인 전통 부채춤 공연 등 한국의 첫인상은 정겹고 아름다웠다.

그렇게 시작된 한국에 대한 관심은 호사카 교수를 한국어 공부로 이끌었고, 조용한 아침의 나라에 대한 호기심은 우연한 기회에 명성황후 시해사건에 대해 알게 되면서 한국과 한국 역사에 대한 보다 깊은 관심과 학구열로 발전했다.

그는 1988년 한일 관계 연구를 위해 한국 유학길에 올라 고려대학교 대학원 정치외교학과에 입학해 석·박사 과정을 마치고 1998년부터 독도 연구를 시작했다.

현재는 세종대학교에 설립된 독도종합연구소장을 맡아 한국인보다 더 독도를 사랑하고 연구하고 세상에 독도는 한국 땅임을 알리기 위해 노력하고 있다.

호사카 교수는 《대한민국 독도》, 《우리 역사 독도》, 《독도 다케시마 논쟁》, 《일본 고지도에도 독도 없다》 등 다양한 저서와 학술활동을 통해 일본의 독도 영유권 주장을 반박하며, 독도가 대한민국 영토임을 재확인하는 작업에 힘을 쏟고 있다.

---

11) 이 부분은 법무부 출입국·외국인정책본부 계간지 《共Zone》(2010년 겨울호) 에 실린 호사카 유지 교수의 인터뷰 내용을 요약한 것임

최근에는 민간 외교 단체인 '반크', 가수 김장훈 씨와도 손을 잡고 대중들에게 보다 친근하게 독도문제를 환기시키기 위한 '독도 페스티벌' 개최에도 앞장서고 있다.

2003년 한국에 귀화한 호사카 유지 교수는 한국인 부인과의 사이에 2남 1녀를 두고 있다.

5. 필리핀 출신 첫 귀화 경찰관 '아나벨'

필리핀 출신인 아나벨 카스트로 경장은 전남 함평경찰서에서 통역 자원봉사를 하다 외사경찰관 특채에 합격해 2008년 귀화인으로는 처음으로 경찰관이 됐다.

그녀는 1995년 친구 소개로 한국인 남편을 필리핀에서 만나 2년간 교제하다 결혼한 뒤 한국에 들어왔다. 그리고 전남 함평군에서 농사를 짓는 남편과 시부모를 모시며 2남 1녀를 낳았다. 그녀는 필리핀에서 8년간 고등학교 생물교사로 근무했다. 모국어인 타갈로그어뿐 아니라 영어에도 능통해 경찰관이 되기 전까지 함평 지역 초등학교에서 아이들에게 영어를 가르치기도 했다. 피부색만 다를 뿐 여느 한국인 며느리와 다름없는 생활을 하다 함평경찰서에서 필리핀 관련 사건의 통역을 맡으면서 경찰과 인연을 맺게 됐다.

함평경찰서는 그녀의 능력과 부지런함을 인정하여 외사 특채에 지원해 보라고 권했고, 그녀는 2008년 7월 외사경찰관 특채에 합격했다. 아나벨 경장은 현재 국내 최대의 외국인 밀집 지역을 담당하는 경기도 안산시 단원경찰서 원곡다문화파출소에서 근무하고 있다.

제4부
우리나라 이민행정 제도의 이해

제1장 출입국심사서비스 키스(KISS)와 센스(SENS)

1. 공항이 주는 의미

공항하면 떠오르는 것은 만남과 헤어짐의 공간, 미지의 세계에 대한 동경의 장소, 다시 만날 것을 기약하는 곳일 것이다. 이렇듯 공항은 잠시 머물다 해외로 나가거나 들어오는 공간을 떠나 설렘과 들뜸, 호기심으로 가득한 공간, 그리고 다양한 인종과 문화가 공존하는 장소이다.

필자는 이 책을 쓰면서 작가 알랭 드 보통(Alain de Botton)이 쓴 《공항에서 일주일(A Week At the Airport)》을 흥미롭게 읽은 적이 있다.

'히드로 다이어리'라는 부제가 붙은 이 책은 작가가 독자들을 출발, 출국 게이트 너머, 그리고 도착 라운지로 데려가서 자신의 위트와 지혜를 섞어 이별이 이루어지는 장소에서 시간을 보내는 것이 우리가 일반적으로 생각했던 것보다 더 깊은 의미를 가질 수 있음을 보여준다.[1]

2009년 여름 영국 런던의 히드로 공항의 한 관계자가 작가인 알랭

---

1) 알랭 드 보통, 《공항에서 일주일을》, 정영목 옮김, 청미래, 2009.

드 보통에게 전화를 건다. 그러면서 "최근 자신의 회사가 문학에 관심을 갖게 되어 히드로 공항의 두 활주로 사이에 자리 잡은 탑승객 허브인 터미널 5에 작가 한 명을 일주일 동안 초대하기로 결정했다."라고 말한다.

공항의 첫 상주 작가가 된 알랭 드 보통은 유명한 다큐멘터리 사진작가 리처드 베이커와 함께 히드로 공항에 일주일간 머물면서 이 책을 쓰게 된다.

공항에서 일하는 항공사 직원들, 수하물 담당자, 보안요원들, 공항서점 지배인, 비행기 조종사, 이별의 경험을 겪는 커플들, 오랫동안 떨어져 있던 가족과 재회를 손꼽아 기다리는 사람들과의 인터뷰를 통해 공항과 관련된 이야기를 가감 없이 들려주고 있다.

또한, 이 책은 일반 여행객들이 쉽게 접근할 수 없는 조종석과 승무원들의 근무 공간, 기내식을 만드는 조리실, 게이트 너머의 공간까지 작가라는 대리인을 통해 다른 시각으로 조명한 데 의의가 있다.

히드로 공항 관계자는 번쩍거리는 마케팅 팸플릿 대신에 상업 세계와 예술 세계와의 만남을 잘 표현한 이 책을 통해 전 세계인에게 자연스럽게 히드로 공항을 알리는 계기를 만들어 준 셈이다.

● 인천국제공항 3층 출국장 입구

이른 아침부터 안녕, 안녕히 가세요, 잘 다녀 오이소, 굿바이, 사요나라, 아듀, 챠오, 아디오스, 아리베데르치, 더스비다니어, 짜이찌엔 등 세계 각국에서 온 수많은 사람의 작별 인사로 홍수를 이룬다.

시원섭섭하다는 느낌을 주는 영어의 '굿바이'
살갑게 다가오는 느낌을 주는 일본어 '사요나라'

어쩐지 쓸쓸한 여운이 남는 프랑스어 '아듀'

못내 이별을 아쉬워하며 돌아서서 눈물을 흘리는 듯한 느낌을 주는 이탈리아어 '아리베데르치'

남성다운 우렁찬 느낌을 주는 중국어 '짜이찌엔'

눈 내리는 날 시베리아 횡단 열차를 타고 멀리 떠나는 사람과의 아쉬운 작별 인사를 연상케 하는 러시아어 '더스비다니어' 등등

이렇듯 인천국제공항은 수많은 작별 인사의 홍수 속에서 '회자정리(會者定離) 거자필반(去者必返)'이 반복되는 곳이라 할 수 있다. 이는 사람이 만나면 언젠가 헤어지는 것처럼 헤어지면 다시 만날 수 있다는 뜻이다.

2. 공항과의 인연

필자가 공항과 첫 인연을 맺게 된 것은 지금부터 20년 전인 1992년 김포국제공항에서 출입국관리공무원으로 근무하면서부터이다. 다음은 필자가 김포국제공항에 근무하던 시절 출입국심사와 관련된 에피소드이다.

국제선 비행기가 도착하면 한산하던 입국심사장은 어느새 외국에서 입국하는 승객들로 북새통을 이룬다. 당시에는 기계판독여권(MRP : Machine Readable Passport)이 도입되기 전이라 출입국심사관은 승객의 이름과 생년월일을 키보드로 입력하여 출입국 규제 여부 등을 검색했다.

출입국자의 통계분석 및 정책 자료로 활용하기 위해 승객들에게 인적사항을 기재한 출입국신고서(E/D 카드)를 작성하여 제출하도록 의

무화하였다. 특히 태국이나 방글라데시 등지에서 입국한 승객들이 제출하는 출입국신고상의 인적사항을 확인하다 보면 이름은 길고 잘못 써오는 경우가 태반이었다.

입국기록과 출국기록이 일치하지 않으면 출입국 기록상으로는 불법체류자가 되기 때문에 출입국심사관은 여권과 출입국신고서 상의 인적사항을 일일이 확인하여 정정해야 했다. 그 결과 승객 1인당 출입국 심사시간은 평균 2~3분씩 소요되었다.

반면 일본인 단체관광객들은 여행사가 직접 타자로 쳐서 작성하기 때문에 오탈자가 거의 없어 출입국 심사시간이 30초도 걸리지 않았다.

그래서 줄을 서서 기다리다 지친 일부 승객 중에는 줄을 잘못 섰다고 불만을 토로하기도 하고 심사시간이 오래 걸린다고 항의를 하기도 했다.

게다가 출입국심사 중에 컴퓨터가 다운되기라도 하면 난리가 난다. 출입국심사관은 밀려드는 승객들을 바라보며 1분이라는 짧은 시간에 규제자 검색하랴, 위변조 여권 확인하랴, 출입국신고서에 적은 인적사항이 여권상의 인적사항과 맞는지 확인하랴 정신이 없다.

혹시 출입국 규제자라도 놓치는 날에는 징계 먹을 각오를 해야 한다. 특히 중동이나 불법체류 다발 국가에서 입국하는 외국인의 경우 규제자 검색을 위해 출입국 정보시스템에 성명과 생년월일을 입력하여 검색하면, 유사 명이 모니터 화면에 많게는 수백 명씩 리스트 업 되는 바람에 짧은 시간에 이를 확인하느라 애를 먹기도 했다.

승객들이 붐비는 오전 10시부터 오후 1까지, 오후 4시부터 8시까지의 시간대에는 교대근무 없이 심사부스에 장시간 앉아 있어야만 했다. 급하게 화장실에 갈 일이 생겨 인터폰으로 재심사무실에 연락하면 그 사이에 대기 직원이 잠깐 교대로 심사업무를 처리해 주기도 했다.

당시에는 태국·필리핀·파키스탄·방글라데시 등 동남아시아 국가 국민들이 불법취업 목적으로 입국하려는 경우가 많아 이들 국가에서 온 승객들에 대해서는 정밀심사를 하였다.

파키스탄인 무하마드(가명) 씨는 한국에서 불법취업을 목적으로 단기상용(C-2) 비자를 소지하고 김포국제공항에 도착했다. 모처럼 해외여행이라 새로 맞춰 입은 양복에 선글라스를 끼고 007가방을 손에 든 채 보무도 당당하게 입국심사장으로 들어왔다. 어딘지 모르게 어색함이 가득한 채로…… 하지만 필자가 입국 목적, 체류 예정지, 체류 예정기간, 직업, 해외여행 경험 등을 질문하자 무하마드 씨는 긴장하여 손을 떨기 시작했다. 방금 전까지만 하더라도 선글라스를 끼고 007가방을 든 채 보무도 당당하게 들어오던 모습은 찾아 볼 수가 없었다.

무하마드 씨는 재심실로 인계되어 정밀심사를 받게 되었다. 그가 수화물로 부친 대형 가방 속에는 헌 옷, 운동화, 작업복 등 국내에서 불법취업에 필요한 물건들로 가득 차 있었다. 또한, 그가 소지한 여행경비도 입국심사 시 입국심사관에게 보여주기 위해 비자 브로커한테서 빌린 '쇼 머니(show money)'로 밝혀졌다. 그는 불법취업 등 입국목적 불분명자로 판명되어 「출입국관리법」 제12조(입국심사)에 따라 입국이 거부된 후 파키스탄으로 되돌아갔다. 그가 이루고자 했던 '코리안 드림'은 물거품이 되고 말았다.

외국인이 어떤 국가에 입국하기 위해서는 그 국가의 입국허가를 받아야 한다. 외국인의 입국허가 여부는 그 국가의 자유재량 행위에 속하며 국가는 조약상의 의무를 지지 않는 한 외국인의 입국을 당연히 인정하여야 할 국제법상의 의무는 없다. 따라서 세계 각 국가는 국내 정치·경제적 이유, 국가안보상 이유, 형사상 이유, 공중위생상 이유 등으로 외국인의 입국을 거부하거나 금지할 수 있다.

2011년 8월 일본의 극우파 국회의원 3명이 독도에 대한 일본의 영유권을 주장하며 울릉도를 방문하려고 김포국제공항에 도착했다. 당시 우리 정부는 「출입국관리법」을 근거로 이들의 입국을 거부한 적이 있다.

〈외국인 입국금지 대상자〉 (출입국관리법 제11조)

- 감염병 환자, 마약류 중독자, 그 밖에 공중위생상 위해를 끼칠 염려가 있다고 인정되는 사람
- 총포·도검·화약류 등을 적법절차를 거치지 않고 위법하게 가지고 입국하려는 사람
- 대한민국의 이익이나 공공의 안전을 해치는 행동을 할 염려가 있다고 인정할 만한 타당한 이유가 있는 사람
- 경제질서 또는 사회질서를 해치거나 선량한 풍속을 해치는 행동을 할 염려가 있다고 인정할 만한 타당한 이유가 있는 사람
- 사리 분별력이 없고 국내에서 체류활동을 보조할 사람이 없는 정신장애인 및 국내 체류비용을 부담할 능력이 없는 사람
- 강제퇴거 명령을 받고 출국한 후 5년이 지나지 아니한 사람
- 일제강점기 시절 일본 정부의 지시를 받거나 일본 정부와 연계하여 인종, 민족, 종교, 국적, 정치적 견해 등을 이유로 사람을 학살·학대하는 일에 관여한 사람

법무부장관은 입국하려는 외국인의 본국이 앞에서 언급한 입국금지 사유로 우리 국민에 대해 입국을 거부할 때에는 상호주의 원칙에 따라 그와 동일한 사유로 그 외국인의 입국을 거부할 수 있다.(출입국관리법 제11조)

　"대한민국에 입국하려는 외국인은 출입국항에서 출입국관리공무원의 입국심사를 받아야 한다."(출입국관리법 제12조) 따라서 출입국관리공무원은 입국심사를 할 때 위변조 여권이나 비자 등을 소지한 불법입국자, 입국금지 해당자, 입국목적이 체류자격에 부합하지 않는다고 의심되는 입국목적 불분명자 등 대한민국에 '바람직하지 않은 외국인'에 대해서는 입국을 거부할 수 있다.

3. 우리나라 제1의 관문 인천국제공항

인천국제공항 3층 출국장 입구 모습

【사진제공 : 인천공항출입국사무소】

국내 최고의 경영컨설팅 전문기관인 KMAC가 펴낸 《뭔가 다른 인천공항 무엇이 다른가?》에 보면 '영종도가 공항이 될 운명을 가진 땅'이라는 히든 스토리가 나온다.

> 인천공항이 들어선 영종도 일대는 옛날에 '자연도'라는 이름으로 불렸다. 자연도가 오늘날 영종도로 이름이 바뀌게 된 것은 조선왕조 17대 왕인 효종 때 수도의 관문으로 서해안 군사적 요충지인 자연도 일대의 군사적 중요성을 감안하여 경기도 화성에 주둔하던 군수사령부인 '영종도만호'를 자연도로 옮겨오면서 지역 이름도 함께 따라왔다고 한다. 그런데 '자연도(紫燕島)'는 자줏빛이 나는 제비가 많이 날아다니는 섬이라는 의미이며, '영종도(永宗島)'는 긴 마루를 가진 섬이라는 뜻이다. 긴 마루는 공항 활주로를 뜻하고 제비는 비행기를 뜻하니, 긴 마루를 가진 섬에서 제비가 많이 날아다닌다는 말에서 공항을 짐작할 수 있다."[2]

인천국제공항(이하 '인천공항')은 동북아 허브공항으로 육성하고자 하는 정부 정책에 따라 2001년 문을 연지 올해로 13년째를 맞고 있다. 법무부 통계에 따르면 2013년 12월 현재 우리나라 전국 공항만을 통해 출입국한 내외국인의 숫자는 약 5,500만 명에 이르는 것으로 나타났다.

이 중 지난해 한 해 동안 우리나라 제1의 관문인 인천공항을 이용한 내외국인의 출입국자 수는 사상 처음으로 70%에 해당하는 4,000만 명(환승객 포함)을 넘어섰다. 이는 일일 평균 10만 명 이상의 우

---

2) KMAC, 《뭔가 다른 인천공항 무엇이 다른가?》 2010, 44면

리 국민과 외국인이 인천공항을 통해 해외로 나가거나 국내에 들어왔다는 뜻이다. 현재 인천공항은 공항시설이 포화상태에 이르러 제2여객터미널 등 3단계 확장 건설 사업이 진행 중에 있다.

인천공항의 여객터미널(passenger terminal)은 50개의 게이트(gate)로 이루어져 있으며 입국장은 1층에 출국장은 3층에 위치해 있다. 출입국관리시설에는 자동출입국심사 등록센터, 동식물수출 검역실, 인천공항 병무민원센터, 외교부 영사민원 서비스센터, 문화재 감정관실 등이 있다.

인천공항에는 세관·출입국·검역소 등 CIQ 기관, 국가정보원, 공항경찰대, 인천국제공항공사, 대한항공과 아시아나항공, 면세점, 여행사, 환전소, 식당 등 950여 개에 달하는 상주 기관과 협력사 및 상업시설이 들어서 있다. 또한 CIQ 직원, 항공사 직원, 보안검색 요원, 면세점 직원, 여행사 및 환전소 직원, 공항 내 식당 종업원, 환경미화원 등 4만 명이 상주하고 있다.

특히 인천공항은 여름 휴가철과 황금연휴 기간에는 일일 최대 15만 명의 내외국인이 이곳을 이용한다고 하니, 상주 직원 4만 명까지 합하면 그 숫자는 19만 명에 이른다. 이는 21만여 명의 충주시 인구와 거의 맞먹는 숫자이다.

인천공항은 최근 국제공항협의회(ACI)가 발표한 공항서비스평가(ASQ)에서 세계 유수의 공항들을 물리치고 9년 연속 1위를 달성하였다. 하지만 10년 전인 2003년도만 하더라도 인천공항의 출입국심사서비스는 공항서비스평가에서 경쟁공항인 홍콩의 첵랍콕공항, 싱가포르의 창이공항보다 낮은 23위에 머물렀다. 기존 근무시스템과 업무환경에 대한 철저한 분석을 통해 고객이 체감할 수 있는 획기적인 출입국심사 시스템 도입과 서비스 혁신이 어느 때보다도 절실한 순간이었다.

그렇다면, 출입국심사서비스 혁신을 가져온 요인은 무엇일까?
이에 대해서는 절을 바꿔 자세히 설명하기로 한다.

4. 국경관리 3개 기관 CIQ

세계 모든 국가의 국경(border)을 통과할 때는 반드시 C.I.Q 기
관을 거쳐야 한다. C.I.Q 기관은 세관(Customs), 출입국(Immi-
gration), 검역(Quarantine) 등 3개 기관의 영어 머리글자를 따서
만든 말이다. 일반적으로 세계 각 국가의 출입국절차는 세관, 출입국
관리, 검역 등 이른바 C.I.Q의 3대 기관에 의해 이루어진다.

다만, 미국은 9.11 뉴욕 테러사건 이후 국토안보부를 신설하였다.
그리고 그 산하에 C.I.Q 기관 상호 간 정보 공유와 업무의 효율성을
높이기 위해 세관의 여행자 휴대품 검사 업무, 이민귀화국의 출입국
심사 업무, 동식물검역소의 검역 업무, 캐나다와 멕시코 국경에서의
불법입국자 단속 업무 등을 통합한 세관국경보호청(CBP : Customs
Border Protection)을 신설하였다.

우리나라의 경우 '세관(Customs)'은 관세청 소속으로 여행객이 규
정 이상의 달러나 수출입 금지 물품, 과세 대상품 등을 소지하고 있
는지를 검사한다. 다시 말해 세관은 여행자 휴대품 검사, 밀수 및 마
약사범 단속, 수출입물품 통관 수속 등의 업무를 수행한다.

'출입국(Immigration)'은 법무부 소속으로 대한민국에 출입국하
는 내외국인의 출입국심사 업무를 담당한다. 예를 들어 대한민국에
입국하는 외국인의 경우 유효한 여권과 비자 소지 여부, 입국금지 대
상자 여부, 입국목적이 체류자격에 부합하는지 여부 등을 종합적으로

판단하여 대한민국의 이익과 공공의 안전을 해칠 우려가 있는 사람들의 출입국을 차단하는 업무를 수행한다.

'검역(Quarantine)'은 여행자의 경우 보건복지부 산하 질병관리본부에서 관리하고, 동식물의 경우 농림축산식품부 산하 농림축산검역본부에서 관리한다. 국립 인천공항검역소는 콜레라 · 페스트 · 황열 등 감염병 전염을 방지하기 위해 선박이나 항공기의 승무원 및 승객에 대한 검역과 예방접종을 실시한다. 농림축산검역본부는 식물검역과 동물검역을 실시한다. 식물검역은 과일, 묘목, 건조 농산물 등의 검역을 말하며, 동물검역은 육류, 햄, 소시지는 물론 반려동물(개 · 고양이 등)의 검역을 말한다.

인천공항세관, 인천공항출입국, 국립인천공항검역소, 농림축산검역본부 인천공항 지역본부 등 CIQ기관은 불법입국, 밀수 및 마약, 조류인플루엔자 국내 유입 차단 등 범국가적인 차원에서 공동대응이 필요한 경우 서로 공조하여 국경관리를 강화하고 있다. 일례로 최근 신종 조류인플루엔자(AI)가 전국적으로 확산되자 이의 국내 유입을 차단하기 위해 인천공항에 상주하는 CIQ기관은 긴밀한 업무협조 체제를 유지하고 있다.

● 해외여행 시 유의사항

• 해외여행 시 휴대품 면세 한도는 1인당 400달러로, 이는 출국할 때 국내 면세점에서 구입한 후 재반입하는 물품과 외국에서 구입한 물품을 모두 합한 금액을 말한다. 예를 들면 인천공항 면세점에서 명품 시계 1개를 1,000달러에 구입한 후 미국에 살고 있는 친척에게 선물하기 위해 가지고 나가는 경우에는 미화 3,000달러까지는 허용되므로 상관없다. 하지만 한국에 들어올 때 이 시

계를 재반입하는 경우에는 400달러를 공제한 나머지 600달러에 대해 관세를 물어야 한다.

- 2인 이상의 동반가족이 미화 400달러를 초과하는 물품(예: 600 달러 짜리 가방 1개)을 휴대 반입할 경우에는 한 사람이 반입하는 것으로 간주하여, 한 사람의 휴대품 면세범위인 400달러를 공제한 후 나머지 200달러에 대해 관세를 부과한다. 다만, 술 1 병(1리터 이하이면서 미화 400달러 이하), 담배 1보루(200개비), 향수 (60ml)는 면세된다.

- 미화 1만 달러 이상을 휴대하고 해외로 나가는 사람은 공항세관에 신고해야 한다. 이 경우 미화 1만 달러를 초과하는 외화는 단순히 달러, 유로화, 엔화 등 외국 화폐뿐만 아니라 한국 돈이나 상품권도 미화를 기준으로 1만 달러를 초과하면 해외로 출국할 때 반드시 공항세관에 신고해야 한다. 신고하지 않으면 「외국환관리법」 위반으로 조사를 받고 벌금을 물게 되므로 주의해야 한다.

- 다른 사람의 부탁으로 물건을 대리 운반하는 경우, 그 속에 본인도 모르는 마약이나 밀수품 등이 들어 있을 수 있으므로 특히 주의가 요구된다.

- 최근 '액체폭탄'이 국제적으로 새로운 안보위협으로 등장하자 국제민간항공기구(ICAO)의 권고에 따라, 2007년 3월 1일부터 국제선 항공편을 이용하는 승객은 액체류, 젤류, 스프레이류의 항공기 객실 내 휴대반입이 제한되므로 주의가 요구된다.

- 주민등록증을 발급받은 만 17세 이상 국민은 국제공항 출입국 시 자동출입국심사 등록을 하면 줄을 서서 기다릴 필요 없이 10초도 안 걸려 자동출입국심사대를 통과할 수 있다. 또한, 출입국심사

관의 대면심사에서 오는 심리적 부담감을 덜 수 있으며 여권에 날인하는 출입국심사인도 생략된다. 다만, 유아나 14세 미만 자녀를 동반하는 사람은 출입국심사관의 대면심사를 받아야 한다.

• 외국으로 나갔다가 국내에 입국할 때 고열, 호흡장애, 설사, 구토 등의 증세가 나타나면 국립 인천공항검역소에 신고해야 한다. 아프리카나 중남미로 여행하고자 하는 사람은 출발하기 10일 전에 '황열(yello fever)' 예방접종을 받아야 한다. 과일, 식물, 씨앗 등 병충해를 전파할 우려가 있는 물품은 각국에서 엄격히 반입을 금지하고 있으므로 주의가 요구된다.

• 국내로 수입되는 개·고양이의 경우 2012년 12월 1일부터 검역이 강화되어 수출국 정부기관에서 증명한 '검역증명서'를 제출해야 한다. 개·고양이는 영구적인 식별수단인 마이크로칩을 이식해야 하고 이식번호는 검역증명서에 기재해야 한다. 특히 생후 90일 이상 된 개나 고양이를 수입하려면 선적하기 전 30일에서 24개월 사이에 수출국 정부기관으로부터 '광견병 중화 항체가' 검사를 받고, 그 결과를 검역증명서에 기재해야 한다.

• 구제역·조류인플루엔자 등 가축전염병 발생국가를 방문한 축산 관계자는 인천공항 입국 시 농림축산검역본부 인천공항 지역본부에 신고한 후 소독조치를 받아야 한다.

5. 출입국심사의 중요성

오늘날 올림픽과 월드컵 등 전 세계인이 주목하는 국제경기는 그 규모가 방대할 뿐만 아니라 선수단과 참가자 및 관광객들로 넘쳐난다. 따라서 세계 각국의 출입국당국은 자국에서 중요한 국제대회가 열리는 기간 중에는 대회 참가자들의 출입국시 편의를 제공하고 외국인 관광객을 유치하기 위해 한시적으로 무비자 입국을 허용하는 등 출입국절차를 간소화한다. 다른 한편으로는 국제테러분자와 경기장에서 난동을 부리는 과격 축구팬인 훌리건(hooligan) 등의 입국을 저지하기 위해 총력을 기울인다.

2001년 발생한 9.11 뉴욕 테러사건은 외국인에 대한 출입국심사의 중요성을 일깨워준 계기가 되었다. 9.11 뉴욕 테러사건이 발생한 날 법무부 출입국당국은 긴급 간부회의를 소집하여 전국 공항만 입국심사 강화에 들어갔다. 전국 공항만 출입국사무소에 국제테러분자 블랙리스트에 오른 입국금지 대상자와 입국시통보자 등에 대한 입국규제자 검색과 위변조여권 심사 강화 지시가 떨어졌다.

법무부 출입국당국은 국가정보원, 경찰청, 주한미군대사관측과 긴밀한 협조체제를 구축함과 아울러 전국 출입국사무소에 설치된 대테러전담반을 풀가동하였다.

"법무부 출입국당국은 뉴욕 테러사건이 발생한 직후인 2001년 9월 12일부터 10월 17일까지 한 달 동안 위변조 여권 소지자 395명과 입국목적 불분명자 2,781명을 적발하여 강제퇴거 및 입국거부 조치하였으며, 국제테러용의자 2,100명의 명단을 입수해 입국금지 조치했다."3)

서울올림픽은 1988년 9월 17일부터 10일 2일까지 16일간에 걸쳐 서울을 비롯한 주요 도시에서 개최되었다. 세계에서 159개국 1만 3,000여 명의 선수단이 참가하여 올림픽 사상 최대 규모를 기록했다.

당시 법무부 출입국당국은 국제테러를 방지하기 위해 미국 · 일본 등과 긴밀한 협력체계를 구축하였다. 그 결과 국제테러 용의자 6,000여 명에 대한 신원정보와 600여 개의 국제테러조직 동향 등에

---

3) 한국일보(2001. 10. 24.)

관한 자료를 분석하여 출입국심사에 활용함으로써 서울올림픽의 성공적 개최에 이바지하였다.

만약 그 당시 국제테러분자들이 국내에 잠입하여 테러를 저지르고 훌리건들이 경기장에 난입하여 폭력을 행사했더라면 어떻게 됐을까? 아마도 나라 전체에 비상이 걸리고 서울올림픽은 엉망이 됐을 것이다. 또한, 강력범죄를 저지르거나 거액의 국세를 탈세한 혐의로 출국이 금지된 사람이 여권 등을 위변조하여 해외로 몰래 빠져나가는 경우 국가 안전시스템에 심각한 문제가 발생할 것이다.

이렇듯 출입국심사업무를 담당하는 출입국심사관들은 공항만의 최일선에서 국가의 안전을 책임지는 국경수비대로서의 막중한 임무를 수행한다.

출입국이 웃으면 대한민국이 웃고,
출입국이 찡그리면 대한민국이 찡그린다.

외국인에게 공항의 출입국심사장과 출입국 직원의 친절도는 바로 그 나라의 얼굴이자 국가의 이미지를 좌우한다. 외국인이 어떤 나라에 입국할 때 처음으로 마주하는 공무원이 바로 출입국심사관이다.

한 번이라도 해외여행을 다녀온 사람이라면 비행기에서 내려 출입국심사장을 통과할 때 줄은 길게 늘어서 있고 대기시간은 오래 걸리며 출입국심사관들이 불친절하다면 아무리 선진국이라 하더라도 그 나라에 대한 첫인상은 좋지 않을 것이다.

이와 반대로 자동출입국심사 시스템을 비롯한 최첨단 출입국 시설에 심사시간은 빠르고 출입국심사관들이 세련된 매너와 친절한 태도로 외국인을 맞이한다면, 그 나라에 대한 첫인상이 좋아져 국가의 이미지도 올라갈 것이다. 이렇듯 출입국심사 업무를 담당하는 출입국심사관들은 준외교관으로서의 임무도 수행한다.

6. 출입국심사 혁신 브랜드, 키스(KISS)

2003년 세계 41개 국제공항 서비스 평가에서 인천공항 출입국심사는 경쟁 공항인 홍콩의 첵랍콕공항, 싱가포르의 창이공항보다 낮은 23위에 머물렀다.

또한, 2005년 당시 여객 처리 세계 10위, 화물 처리 세계 3위로 연간 6조 원 상당의 고부가가치를 창출하고 있던 인천공항은 3,000만 명 출입국자 시대를 맞이하여, 기존 근무 시스템과 업무 환경에 대한 철저한 분석을 통해 고객이 체감할 수 있는 획기적인 출입국심사 시스템 도입과 서비스 혁신이 그 어느 때보다도 절실한 순간이었다.

이에 법무부 인천공항 출입국관리사무소(이하 '인천공항출입국')는 우리나라를 찾아오는 외국인 손님들에게 세계 최고의 출입국심사서비스를 제공하기 위해 업무 혁신을 추진하였다.

◉ 무엇이 출입국심사서비스 혁신을 가져왔는가?

● 여권 자동판독시스템 도입
초창기 전산화가 이뤄지지 않은 상태의 출입국심사는 단순히 출입국심사관의 육안 검사로 출입국 규제 여부를 확인하는 정도의 초보적인 수준에 머물렀다.

출입국 규제자 검색은 종이문서로 작성된 '규제자 명단(blacklist)'을 매일 추가하고 삭제하며 손으로 일일이 넘겨가며 확인하였다. 또

위변조 여권 역시 정밀한 감식 장비 없이 출입국심사관의 직관에만 의존해야 했다.

하지만 2005년 9월부터 여권 자동판독시스템(MRP System)의 도입으로 여권판독기가 여권 인적사항을 자동으로 인식하여 출입국규제자 검색은 물론 출입국자 기록을 자동으로 저장하게 되었다. 그 결과 출입국심사 시간을 대폭 단축하는 효과를 가져왔다.

● 승객정보 사전분석시스템 도입

인천공항출입국은 2001년 발생한 9 · 11 뉴욕 테러 사건 이후 증가하고 있는 전 세계적인 테러 위협에 대처하기 위해 승객정보 사전분석시스템(APIS : Advance Passenger Information System)을 도입하였다.

이 시스템은 다음 그림에서 보는 바와 같이 항공기가 국내에 도착하기 전에 탑승객 명단을 미리 전송받아 인천공항출입국의 정보분석과에서 탑승객의 신원을 분석한 후, 그 결과를 입국심사에 활용함으로써 테러리스트나 국제 범죄자 등 국익에 해가 되는 외국인들의 입국을 사전에 차단할 수 있는 국경관리시스템을 말한다.

● 출입국심사 근무체계 변경

인천공항출입국은 지난 50년간 입국심사관은 입국업무만 담당하고 출국심사관은 출국업무만 담당하는 고정식 근무체계를 유지해 왔다. 하지만 고정식 근무체계는 효율성 측면에서 문제점을 갖고 있었다. 예를 들어 입국과 출국 시 승객 밀집시간대가 다르다 보니 출국심사를 받으려는 사람이 아무리 길게 줄을 서서 기다려도 입국심사관들은 텅 빈 심사대를 지킬 수밖에 없었다.

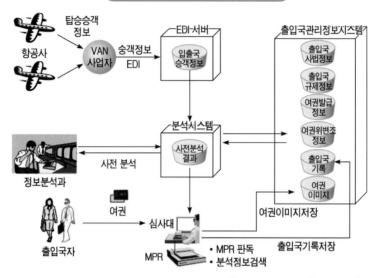

승객정보 사전분석시스템 흐름도

탑승승객 정보
항공사
VAN 사업자
승객정보 EDI
EDI·서버
입출국 승객정보

출입국관리정보시스템
출입국 사법정보
출입국 규제정보
여권발급 정보
여권위변조 정보
출입국 기록
여권 이미지

분석시스템
사전분석 결과

정보분석과
사전 분석

출입국자
여권
심사대
MPR
• MPR 판독
• 분석정보검색

여권이미지저장
출입국기록저장

【자료제공 : 인천공항출입국사무소】

이에 인천공항출입국은 출입국심사 혁신 방안의 하나로 승객 밀집 시간과 장소를 예측하여 출입국심사관을 효율적으로 배치하는 출입국 심사지원 전산프로그램을 개발하였다. 이를 바탕으로 지난 50년간 고정식으로 운영해온 출국심사와 입국심사의 근무 시스템을 통합하여 출입국심사관 10여 명으로 20개 팀을 구성하여 각 팀이 직접 승객들이 몰리는 곳을 찾아다니면서 업무를 보는 이동식 팀제로 바뀌었다.

근무체계 하나 바뀐 것만으로도 출입국심사관을 30% 이상 증원한 것과 같은 효과가 있었으며, 출입국심사 대기시간도 40%가량 단축시키는 등 인천공항의 출입국 수속을 획기적으로 개선할 수 있었다.[4]

---

4) KMAC,《뭔가 다른 인천공항 무엇이 다른가?》, 2010, 56면

● 출입국신고서 제출 생략

출입국신고서는 E/D(Entry/Departure) 카드라고도 한다. 필자가 김포국제공항에 근무하던 시절 태국이나 방글라데시 등지에서 입국한 승객들이 제출하는 출입국신고서 상의 인적사항을 확인하다 보면 이름은 길고 잘못 써오는 경우가 태반이었다. 이에 출입국심사관들이 손으로 일일이 정정을 하다 보면 출입국심사 시간이 길어지고 출입국 기록상 불법체류자가 발생하는 경우가 많았다.

하지만 2005년 9월 여권 자동판독시스템의 도입으로 출입국신고서를 작성하여 제출하는 번거로움이 사라지게 되었다. 그 이유는 출입국심사를 할 때 여권 자동판독기가 여권에 표시된 성명과 생년월일 등 인적 정보를 자동으로 판독하여 출입국 규제자 여부를 식별하였다. 또한, 인적사항 및 출입국 정보를 컴퓨터에 자동으로 저장함으로써 출입국자 통계분석 및 정책 자료로 활용이 가능해졌기 때문이다.

2005년 11월부터 국민에 대해서는 입국할 때, 외국인에 대해서는 출국할 때 출입국신고서 제출을 생략하였다. 2006년 8월부터는 우리 국민이 출국할 때와 등록외국인이 입국할 때에도 출입국신고서 제출을 생략하였다. 현재는 90일 미만 단기 체류외국인이 국내에 입국할 때만 '입국신고서'를 받고 있다.

한편, 출입국신고서 제출을 생략함으로써 우리 국민이 외국에 나갔다 국내에 들어오는 경우와 자동출입국심사대를 이용하는 경우에는 출입국심사관이 여권에 찍어 주는 출입국심사인(immigration stamp) 날인도 생략하고 있다.

인천공항출입국은 ▲ 여권 자동판독시스템 도입 ▲ 출입국신고서 제출 생략 ▲ 탄력적인 근무 시스템의 운영 등으로 인원을 늘리지 않고도 출입국심사 대기시간을 40% 이상 단축시키는 등 고객 만족도를 크게 향상시켰다.

또한, 승객정보 사전분석시스템(APIS) 도입으로 국제 범죄자 등 국익에 해가 되는 외국인의 입국을 사전에 차단할 수 있게 되었다. 아울러 최첨단 위변조 감식시스템과 외국인 지문인식시스템을 도입함으로써 최근 3년간 신분세탁을 통한 위변조여권으로 불법입국을 시도하던 외국인 6,000여 명을 적발하는 등 국경관리에도 철저를 가하게 되었다.

● 대한민국 출입국심사 브랜드, 키스(KISS)[5]

● 키스(KISS)의 탄생 배경

'KISS'는 Korea Immigration Smart Service의 약자로 신속하고 편리하면서도 세련되고 멋진 대한민국 출입국심사서비스를 뜻한다.

삼성·현대 등 대기업이 추구하는 브랜드 가치는 제품의 신뢰도 및 선호도와 밀접한 관련이 있다. 대기업뿐만 아니라 공공기관이나 국가도 대내외적인 이미지 향상을 위해 브랜드화를 추진하고 있다.

내가 그의 이름을 불러 주기 전에는
그는 다만 하나의 몸짓에 지나지 않았다.

김춘수 시인의 〈꽃〉의 첫 구절이다.
대한민국의 출입국심사도 'KISS'라는 브랜드를 갖기 전에는 대한

---

5) 이 부분은 《법무부 혁신 News》 제15호(2006년 7월) 〈이제부터는 브랜드 'KISS'로 불러주세요〉에 실린 글을 참고하여 재구성하였음을 밝혀둔다.

민국을 출입국하는 사람들을 대상으로 실시하는 출입국심사라는 행정 행위의 하나에 지나지 않았다. 이에 법무부 출입국관리국은 세계 최고의 출입국심사에 걸맞은 이름을 갖기 위해 '출입국심사 브랜드화'를 추진하였다.

브랜드 비전(Vision)으로는 '우리 국민과 세계 모든 국가의 국민들에게 대한민국 출입국심사서비스가 세계 최고라는 인식을 심어주자'로 정하였다.

브랜드 미션(Mission)으로는 '출입국심사 시스템과 프로세스 혁신을 통하여 고객의 기억 속에 오래도록 남을 만한 감동을 전해주자'로 하였다.

이러한 비전과 미션을 정하고 난 뒤에는 이 두 가지를 모두 담아낼 수 있는 브랜드와 슬로건을 정하기 위해 법무부 홈페이지 등을 통해 국민 공모를 실시하였다.

국민 공모를 통하여 접수된 많은 응모작들에 대한 심사결과 Korea Immigration Smart Service의 첫 글자를 조합하여 만든 'KISS'가 대한민국 출입국심사 브랜드로 탄생하였다.

내가 그의 이름을 불러준 것처럼
나의 이 빛깔과 향기에 알맞은
누가 나의 이름을 불러다오.
그에게로 가서 나도 그의 꽃이 되고 싶다.

출입국심사 브랜드 KISS는 김춘수 시인이 지은 《꽃》의 세 번째 구절에 나오는 표현처럼 단순한 이름으로 머물지 않고 '인간적인 가치'를 창조하고자 하였다.

대한민국 출입국심사 브랜드 키스(KISS)를 통해
국민에게는 고국을 출국한다는 아쉬움과 해외여행의 기쁨을 나눠드리고
외국인에게는 대한민국에 대해 좋은 인상을 심어주고
다시 찾고 싶은 대한민국이라는 이미지를 갖도록 했다.

국민 공모 결과 'KISS'에 가장 잘 어울리는 슬로건으로 '아름다운 대한민국'(Beautiful Korea), '멋지고 세련된 출입국'(Wonderful Immigration)이 선정되었다.

최근 해외여행을 다녀온 사람들 중에는 우리나라 출입국심사절차가 무척 빠르고 편리해진 것에 감탄하여, 인천공항 출입국심사대에서 "키스(KISS : Korea Immigration Smart Service)를 받아보셨느냐?"고 농담하는 사람들도 생겨났다고 한다.

출입국심사가 달콤해집니다

대한민국 출입국심사의
새로운 이름
이제는 KISS 입니다!

⁑ 대한민국 출입국심사 브랜드 KISS

- KISS는 Korea Immigration Smart Service의 약자로 세련되고 멋진 대한민국 출입국심사를 의미하는 출입국심사의 브랜드입니다.
- 출입국심사 슬로건은 출입국심사를 통하여 아름다운 한국을 세계속으로 알리기 위하여 Beautiful Korea, Wonderful Immigration으로 하였습니다.
- 대한민국 출입국심사가 세계의 고객이 가장 만족하는 서비스라는 비전을 달성하기 위하여 KISS는 시스템과 프로세스 혁신을 통하여 대한민국의 특별한 서비스를 고객에서 제공하겠습니다.

⁑ 대한민국 법무부 출입국심사 서비스

2006년도 고객 만족도 세계 1위
그러나 1등에 만족할 수는 없습니다.
더 나은 서비스로 고객과 만나기 위해
출입국심사가 KISS라는 브랜드로 새롭게 태어났습니다.
이제 출입국 심사가 더 빨라집니다. 더 편해집니다.
고객님들을 웃음짓게 할 서비스를 준비했습니다.
혁신적 변화로 고객 감동에 최선을 다하는 KISS
항상 최선을 다하겠습니다.
이제 공항에서 대한민국을 활짝 웃게 할 KISS를 만나보세요!
출입국심사가 더욱 즐거워 집니다.

【자료제공 : 법무부 출입국 · 외국인정책본부】

● 2007년 'UN 공공행정상' 수상

인천공항출입국은 출입국심사 브랜드 'KISS' 도입 이후 출입국심사 근무체계와 업무 프로세스를 혁신하고 출입국심사서비스 역량을 높이기 위해 노력한 결과, 2007년 6월 26일 공공행정 분야에서 세계 최고의 권위를 자랑하는 'UN 공공행정상'을 수상하였다.

2007년 KISS의 UN 공공행정상 수상 장면

【사진제공 : 인천공항출입국사무소】

인천공항은 출입국심사 브랜드 키스(KISS)에 힘입어 국제공항협의회(ACI)가 매년 실시하는 국제공항 서비스 품질평가(ASQ)에서 뉴욕의 존 F. 케네디 공항, 런던의 히드로 공항, 도쿄의 나리타 공항 등 세계 유수의 공항들을 물리치고 2005년부터 9년 연속 세계 1위를 달성하였다. 출입국심사 브랜드 KISS는 우리나라의 우수한 정보통신기술(ICT)과 출입국심사서비스가 융합하여 이룩한 성과라 할 수 있다.

IT기술과 국경관리의 성공적 접목 사례

2008년	2009년	2010년	2011년	2012년
자동출입국 심사 시스템구축	출국승객 정보분석 시스템도입	국민 입국심사인 날인 생략	전자여권 판독시스템 구축완료	외국인지문 얼굴확인 제도 시행

인천공항 출입국심사서비스, 국제공항 서비스 품질평가 9년 연속 세계 1위

【자료출처 : 외국인정책위위원회, 제2차 외국인정책기본계획, 9면】

대한민국 창조 브랜드 KISS는 우리나라를 방문하는 외국인에게 '친절한 대한민국', '다시 찾고 싶은 대한민국'이라는 이미지를 심어줌으로써 국가 브랜드 향상에 크게 이바지하고 있다.

이것이 바로 친절한 나라, 아름다운 나라, 다시 찾고 싶은 나라, 출입국심사브랜드 'KISS'가 만들어 가는 대한민국의 새로운 모습이자 창조행정의 모델이 아닐까?

7. 자동출입국심사서비스, 센스(SENS)

해외여행 시 아직도 줄서서 기다립니까?
인천공항에는 신속하고 편리한
자동출입국심사서비스 센스(SENS)가 있습니다.

《파이낸셜타임즈》는 1999년 9월 9일 '20년 후의 국제공항 탑승수

속 모습'에 대해 흥미로운 가사를 실은 적이 있다. 승객이 국제공항 주변에 승용차를 주차하면 전자감응장치가 신원을 인식한 후 탑승권을 발급하고 가장 빨리 수속할 수 있는 게이트가 모니터에 나타난다. 이를 'Car-park Check-in' 시스템이라 한다.

승객이 국제공항 출입국심사장에 들어서면 출입국 등록센터에 등록한 지문이나 얼굴 등 바이오 정보를 자동으로 판독할 수 있는 여권 자동판독기(automatic reader)가 설치된 무인 자동출입국심사대를 통과하면 된다.

지금부터 15년 전에 나온 이 기사 내용은 상상의 모습이 아니라 현재 인천공항 출입국심사장에서 실제로 이루어지고 있다.

자동출입국심사서비스 센스(SENS : Smart Entry Service)는 첨단 정보화기술을 활용하여 자동출입국심사대에서 지문 및 얼굴 확인 등 본인 인증을 거쳐 출입국심사를 종료하는 심사방식을 말한다. 우리나라는 국제민간항공기구(ICAO)의 출입국절차 간소화 권고를 수용하고 효율적인 출입국심사 시스템을 구축하기 위해 2008년 6월부터 도입·운영하고 있다.

● 센스 있는 사람은 센스(SENS)를 알아본다.

인천공항 출입국심사장은 이른 아침부터 해외로 나가려는 사람들로 북적인다. 출입국심사관이 승객 한명 한명을 대면심사 하다 보니 대기 시간이 길어질 수밖에 없다. 그런데 승객 한명이 현금인출기처럼 생긴 무인 자동출입국심사대에서 여권과 지문 및 얼굴 확인을 거친 뒤 10초도 안 돼 출입국절차를 끝내고 전철역 개찰구를 통과하듯 빠져나간다.

남들은 다 줄 서서 기다리는데 저 사람은 대단한 배경이라도 있는 걸까?

비밀은 바로 승무원 심사 부스 옆에 설치된 자동출입국심사대에 있다. 줄 서서 기다리지 않아도 되고, 출입국심사관의 대면심사도 받지 않고 신속하게 출입국심사를 마칠 수 있는 편리한 시스템인데도 정작 일반 국민들은 이를 잘 모르고 있는 것 같다.

승객들로 붐비는 혼잡시간대에는 10분 이상 줄을 서서 기다려야 하는 불편함이 있다. 하지만 자동출입국심사대(auto immigration clearance)를 이용하면 줄을 서서 기다릴 필요 없이 10초도 안 걸려 이를 통과할 수 있다. 또한, 출입국심사관의 대면심사에서 오는 심리적 부담감을 덜 수 있으며 여권에 날인하는 출입국심사인도 생략된다.

자동출입국심사대는 현재 주민등록증을 발급받은 17세 이상 대한민국 국민과 등록외국인 중 일정 체류자격 해당자만[6] 이용할 수 있다. 따라서 유아나 14세 미만 자녀를 동반하는 사람은 출입국심사관의 대면심사를 받아야 한다.

참고로 2013년 7월 15일 이후부터는 자동출입국심사 서비스 이용 대상을 17세 이상에서 14세 이상으로 낮추고, 대신 14세 이상 17세 미만 자녀는 부모와 함께 이를 이용하도록 하고 있다.

---

6) 2014년 2월 현재 등록외국인 중에서 D-7(주재), D-8(기업투자), D-9(무역경영), E-1(교수), E-3(연구), E-4(기술지도), E-5(전문인력), F-2(거주), F-5(영주), F-6(결혼이민) 비자 소지자 등이 자동출입국심사대를 이용할 수 있다.

출입국심사관의 대면심사를 받기 위해 줄 서서 기다리는 장면

【자료제공 : 인천공항출입국사무소】

신속하고 편리한 자동출입국심사대 이용 장면

【자료제공 : 인천공항출입국사무소】

● 자동출입국심사 등록센터

- 인천국제공항 3층 출국장 체크인카운터 F구역 앞
- 김포국제공항과 김해국제공항 국제선 2층 출입국민원실
- 인천공항출입국 소속 도심공항출장소(강남구 삼성동 도심공항터미널 2층)
- 인천공항출입국 소속 서울역출장소(서울역 지하 2층)

인천공항의 경우 출입국자의 편의를 위하여 등록센터뿐만 아니라 출입국심사장 내에서도 자동출입국심사 등록을 받고 있다. 자동출입국심사 등록 절차는 ① 여권 인적사항 등록 ② 규제자 검색 ③ 양손 검지 지문 등록 ④ 얼굴 촬영 등의 순서로 진행된다. 2분 정도면 등록절차가 완료된다.

자동출입국심사대를 통과하는 데는 10초도 걸리지 않는다. 자동출입국심사 서비스는 비행기 타는 것을 지하철 타는 것처럼 신속하고 편리하게 해주기 때문에 특히 출장이나 여행 등의 목적으로 자주 해외로 나가는 사람들이 이용하면 편리하다.

다음 그림에서 보는 바와 같이 '자동출입국심사대 이용방법'은 간단하다.

첫째, 자동출입국심사대 앞에 도착하면 여권의 인적사항 면을 펴서 여권판독기에 올려놓는다.

둘째, 자동출입국게이트가 열리면 게이트 안으로 들어간다.

셋째, 자동출입국심사 등록센터에 등록한 양쪽 집게손가락(검지) 중 한쪽 집게손가락(검지)을 지문인식기에 올려놓고, 얼굴 인식을 위해 카메라를 응시한다.

넷째, 심사완료 메시지가 뜨면 자동출입국 게이트가 열리고 이때 게이트를 빠져나가면 된다.

【자료제공 : 출입국 · 외국인정책본부】

법무부는 자동출입국심사 시스템의 도입으로 출입국심사 시간을 단축하는 등 출입국자의 편익을 증진함과 아울러 출입국심사관의 대면심사를 생략함으로써 출입국심사관의 효율적 활용이 가능하게 되었다.

법무부 인천공항출입국에 따르면 자동출입국심사 서비스를 시작한 2008년 6월부터 2014년 2월까지 자동출입국심사대를 이용하기 위해 등록한 사람은 150만 명이며, 이를 이용한 사람은 2,000만 명(승무원 포함)에 이르는 것으로 나타났다. 또한, 2014년 2월 현재 인천공항에 설치된 자동출입국심사대는 38대로 금년 중에 34대를 추가로 설치할 예정이라 한다.

법무부는 향후 해외여행을 하고자 하는 17세 이상 모든 국민에 대해서는 경찰청이 보유하고 있는 주민등록 지문정보 조회시스템과 연계하여 지문 등 사전 등록 절차 없이 자동출입국심사 서비스를 이용할 수 있도록 할 계획이라고 한다.

8. 외국인 입국심사 시 지문날인 및 개인정보 보호

● 지문·얼굴 확인 시스템 도입 배경 및 주요 내용

세계 각국은 날로 정교해지고 있는 여권 위변조에 대응하기 위해 첨단 인쇄기술 및 보안요소를 활용한 여권을 발급하고 있다. 최근에는 지문·홍채 등 바이오 정보가 내장된 전자여권(e-Passport)을 발급하고 있다. 이와 같이 여권의 보안성이 강화됨에 따라 여권 위변조 사범들은 사진교체 등 전통적인 위변조 방식으로는 불법 입국 가능성이 낮다는 인식하에, 최근에는 다른 사람 명의로 여권을 부정하게 발급받아 입국을 시도하는 사례가 증가하고 있다.

예를 들어 네팔인 A씨는 과거 산업연수(D-3) 비자로 국내에 입국하여 5년간 불법체류하다 적발되어 강제퇴거 되었다. 그는 원래의 인적사항으로는 한국 입국이 불가능하다는 사실을 알고 신분을 세탁한 위변조 여권으로 재입국을 시도하였다.

이와 같이 신분을 세탁하여 위변조 여권을 발급받은 경우, 출입국 심사관들은 이를 육안으로 확인하여 적발하는데 한계가 있었다. 또한, 외국인 범죄 발생 시 해당 외국인의 신원 확인을 통한 신속한 검거 필요성과 테러리스트 등 국제 범죄자의 입국을 방지하여 국민의 생명을 보호하고 국가시설의 안전을 보장할 필요성이 제기되었다.

이에 따라 법무부는 2010년 5월 「출입국관리법」을 개정하여 17세 이상의 외국인에 대하여는 입국심사를 받을 때 지문 및 얼굴 정보를 제공하고 본인임을 확인하는 절차에 응하도록 의무화하였다. 다만, 17세 미만인 자, 외교관, 공무수행자, 주한미군 등 SOFA 해당자와 그 동반 가족 등은 면제된다.

- 외국인은 입국심사를 받을 때 지문 및 얼굴에 관한 정보를 제공하고 본인임을 확인하는 절차에 응하여야 한다. 다만, 17세 미만인 자, 외국 정부 또는 국제기구의 업무를 수행하기 위하여 입국하는 자와 그 동반 가족, 외국과의 우호 및 문화교류 증진, 경제활동 촉진 또는 대한민국의 이익 등을 고려하여 지문 및 얼굴에 관한 정보의 제공을 면제하는 것이 필요하다고 대통령령으로 정하는 자에 대하여는 이를 면제한다.
- 출입국관리공무원은 외국인이 지문 및 얼굴에 관한 정보를 제공하지 아니하는 경우에는 그의 입국을 거부할 수 있으며, 법무부장관은 입국심사에 필요한 경우에는 관계 행정기관이 보유하고 있는 외국인의 지문 및 얼굴에 관한 자료의 제출을 요청할 수 있다.
- 출입국관리공무원은 제공받은 지문 및 얼굴에 관한 정보와 제출받은 자료를 입국심사에 활용할 수 있으며, 법무부장관은 이를

「개인정보보호법」에 따라 보유하고 관리한다.(「출입국관리법」 제 12조의 2, 입국 시 지문 및 얼굴에 관한 정보제공 등)

다음 그림에서 보는 바와 같이 우리나라에 입국하는 외국인은 ▲ 여권심사 ▲ 규제자 검색 ▲ 양손 검지 지문 채취 ▲ 얼굴 촬영 등의 순서로 입국심사를 받는다. 이는 종래의 MRP여권 인식 이외에 지문 채취와 얼굴 촬영이 추가된 것으로 입국심사 시간은 오래 걸릴 것 같으나 실제로는 1분도 걸리지 낳는다.

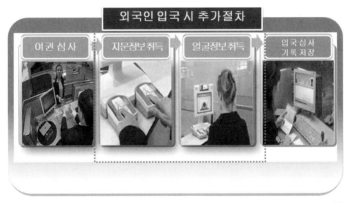

【자료제공 : 인천공항출입국사무소】

출입국심사관은 규제자 명단(블랙리스트)에 올라 있는 사람과 지문이나 얼굴이 비슷한 사람을 발견하면 재심실로 인계하여 정밀심사를 받게 한다.
이란·시리아·수단·쿠바 등 테러지원 국가 국민이 입국하면 출입국심사관이 체류지와 전화번호 등을 정확하게 파악하여 컴퓨터에 입력하면 국가정보원에 자동으로 통보된다.

법무부는 2010년 9월 G20 세계 정상회의를 앞두고 인천공항에서 최초로 지문 및 얼굴 확인 시스템을 시행하였으며, 2012년부터는 전국 공항만으로 이를 확대하여 시행하고 있다. 그 결과 그간 적발이 쉽지 않았던 '타인명의 여권 행사자'를 대거 적발할 수 있었다.

법무부에 따르면 2010년 9월부터 '지문·얼굴 확인 시스템' 시행 이후 2013년 12월 현재까지 전국 공항만 출입국사무소에서 적발된 '신원불일치 사범'(타인명의 여권을 부정하게 발급받아 사용한 사람)은 7,000여 명에 이르는 것으로 나타났다.

● 선진국의 지문날인 시스템 도입 및 주요 내용

미국은 2001년 9.11 뉴욕 테러사건 이후 국경관리 및 국가안보를 강화하기 위하여 국토안보부를 신설하고, 2004년 1월부터 세계에서 최초로 바이오정보(지문·얼굴 등)를 활용한 국경관리시스템인 'US-VISIT 프로그램'을 도입하였다. 이 프로그램은 미국에 입국하는 외국인들의 지문 및 얼굴 정보를 출입국정보시스템에 저장하여 이들이 출입국할 때 활용하는 것을 말한다.

미국은 또한, 유학생에 대한 체류관리를 강화하기 위해 'SEVIS 프로그램'을 도입하였다. 외국인 유학생을 유치하는 교육기관은 의무적으로 SEVIS 프로그램에 가입하여야 하며, SEVIS 담당자는 미국 내 외국인 유학생이 휴학이나 제적을 당하는 등 특이사항이 발생하는 경우 이를 국토안보부에 통보해야 한다.[7]

일본은 2007년 11월 20일부터 일본에 입국하는 외국인에 대하여 입국심사 시 지문 채취 및 얼굴 정보를 제공하도록 의무화하고 있다. 일본은 동 제도 실시 이후 1년간 입국심사 과정에서 신분을 세탁하여

---

7) 우기붕, 앞의 논문, 106면

불법 입국을 시도하던 외국인 1,000여 명을 적발하는 한편, 신규로 발생하는 불법체류자 수를 3분의 1로 줄이는데 크게 기여했다는 평가를 받고 있다.[8]

유럽연합(EU)은 2003년 난민 신청자들이 유럽연합 회원국 여러 곳에 중복해서 난민 신청을 하는 것을 막기 위해 지문을 이용한 정보 검색 시스템인 '유로닥(Eurodac) 시스템'을 도입하였다.

따라서 14세 이상의 난민 신청자들과 불법 입국자들은 「유럽공동체법」에 따라 지문 등록을 하여야 한다.

EU 회원국은 난민 신청자가 다른 EU 국가에서 난민 신청을 하였는지, 외국인이 불법으로 다른 EU 국가의 국경을 통과하였는지 여부 등을 유로닥(Eurodac) 시스템에 저장된 지문 대조를 통해 확인할 수 있다.

● 지문날인 및 개인정보 보호

최근 국민·농협·롯데 카드 3사의 대규모 개인정보 유출사건이 발생하여 국민들을 불안하게 한 적이 있다. 또한, 영등포경찰서에 따르면 고용노동부의 한 직원이 고용정보시스템에 접속하여 개인·기업정보 800만 건을 임의로 조회하고, 이 중 12만 건의 개인정보를 불법으로 유출한 혐의로 구속되었다고 한다.

이처럼 개인정보가 유출되어 악용될 경우 그 정보 주체에 대한 전면적인 추적과 감시가 가능하게 되어 「헌법」제17조에 규정된 사생활의 비밀과 자유가 침해될 수 있고, 유출될 경우 도용 등으로 인해 막대한 재산상의 손해가 발생할 수 있다.

법무부는 지난 1978년 '지문날인제도'를 도입하여 14세 이상의 외

---

8) 법무부 출입국·외국인정책본부, 《출입국관리법 해설》, 2011년, 318면

국인으로서 1년 이상 국내에 체류하는 사람에 대해서는 외국인 등록 시 지문을 날인하도록 하였다. 1992년 12월에는「출입국관리법」을 개정하여 외국인 지문날인 대상을 '14세 이상'에서 '17세 이상'으로 올렸다. 1999년 2월에는 다시 '20세 이상'의 외국인으로 상향 조정 하였으나, 2003년 12월 인권침해의 소지가 있다는 이유로 이를 폐 지하였다.

하지만 2001년 9·11 뉴욕 테러사건 이후 미국과 일본의 출입국 당국은 외국인 입국심사 시 지문이나 얼굴 등 바이오 정보를 제공하 도록 의무화하였다. 이에 우리나라도 2010년 5월「출입국관리법」을 개정하여 17세 이상의 외국인에 대하여 입국심사 및 외국인등록 시 지문 및 얼굴 정보를 제공하고 본인임을 확인하는 절차에 응하도록 하였다.

당시 국가인권위원회는 외국인 입국심사와 등록 단계에서 지문날 인 및 안면인식 시스템 도입 시 발생할 수 있는 '개인정보 유출 가능 성'에 대해 다음과 같이 우려를 표명한 적이 있다.

「헌법」제17조는 "모든 국민은 사생활의 비밀과 자유를 침해받지 아니한다."고 규정하여 사생활의 비밀과 자유를 보장하고 있는데, 이 조항은 외국인에게도 적용된다. 또한, 외국인도「헌법」제10조(인간 의 존엄과 가치 및 행복추구권)와 제17조(사생활의 비밀과 자유)로부 터 도출되는 개인정보 자기결정권을 향유할 권리가 있다.

'개인정보 자기결정권'은 자신에 관한 정보가 언제 누구에게 어느 범위까지 알려지고 또 이용되도록 할 것인지를 정보주체가 스스로 결 정할 수 있는 권리를 말한다. '바이오정보'란 지문·얼굴·홍채·정맥 등 개인을 식별할 수 있는 신체적 또는 행동적 특징에 관한 정보를 말한다.

지문 등 바이오 정보는 신체로부터 직접 획득될 수 있는 강한 일신전속성을 가지는 유일 식별자이기 때문에 인권침해 및 개인정보 유출을 방지하기 위해 수집·이용·관리 및 감독에 특별한 주의가 요구된다.[9)]

한편 지문은 개인의 신체에 부착된 일신전속적인 것이고 개인의 고유성이 매우 강한 바이오정보로서 '개인정보 자기결정권'에 의하여 보호되어야 할 중요하고도 본질적인 기본권의 내용을 구성한다.

「헌법」제10조 및 제17조에서 보호하고 있는 개인정보 자기결정권을 현저하게 침해하거나 제한하는 행위는 개인의 본질적인 기본권을 제한하는 행위로 볼 수 있으며, 본질적인 기본권을 제한하기 위해서는 법률적 근거가 필요하다.

현행 「출입국관리법」(제12조의2 제1항)에서는 17세 이상의 외국인은 입국심사를 받을 때 지문 및 얼굴에 관한 정보를 제공하고 본인임을 확인하는 절차에 응하도록 법적 근거를 두고 있다.

「출입국관리법」(제12조의2 제6항)에서는 법무부장관으로 하여금 입국심사 시 외국인으로부터 제공받은 지문 및 얼굴 정보를 「개인정보보호법」에 따라 보유하고 관리하도록 규정되어 있다. 다만, 여기서 유의할 것은 제공받은 지문 등의 정보는 입국심사에만 활용하도록 하고 있으므로 조사나 범죄수사 등에 활용하는 경우 위법성 문제가 제기될 수 있다.

또한, 해당 외국인으로부터 제공받거나 경찰 등 관계기관으로부터 제공받은 지문 등 개인정보의 관리주체를 법무부장관으로 규정하고 있으나, 현실적으로 이들 정보의 관리주체는 정보화센터장이나 정보관리 부서가 있는 출입국사무소장이다. 따라서 법적 책임소재를 명확히 규정할 필요가 있으므로 위임규정을 두는 것도 바람

---

9) 국가인권위원회, "이주인권결정례집", 2011, 58면

직할 것이다.[10]

끝으로 지문과 얼굴 등 바이오 정보는 그 특성상 개인의 고유성, 불변성 및 영속성을 가지고 있고 일반 개인정보와 달리 신체로부터 직접 획득될 수 있는 강한 일신전속성을 가지는 유일 식별자이다. 따라서 인권침해 및 개인정보 유출을 방지하기 위해 개인정보 보호 책임자를 지정하고 정기적인 교육을 실시하는 등 개인정보의 수집·이용·관리 및 감독에 특별한 주의가 요구된다 하겠다.

9. 미국의 출입국심사제도

● 한미 자동출입국심사 서비스

이는 미국을 방문하려는 사람이 자동출입국심사 등록센터에서 미리 지문과 얼굴 정보를 등록하면, 미국 공항 입국 시 길게 줄을 서서 기다릴 필요 없이 무인 자동출입국심사대를 통과할 수 있는 편리한 서비스를 말한다.

대한민국 법무부와 미국 국토안보부는 양국 국민의 출입국시 편의를 위해 한미 자동출입국심사 서비스를 실시하고 있다.

한미 자동출입국심사 서비스 가입 및 등록절차는 다음과 같다.

첫째, 주민등록증과 복수 전자여권을 발급받은 17세 이상의 국민으로서 대한민국 자동출입국심사 서비스(SES : Smart Entry Service) 웹사이트에 회원으로 가입한 후 신청서를 작성하여 제출한다.

둘째, 가까운 경찰서를 방문하여 '범죄수사경력조회서'를 발급받아 SES 등록센터에 제출한다. 심사결과 승인이 나면 미국 자동출입국심

---

10) 법무부 출입국·외국인 정책본부,《출입국관리법 해설》, 2011, 208면

사 서비스(GOES : Global Entry Service) 웹사이트에 회원으로 가입하여 수수료 100달러를 결제한다.

셋째, 미국 측에서 범죄수사경력조회 결과 조건부승인이 나면 자동출입국심사 등록 인터뷰 날짜를 예약한다. 미국 공항에 도착한 후 자동출입국심사 등록센터를 방문하여 간단한 인터뷰를 마치면 5년간 유효한 자동출입국심사 확인증이 발급된다.

다만, 한미 양국에서 각각 범죄혐의로 유죄판결을 받았거나 수사를 받고 있는 사람, 한국 「출입국관리법」에 의해 출국이 금지된 사람과 미국 「이민국적법」에 의해 입국이 금지된 사람은 제외된다.

한미 자동출입국심사 서비스는 우리 국민이 미국 공항 입국 시 줄을 서서 기다릴 필요 없이 자동출입국심사대를 통과할 수 있는 편리한 시스템으로 아시아에서는 우리나라가 최초이고, 세계적으로도 캐나다와 네덜란드에 이어 우리나라가 세 번째라 한다. 출장 등의 목적으로 자주 미국을 방문하는 사람들이 이용하면 편리하다.

● 출입국신고서(I-94 양식) 제출 생략

I-94 양식은 이민심사관이 체류자격과 체류기간을 기재하는 일종의 체류허가증이다. 이를 분실하면 이민국에서 재발급받는데 2~3개월이 걸리기도 하였다. 미국을 방문하려는 사람은 지난해까지만 하더러도 미국 공항에 도착하기 전에 비행기 안에서 출입국신고서(I-94 양식)를 작성하여 이민국 직원에게 제출해야만 했다.

하지만 미국 세관국경보호청(CBP)은 2013년 4월 30일부터 전자여행허가서(ESTA)로 미국에 입국하는 외국인에 대해서는 출입국시 편의를 제공하기 위해 출입국신고서(I-94 양식) 제출을 생략하도록 했다. 앞으로는 미국 출입국 사실을 증명하려면 미국 세관국경보호청 홈페이지에 들어가 전자여행허가서를 출력해서 가지고 다니면 된다.

● '이민 의도(immigrant intent)' 추정

미국대사관에 관광 및 방문비자를 신청하거나 미국 공항에서 입국 심사를 받을 때 영사나 이민심사관은 불법 취업이 의심되거나 미국에 눌러앉을 것이라고 판단하면, 이민 의도(immigrant intent)가 있는 것으로 추정하여 미국 비자 발급을 거절하거나 미국 입국을 거부할 수 있다.

예를 들어 가족초청이민을 신청한 한국인 김순진 할머니는 미국 영사와의 인터뷰 과정에서 영사의 얼굴을 똑바로 쳐다보면 실례가 될까봐 고개를 숙이고 대답하다 인터뷰에 떨어졌다. 그 이유는 동방예의지국에서 살아온 할머니의 입장에서 상대방과 대화할 때 눈을 똑바로 바라보지 않고 대화하면 자신이 없고 상대방을 무시한다는 미국 문화를 몰랐기 때문이다.

한국인 이순애 씨는 출산한 딸을 만나러 방문비자를 소지하고 10시간 이상 비행기를 타고 미국 LA 공항에 도착했다. LA 공항의 이민국 직원이 이 씨에게 미국 방문 목적을 질문하자, 이 씨는 최근 출산한 딸의 산후조리를 위해 방문한다고 대답했다.

이민국 직원은 방문비자를 소지한 이 씨가 취업비자를 받지 않고 딸의 산후조리를 하는 것은 입국 목적이 체류자격 활동에 합당하지 않음을 이유로 이 씨의 입국을 거부했다. 누구든지 이런 일을 당하면 황당할 것이다.

● 비자면제 프로그램

미국은 2001년 9·11 뉴욕 테러사건 이후 비자면제 프로그램

(VWP : Visa Waiver Program) 신규 가입국을 허용하지 않았으나, 2007년 7월 「이민 국적법」을 개정하여 비자 발급 거부율 기준을 3%에서 10%로 상향 조정하였다.

우리나라는 2008년 11월 17일 미국 비자면제 프로그램에 가입하였다. 현재 미국 비자면제 프로그램가입국은 37개국으로 대부분 영국과 프랑스 등 유럽 국가들이며, 아시아에서는 한국·일본·싱가포르 등 세 나라에 불과하다.

미국은 비자면제 프로그램 가입국들에게 기계판독여권에 전자칩이 내장된 전자여권(e-Passport)을 발급하도록 권장하고 있다.

미국 비자면제 프로그램에 가입한 국가의 국민은 관광이나 상용 목적에 한하여 무비자로 미국에 입국하여 최대 90일간 체류할 수 있다. 우리나라도 2008년 미국 비자면제 프로그램에 가입한 것을 계기로, 우리 국민이 관광이나 단기 출장 등의 목적으로 미국에 90일간 체류하고자 하는 경우에는 비자 없이 미국에 입국할 수 있다.

다만, 무비자로 미국에 입국하려면 사전에 전자칩이 내장된 전자여권을 발급받아야 한다. 또한, 미국 세관국경보호청(CBP)의 전자여행허가서(ESTA) 웹사이트에 가입하여 수수료 14달러를 신용카드로 결제한 후 전자여행허가서를 받아야 한다. 전자여행허가서는 출력해서 출국할 때 가져가면 된다.

제2장 여권 속의 비밀을 찾아

1. 여권의 유래와 집조(執照)

해외여행의 필수품 여권(passport)은 언제부터 사용되었으며, 왜 passport라고 부르게 되었을까?

중세 유럽의 도시는 대개 성벽으로 둘러싸여 있었으므로 외국 사신이나 여러 곳을 자주 돌아다니는 상인들이 성문을 출입할 때, 프랑스어의 통과를 뜻하는 'passe'와 성문을 뜻하는 'porte'의 합성어에서 유래된 것이라고 한다.11)

또한, 여권을 의미하는 'passport'라는 영어 단어는 'pass(통과하다)'와 'port(항구)'의 합성어로, 원래는 비행기가 없던 시절 항구(port)와 항구(port) 사이를 통과할 때 필요한 통행증임을 미루어 짐작할 수 있다.

한편, 세계 각국은 수 세기 동안 해외여행자에게 안전한 통행을 보장하는 통행증을 발급해 왔다. 통행증은 파피루스에 적은 신임장에서부터 옥새를 새긴 반지에 이르기까지 다양한 형태를 취하였다고 전해

---

11) 김진섭, 《관광법학》, 1991, 43면

진다. 그러나 여권을 해외여행자의 필수 문서로 취급하게 된 것은 대체로 20세기에 들어오면서부터라고 한다.

● 하와이 한인 이민과 집조

《한국고전용어사전》에서는 집조(執照)를 '외국 사람이 길을 다니는 데 편의를 제공하기 위해 발급하는 통행허가증'이라고 한다. 1902년 구한말 대한제국은 궁내부 산하에 유민원을 설치하여 여권 발급 등 이민관련 업무를 담당하도록 하였다. 오늘날 외교부의 여권과에 해당하는 유민원은 하와이 이주 한인들에게 집조(지금의 여권)를 발급하

하와이 한인 이민자에게 발급한 대한제국 유민원 여권(1902)

【자료제공 : 국립중앙도서관】

였으며 초대 총재는 민영환이었다. 당시 황성신문에서는 유민원에서 이민관련 업무를 한다는 기사를 싣기도 했다. 따라서 우리 역사는 하

와이 이민을 공식적인 첫 해외이민으로 기록하고 있다.12)

집조(執照)는 위 사진에서 보는 바와 같이 한지 한 장을 좌우로 나누어 왼쪽에는 한글이 아닌 한문으로 여행자의 주소, 성명, 직업, 여권번호 등이 표시되어 있으며, 오른쪽은 영문과 불문으로 된 번역문으로 표시되어 있다.

위 집조는 대한제국은 유민원 총재인 민영환 명의로 발급된 것으로 소지인은 안재창이며 주소는 경기도 양주군 별내면으로 되어 있다. 또 만일의 경우를 대비하여 보증인 1명을 세우도록 했는데, 위 집조의 보증인은 안창호로 직업은 상업으로 표시되어 있다.

특히 필자의 눈길을 끄는 대목은 "집조 소지자가 하와이를 여행함에 있어서 길을 가는데 방해를 받지 않도록 필요한 모든 보호를 해줄 것을 길을 지나는 각 관청에 요청한다."라는 내용이 들어 있다.

현재 우리나라 여권 1면에도 "여권 소지인이 아무 지장 없이 통행할 수 있도록 필요한 모든 편의 및 보호를 베풀어 주실 것을 관계자에게 요청한다."라는 내용이 들어 있다.

2. 기계판독여권(MRP)과 여권 속의 비밀

국제민간항공기구(ICAO)는 회원국들에게 국제 테러 및 범죄 등 국제 사회의 안보 위협에 대처하기 위한 보안성 강화와 자국 국민의 해외여행 시 편의를 제공하기 위해, 기계판독여권(MRP : Machine Readable Passport)을 발행하도록 권고하였다.

이에 따라 우리 정부는 1994년부터 사진 부착식의 기계판독여권(MRP)을 발급하기 시작하였다. 하지만 사진 부착식은 사진 교체 등

---

12) 한국이민사박물관, 〈전시유물도록〉, 26~28면

으로 인한 여권 위변조가 쉬워 1998년 사진 전사식(프린트식)의 기계판독여권으로 변경되었다.

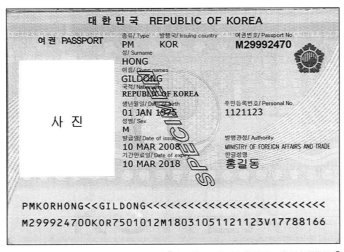

【자료제공 : 법무부 출입국 · 외국인정책본부】

미국은 9 · 11 뉴욕테러 사건 이후 비자 면제 프로그램(visa waiver program) 가입국들에게 지문과 얼굴 등 생체정보가 저장된 전자여권 발급을 요구하였다. 이에 우리 정부는 2008년 미국 비자 면제 프로그램 가입을 앞두고 일반여권 신청자들에게 전자여권을 발급하기 시작했다. 전자여권(e-Passport)은 기존의 여권에 여권 신청자의 생체정보가 저장된 새로운 형태의 기계판독여권(MRP)을 말한다.

한편, MRP여권 아랫부분에 보면 다음과 같이 두 줄로 된 기계판독 부위(MR Zone)가 있다. 이곳에는 여권의 비밀이라 할 수 있는 여러 숫자들과 꺾쇠(《〈) 표시, 그리고 영문 알파벳 대문자로 이루어진 여권 소지자의 각종 정보가 담겨 있다.

```
PMKORHONG<<GILDONG<<<<<<<<<<<<<<<<<<<<<<<<<<<<<<<
M299924700KOR7501012M1803105112112 3V17788166
```

첫째 줄에 보이는 PM은 여권의 종류, KOR은 발행 국가, HONG 은 성(Surname), GILDONG은 이름(Given-name)을 표시한다.

참고로 PM에서 P는 Passport의 약자이고 M은 Multiple의 약자 로 PM은 여권 유효기간 내에 여러 차례 사용할 수 있는 복수여권을 의미한다. S는 Single의 약자로 PS는 한 번만 사용할 수 있는 단수 여권을 뜻한다. O는 Official의 약자로 PO는 관용여권을, D는 Di-plomatic의 약자로 PD는 외교관여권을 의미한다. R은 Resident 의 약자로, PR은 해외이민자나 장기 거주자에게 발급하는 거주여권 을 의미한다.

둘째 줄에 보이는 M29992470은 여권번호, KOR은 국적, 750101 은 생년월일, M은 성별(남성은 Male의 약자 M, 여성은 Female의 약자 F로 표시), 180310은 여권 유효기간 만료일, 1121123은 주민 등록 후단 번호를 가리킨다.

우리나라 여권에는 위변조를 방지하기 위해 사진과 지면에 그물 무 늬, 무궁화 문양 등 여러 가지 보안 요소들이 숨어 있으며, 보안선 안에는 육안으로는 확인하기 어려운 미세 글자가 삽입되어 있다.

인천공항 출입국사무소는 2005년 '여권 자동판독시스템'을 도입 하였다. 이를 계기로 출입국심사 시 여권상의 인적사항을 수작업으 로 입력·검색하는 대신, 여권자동판독기로 검색하고 저장함으로써 출입국신고서가 사라지는 등 출입국 절차가 대폭 간소화되었다. 또 국제 테러리스트나 출국금지자 등이 위변조 여권을 이용하여 출입국을 시도하려는 것을 차단할 수 있게 되었다.

3. 한글 성명의 영문 표기

여권 명의인의 로마자로 표기한 성명, 즉 영문 성명은 국제민간항공기구(ICAO)의 관련 규정에 따라 한글 성명에 맞게 표기하여야 한다. 외교부 여권과에는 종종 해외 장기 체류자가 해외에서 사용한 영문 성명을 여권에 그대로 표기해 달라고 민원을 제기하는 경우가 있다.

> 한국인 홍길동 씨는 미국 유학 중에 행운을 바란다는 의미에서 영문 성명을 Hong Gildong 대신에 Hong Jackpot으로 사용하였다. 홍길동 씨는 수년간 미국 유학생활을 마치고 한국에 들어와 생활하던 중 여권을 분실하여 재발급 신청 중에 해외에서 장기간 사용한 영문 성명을 계속 사용하고 싶어, 이를 Hong Jackpot으로 표기해 달라고 요청했다. 이 경우 홍길동 씨는 여권상의 영문 성명을 Hong Jackpot으로 표기하는 것이 가능할까?

'여권법 시행규칙'(제2조의2)에서는 "여권 발급 신청인이 국외에서 오랫동안 사용한 영문 성명으로 변경하려 할 때, 그 영문 성명이 가족관계등록부 상의 한글 성명에 대한 영문 표기가 아닌 경우에는 기존 영문 성명의 앞 또는 뒤에 변경하려는 영문 성명을 함께 표기할 수 있다"라고 규정하고 있다.

따라서 홍길동 씨가 한국에 들어와 여권 재발급을 신청할 때 미국 유학 중에 장기간 사용한 영문 성명인 Hong Jackpot을 계속 사용하고 싶으면, 길동의 영문명(Gildong)의 앞 또는 뒤에 Jackpot을 병기하여 표기하는 것은 가능하다. 다시 말하면 Hong Jackpot Gildong 또는 Hong Gildong Jackpot으로 표기하는 것은 가능하나, 단순히 Hong Jackpot으로 표기하는 것은 불가능하다.

4. 여권의 효력과 상실

여권은 해외를 여행하고자 하는 국민에게 해당 국가가 발급하는 여행증명서의 일종으로 여권 소지자의 신분을 확인하고 외교적 보호권이 어느 나라에 있는가를 결정하는 중요한 수단이 된다. 또한, 여권 소지자의 국적 증명, 동일성 증명, 여행하고자 하는 국가에 대한 편의 제공 의뢰 등의 기능을 수행하는 공식 문서로서 국제적으로 통용되는 신분증에 해당된다.[13]

우리나라 「여권법」에서는 여권의 정의를 규정하고 있지 않다. 다만, 「출입국관리법」 제2조(정의)에서 "여권이란 대한민국 정부·외국 정부 또는 권한 있는 국제기구에서 발급한 여권 또는 난민여행증명서나 그 밖에 여권에 갈음하는 증명서로서 대한민국 정부가 유효하다고 인정하는 것"이라고 규정하고 있다.

'유효한 여권'이란 형식적 요건과 실질적 요건을 충족하는 여권을 의미한다. '형식적 요건'은 권한 있는 국가기관이 정당한 절차에 따라 발급하였음을 뜻하며, '실질적 요건'은 여권의 명의자 및 소지자가 동일하다는 것을 의미한다.

우리나라 「출입국관리법」에서는 외국 여권의 유형이 국가마다 다르

---

13) 법무부 출입국관리국, 《출입국관리업무편람》, 1999, 29면

기 때문에 여권의 유효성에 대한 판단 기준을 정하고 있지는 않다. 다만, '출입국관리법 시행규칙'(제1조)에서 출입국심사와 관련하여 ▲여권 명의인의 본인 여부 ▲여권의 위변조 여부 ▲출입국 규제 여부 ▲기타 법무부장관이 따로 정한 사항 등을 확인하도록 규정하고 있다.

「여권법」제13조에는 여권의 효력이 상실되는 사유로 ▲여권의 유효기간이 끝난 때 ▲여권을 분실하여 재발급을 신청한 때 ▲여권을 반납하고 신청한 여권이 재발급된 때 ▲여권이 변조된 때 ▲여권이 다른 사람에게 양도되거나 대여되어 행사된 때 ▲여권의 발급이나 재발급을 받은 사람이 외국 국적을 취득하여 한국 국적을 상실한 때 ▲단수여권의 명의인이 귀국한 때라고 규정하고 있다.

종종 여권 없이는 비자 발급이 불가능하므로 여권의 효력이 상실되면 동 비자의 효력도 상실되는지와 공항만 출입국시 신여권과 구여권에 붙어 있는 비자 때문에 부득이 신여권과 구여권을 동시에 사용하는 경우 구여권에 붙어 있는 비자의 효력을 인정할 것인지가 문제가 되고 있다.

즉 여권 없이는 비자 발급이 불가능하므로 여권의 효력이 상실되면 동 비자의 효력은 상실됨이 원칙이나, 구여권에 붙어 있는 비자 때문에 부득이 신여권과 구여권을 함께 소지하고 있는 경우에는 신여권에 비자를 이기함을 조건으로 구여권에 발급되어 있는 비자의 효력을 일시 인정하자는 견해가 있다.

또 다른 한편으로는, 여권과 비자는 별개의 개념이므로 신여권을 발급받아 구여권의 효력이 상실되었다 하더라도 거기에 붙어 있는 비자는 유효한 것으로 간주하여 비자 만료기간까지는 계속 유효하다는 견해가 있다. 이 부분에 대해서는 명확한 근거규정을 마련할 필요가 있다.

5. 여권의 종류 및 신청서류

「여권법」에서는 여권의 종류를 일반여권, 관용여권, 외교관여권, 여행증명서 등으로 분류하고 있다. 이는 다시 1회에 한하여 외국여행을 할 수 있는 단수여권과 유효기간 만료일까지 횟수에 제한 없이 외국여행을 할 수 있는 복수여권으로 구분하고 있다.

'일반여권'은 상용, 관광, 유학, 취업 등의 목적으로 해외에 가고자 하는 사람에게 10년 이내의 유효기간을 정하여 발급된다.

'관용여권'은 공무로 해외출장을 가는 공무원, 한국은행 및 한국수출입은행 임직원, 정부투자기관의 임직원, 정부에서 파견하는 의료요원 및 태권도사범 등과 그 배우자 및 27세 미만 미혼 자녀에게 5년 이내의 유효기간을 정하여 발급된다.

'외교관여권'은 대통령, 국무총리, 외교부 장관, 특명전권대사, 국제올림픽위원회 위원, 공무로 해외출장을 가는 외교부 소속 공무원 등과 그 배우자 및 27세 미만 미혼자녀에게 5년 이내의 유효기간을 정하여 발급된다.

외교부 장관은 「해외이주법」에 따른 해외 이주자에 대해서는 거주여권을 발급할 수 있다. '거주여권'은 거주지 국가의 영주권이나 영주권에 갈음하는 장기체류 사증을 소지한 사람, 국외에서 혼인 등의 사유로 거주여권의 발급이 특히 필요하다고 인정되는 사람에게 발급된다(여권법 시행령 제6조2).

'거주여권'은 PR(Permanent Residence)여권이라고도 한다. 거주여권이 발급되면 주민등록이 말소되고 해외 이주자로 관리된다. 주민등록이 말소되면 건강보험 및 국민연금 가입 자격이 상실된다. 따라서 거주여권 소지자는 국내 체류 시 주민등록 말소로 인하여 생활하는데 불편함이 많았다.

이에 따라 정부는 1999년 「재외동포법」을 제정하여 거주여권 소지자가 한국에 장기 체류할 경우, 주소지 관할 출입국사무소에 거소신고를 한 후 재외국민용 국내거소신고증을 발급받으면 주민등록증에 갈음하도록 하였다. 국내거소신고증을 발급받으면 금융 거래, 부동산 거래, 외국환 거래, 의료보험, 연금 등의 혜택을 받을 수 있으므로 국내에서 생활하는데 불편함이 없다.

한편, 오늘날에 와서는 무국적자와 난민 등의 출현으로 여권을 소지할 수 없는 사람들에게 발급하는 여행증명서(travel certificate) 제도가 생겼다.

'여권법 시행령'(제16조)에 따르면 여행증명서는 ▲ 출국하는 무국적자 ▲ 해외입양자 ▲ 해외에 체류하거나 거주하다 여권을 분실하거나 유효기간이 만료되는 경우에 여권 발급을 기다릴 시간적 여유가 없어 긴급히 귀국하거나 제3국에 여행할 필요가 있는 사람 등에게 발급하도록 규정하고 있다. 난민 인정을 받은 사람이 해외여행을 하고자 하는 경우에는 여권 대신에 법무부장관으로부터 '난민여행증명서'를 발급받아야 한다.

우리나라와 수교를 맺지 않은 미수교 국가 국민이 우리나라에 입국할 때에는 어떻게 할 것인가?

'미수교 국가'는 대한민국이 해당 국가와 외교 관계를 맺지 않았거나 국교를 단절한 국가를 의미한다. 따라서 미수교 국가의 정부가 발급한 여권은 유효한 것으로 인정하지 않기 때문에 통상의 절차에 의해서는 입국이 불가능하다. 다만, 자국의 이익에 부합하는 경우에는 예외적으로 입국을 허용하고 있다.

우리나라의 경우 대한민국과 수교(修交)하지 아니한 국가나 법무부장관이 외교부장관과 협의하여 지정한 국가의 국민은 재외공관의 장이나 출입국사무소장 또는 출장소장이 발급한 '외국인 입국허가서'를 가지고 입국할 수 있다(출입국관리법 제7조제4항). 현재 우리나라와 수교하지 않는 국가로는 쿠바·마케도니아·시리아·코소보 등 4개 국가가 있다.

한편, 우리나라 여권은 외교부장관 명의로 발급한다. 여권 발급 업무는 외국에서는 영사가, 국내에서는 시·군·구에서 대행하고 있다. 현재는 주민등록지 관할 시·군·구청은 물론 전국에 있는 여권 발급 업무 대행 기관 어디에서든 여권 발급 신청이 가능하다.

일반 여권 발급 시 구비서류에는 여권 발급 신청서, 여권용 사진(최근 6개월 이내 촬영) 1매, 신분증이 필요하다. 다만, 병역의무자(18세 이상 37세 이하)는 병무청장 발행 국외여행허가서를, 미성년자(18세 미만)는 부모 등 법정대리인의 여권발급 동의서와 가족관계증명서를 추가로 제출해야 한다.

여권은 본인이 직접 신청함을 원칙으로 하나 ▲ 의전상 필요한 경우 ▲ 18세 미만 미성년자인 경우 ▲ 본인이 직접 신청할 수 없을 정도의 신체적·정신적 질병, 장애나 사고 등으로 인하여 대리 신청이 불가피한 경우에는 대리인이 이를 신청할 수 있다(여권법 시행규칙 제6조).

외교부 홈페이지(www.mofa.go.kr : 여권발급 자주 묻는 질문)에 따르면 집행유예 중인 자와 신용불량자도 여권 발급을 신청할 수 있다고 한다. 다만, 이 경우에는 경찰청의 신원조회 결과 '적합' 판정이 나와야 여권이 발급된다. 만 18세 이상 30세 미만인 자로서 병역의무를 이행하지 아니한 사람은 병무청장(현역 군인은 소속 부대장) 등이 발행한 '국외여행허가서'를 제출해야 여권을 발급받을 수 있다.

6. 해외여행 중 여권을 분실하면?

해외여행 중 여권을 분실하거나 도난당하면 모처럼 즐거운 여행이 엉망이 될 것이다. 만일 여권을 분실하거나 도난당하면 가까운 경찰서를 찾아가 여권 분실 및 도난 신고를 한 후 여권 분실 확인 증명서를 발급받거나, 재외공관(대한민국 대사관이나 영사관)을 방문하여 여권 분실 및 도난 신고 후 여권을 재발급 받거나 여행증명서를 발급받으면 된다.

다만, 여권 재발급 신청을 하면 발급될 때까지 2~3주일이 걸리므로 3~4일 이내에 발급되는 여행증명서를 신청하는 것이 유리하다. '여행증명서(travel certificate)'는 해외에 체류하거나 거주하고 있는 사람으로서 여권을 분실하거나 여권 발급을 기다릴 시간적 여유가 없어 긴급히 귀국하여야 할 인도적 사유가 있는 사람에게 발급하는 일종의 임시여권이다.

참고로 여권 재발급 신청 시에는 여권번호와 발행연월일 등이 필요하므로 미리 여권 인적사항 면을 복사해서 다니거나 따로 기록해 두는 것이 좋다. 간혹 여권 사진을 여권속에 넣어서 보관하는 사람이 있는데, 여권 분실에 대비해 가져가는 것인 만큼 여권과 따로 보관하는 센스는 잊지 마시기를……

여권을 새로 발급받는 방법은 그다지 복잡하지 않지만, 그로 인해 생기는 불편함이 있다. 우선 여권을 분실한 후 여행증명서를 발급받아 한국에 들어오면 그 효력이 상실되므로, 다시 해외여행을 가려고 할 경우 여권 재발급 신청을 해야 한다.

다음으로 여권을 자주 분실하면 여권 브로커와 결탁하여 여권을 팔고 온 것이 아닌지 의심하여 조사를 받거나 여권의 유효기간이 제한

된다. 예를 들어 5년 이내에 3회 이상 분실한 경우에는 여권 유효기간이 2년으로 제한되고, 1년 이내에 2회 이상 분실한 경우에도 여권 유효기간이 2년으로 제한된다. 또한, 외국에서 위법행위 등으로 국익을 크게 손상시킨 경우 1년 이상 3년 이하의 기간 동안 여권 발급이나 재발급이 제한될 수 있다.

최근 미국·캐나다 등지로 밀입국을 시도하다 적발되는 중국이나 동남아시아 국가 국민들이 늘고 있다. 이들 중에는 한국이나 일본 여권이 있으면 얼굴 생김새가 비슷해, 이들 국가로의 입국이 수월하다는 점을 이용하여 분실 및 도난당한 한국이나 일본 여권을 부정 사용하는 사례가 증가하고 있다.

경찰청 국제범죄수사대에 따르면, 최근 중국·태국·베트남 등지에서는 국제 여권 위변조단이 첨단기술을 이용하여 육안으로는 식별하기 어려운 위변조 여권을 만들어 대규모로 유통시키고 있다고 한다.

따라서 해외여행 시 여권을 분실하면 항공기 테러 등 각종 범죄에 이용될 가능성이 있으므로 각별한 주의가 요구된다.

해외여행은 많은 사람을 만나고 스쳐갑니다.
여행은 친구를 만들기도 친구를 잃기도 합니다.
하지만 변치 않고 해외여행을 함께하는 친구가 있다면,
그건 바로 여권이 아닐까요?
해외여행 시 여권을 분실하지 않도록 소중히 간직합시다.

7. 여행경보제도[14]

최근 이집트 국경지대에서 성지순례에 나선 한국인 관광객 버스 폭탄 테러사건이 발생했다. 이 사건을 계기로 외교부에서 시행하고 있는 '여행경보제도'가 새삼 주목을 받고 있다. 이번 테러사건이 발생한 이집트 시나이반도는 여행경보 3단계인 여행제한 지역으로 지정되어 있었다.

'여행경보제도'는 해외에 체류하거나 해외여행을 하는 우리 국민의 안전을 위해 세계 각 국가와 지역의 위험 수준을 단계별로 구분하고, 그에 따른 행동 요령을 안내하는 제도를 말한다. 정부는 여행경보를 다음과 같이 ① 여행유의 ② 여행자제 ③ 여행제한 ④ 여행금지 등 네 단계로 구분하고 있다.

● 여행경보 단계
- 1단계 : 여행유의(해외체류자는 신변안전 유의)
- 2단계 : 여행자제(해외체류자는 신변안전 특별 유의)
- 3단계 : 여행제한(해외체류자는 긴급용무가 아닌 한 귀국 / 해외여행 예정자는 여행 취소·연기)
- 4단계 : 여행금지 (해외체류자는 즉시 대피·철수 / 해외여행 예정자는 방문금지)

정부는 특히 우리 국민의 신변 안전을 위해 여행경보 4단계에 해당하는 여행금지 국가를 방문하거나 체류하는 것을 금지하고 있다. '여행금지 국가'는 해적이 자주 출몰하는 아프리카 소말리아와, 테러 위

---

14) 이 부분은 외교부에서 발간한 《해외안전여행 가이드북》(2013)을 참조하였다.

험이 상존하는 중동의 아프가니스탄·시리아·이라크·예맨 등 5개 국을 말한다. 정부의 사전 허가를 받지 않고 여행금지 국가를 방문하는 경우 1년 이하의 징역 또는 300만 원 이하의 벌금에 처한다.(「여권법」제26조)

참고로 헌법재판소는 "국민의 생명이나 신체 및 재산을 보호하기 위하여 위난(危難)지역으로의 출국을 사전에 방지하고자 여권 사용을 제한하는 것은 거주 이전의 자유를 침해하는 것이 아니다"라고 판시한 바 있다.

분쟁 지역 주변으로 여행을 가고자 할 때에는 사전에 여행경보를 잘 살펴보고 행동 요령을 따르는 것이 안전하다. 치안상태가 양호하거나 위험요인이 적은 선진국의 경우에도 예기치 않은 위험이 발생할 수 있으므로 항상 신변안전에 유의해야 할 것이다.

해외여행 중에 소매치기를 당해 지갑과 여권을 몽땅 분실한 경우 무척 당황스럽고 누군가의 도움을 절실히 필요로 할 것이다. 이와 같이 해외에서 사건·사고를 당하면 외교부 영사콜센터나 해외여행등록제 '동행' 및 휴대전화 로밍 서비스를 이용하면 도움이 될 것이다.

영사콜센터(전화번호: 3210-0404)는 24시간 긴급한 해외 사건·사고에 대한 상담뿐만 아니라 여권 분실, 신속한 해외송금 지원 등 상담 서비스를 제공하고 있다. 해외여행등록제 '동행'은 여행자가 해외에서의 사건·사고에 대비하여 자신의 여행 정보를 여행 전에 미리 등록해 두는 제도를 말한다. '동행'에 여행일정을 등록하면 여행지에서 위급상황 발생 시 소재파악은 물론 국내 가족에게 신속하게 연락을 취할 수 있다.

특히 우리 국민이 해외 여행을 할 때 휴대전화 로밍 서비스를 이용하는 경우 3단계 여행제한 지역에 진입하면, 휴대전화로 귀국을 권하는 문자알림서비스(SMS)를 제공한다. 또한, 재난, 재해, 테러 등 위급한 상황이 발생하거나 위험 지역에 진입하면 해당사항 관련 안내 SMS를 전송해 주고 있다. 자세한 사항은 외교부 해외안전여행 홈페이지(www.0404.go.kr)를 참고하기 바란다.

8. 출국금지와 권리구제

박금지 씨는 작년 여름 단체 관광객의 일원으로 인천공항을 통해 해외여행을 가려다 출입국관리공무원의 출국심사 중에 출국금지를 당해 무척 당황스러웠다고 한다. 그 이유는 몇 년 전 회사가 부도나는 바람에 세금을 체납했기 때문이다. 현행 '출입국관리법령'에 따르면 5,000만 원 이상을 체납한 경우에는 출국금지를 할 수 있도록 규정하고 있다.

이 경우 해당 세금의 징수 권한을 가진 국세청장이나 지방자치단체의 장(특별시장·광역시장·도지사)이 법무부장관에게 출국금지 요청을 해야 하는 절차가 있기 때문에 체납과 출국금지 사이엔 다소간의 시간적인 차이가 있을 수 있다.

따라서 그동안 아무런 공식적인 통보가 없었다면 적어도 현재 시점에서는 출국금지 상태라 할 수 없다. 다만, 체납 상태가 장기간 계속된다면 나중에라도 출국금지가 될 가능성이 있으므로 외국으로 출국하기 전에 본인이 직접 신분증을 소지하고 가까운 곳에 있는 출입국관리사무소를 방문하면 출국금지 여부를 확인할 수 있다.

● 출국금지 대상자
• 범죄수사 및 형사재판이 진행 중인 자

- 징역형 또는 금고형의 집행이 종료되지 아니한 자
- 1,000만 원 이상의 벌금 미납자
- 2,000만 원 이상의 추징금 미납자
- 5,000만 원 이상의 국세·관세·지방세 미납자
- 2억 원 이상의 국세 포탈 혐의로 세무조사를 받고 있는 자
- 20억 원 이상의 허위 세금계산서 발행 혐의로 세무조사를 받고 있는 자
- 3,000만 원 이상의 공금횡령이나 금품수수 등의 혐의로 감사원의 감사를 받고 있는 자
- 병역의무 기피 및 감면 목적으로 도망가거나 행방을 감춘 자
※ 신용불량자, 공과금 연체자, 단순한 교통법규 위반자 등은 출국금지 대상에 해당하지 않는다.

출국금지는 중앙행정기관의 장 또는 기타 관계 기관의 장이 소관업무와 관련하여 「출입국관리법」에 규정된 출국금지 대상에 해당된다고 인정할 때에 법무부장관에게 요청할 수 있다. 따라서 개인은 출국금지를 요청할 수 없다. 대신에 사기 등의 사유로 피해를 입은 당사자가 수사기관에 고소나 고발 등을 하면, 수사기관에서 고소 사실의 인정 및 해외로 도주할 가능성을 검토하여 법무부장관에게 출국금지를 요청할 수 있다.

법무부장관은 출국을 금지하거나 출국금지 기간을 연장하는 때에는 즉시 당사자에게 그 사유 및 기간 등을 명시하여 서면으로 통지하여야 한다. 출국금지를 해제하는 때에도 즉시 이를 당사자에게 통지하여야 한다. 다만, 대한민국의 안전이나 공공의 이익에 중대한 위해를 끼칠 우려가 있거나 범죄수사에 중대한 장애가 생길 우려가 있다고 인정하는 경우 및 출국이 금지된 자의 소재를 알 수 없는 경우에

는 이를 통지하지 아니할 수 있다.

개인의 출국금지 여부 확인은 「개인정보보호법」에 의해 보호되는 개인정보에 관한 중요한 사항에 해당하므로, 전화나 이메일 등으로 알려주지 않고 본인이 직접 신분증을 지참하고 출입국관리사무소를 방문하여야만 확인이 가능하다. 다만, 본인으로부터 소송 등을 위임 받은 변호인은 본인을 대신하여 출국금지 여부를 확인할 수 있다.

법무부장관의 출국금지 조치가 부당하다고 생각되면 이의신청이나 행정심판 청구는 물론 행정소송도 제기할 수 있다. 출국이 금지된 사람은 출국금지 결정 통지를 받은 날 또는 그 사실을 안 날부터 10일 이내에 법무부장관에게 출국금지 결정에 대한 이의신청을 해야 한다. 법무부장관의 출국금지 조치가 부당하다고 생각되면 이의신청과는 별도로 「행정심판법」에 의해 출국금지 처분을 안 날로부터 90일 이내에 행정심판을 청구할 수 있다.

출국금지는 국민의 거주 이전의 자유와 해외여행의 자유를 침해할 우려가 있으므로 필요한 최소한의 범위 내에서 하되, 단순히 공무수행의 편의를 위하거나 형벌 또는 행정벌을 받은 사람에게 행정 제재를 가할 목적으로 해서는 아니 된다.

법무부장관은 출국이 금지된 사람이라도 ▲ 출국금지로 인하여 생업을 유지하기 어렵다고 인정되는 경우 ▲ 출국금지로 인하여 회복하기 어려운 중대한 손해를 입을 우려가 있다고 인정되는 경우 ▲ 그 밖에 인도적인 사유 등으로 출국금지를 해제할 필요가 있다고 인정되는 경우에는 출국금지를 해제할 수 있다.

참고로 국민에 대해서는 '출국금지'라는 용어를 사용하나, 외국인에 대해서는 '출국정지'라는 용어를 사용한다. 외국인 출국정지와 관련하여 법무부장관은 범죄 수사를 위하여 출국이 적당하지 아니하다고 인정되는 외국인에 대하여 10일 이내의 기간을 정하여 그의 출국을 정지할 수 있다.

출국이 정지된 외국인은 출국정지 통지를 받은 날로부터 10일 이내에 법무부장관에게 이의신청을 할 수 있다. 출국정지로 인하여 허가받은 체류기간까지 출국하지 못한 외국인은 출국정지 해제일로부터 10일 이내에는 체류기간 연장 등 별도의 절차를 밟지 아니하고 출국할 수 있다.

제3장 비자(visa)란 무엇인가?

1. 비자의 유래와 효력

● 비자의 유래

　해외여행이 일부 부유층의 전유물이었던 시절 해외여행 한 번 다녀온 사람들이 여권이니 비자니 떠들어 대면서 못사는 사람들의 기를 죽이던 때가 있었다. 우리나라도 2008년 미국의 비자 면제 프로그램에 가입하기 전까지만 하더라도 주한 미국 대사관 앞에는 미국 비자를 받기 위해 이른 새벽부터 신문지를 깔고 대기하는 사람 등 수많은 사람들로 붐비던 시절이 있었다.

　2007년 방문취업제가 시행되기 전만 하더라도 중국동포들은 단순노무 분야에 대한 취업 기회 제한으로 '취업비자'를 받을 수 없어 밀입국을 시도하거나 불법체류자로 전락하여 강제퇴거를 당하는 등 설움을 겪어야 했다.

　우리 국민이 해외로 나가려면 여권과 비자가 필요하듯이 외국인도 우리나라에 들어오려면 여권과 비자를 소지해야 한다. 다만, 유학이나 취업 및 영주가 아닌 관광이나 통과 목적으로 입국하려는 외국인은 비자 없이 입국할 수 있다.

비자(visa)는 라틴어의 'vise'가 어원이며, 이는 '배서하다, 보증하다, 확인하다, 증명하다' 등의 의미를 갖고 있다. 우리나라 「출입국관리법」에서는 일본의 사증제도를 본떠 비자(visa)라는 용어 대신에 사증(査證)이란 용어를 사용하고 있다.

비자(visa)란 우리가 가고자 하는 나라의 영사가 '당신은 우리나라에 들어와도 좋다고 스탬프로 여권에 찍어주는 일종의 입국허가 증명'이다. 처음 보는 사람이 주인의 허락도 없이 남의 집에 들어오면 '무단침입죄'로 처벌을 받게 되듯이 비자도 없이 남의 나라에 들어오면 불법 입국 혐의로 처벌을 받거나 강제 추방을 당하게 된다.

영사의 비자 발급 행위는 국제법상 그 국가의 고유한 주권 행사이자 타 국가의 간섭을 받지 않는 전형적인 국내 문제로서 각국의 재량 행위에 속한다. 따라서 국제법상 외국인의 입국을 허용할 의무는 없으며, 세계 각국은 비자제도 등을 통해 외국인의 입국을 통제하고 있다.

비자제도는 제1차 세계대전 중에는 주로 군사상의 스파이를 방지하기 위해 운영되었다. 현대에 와서는 국제 테러분자나 범죄자 등 문제 외국인의 입국 봉쇄로 국가의 안전과 질서를 유지하고 불법 취업 가능 외국인에 대한 사전 통제로 국내 노동시장을 보호하기 위해 운영되고 있다.

비자는 방문하고자 하는 국가의 대사관이나 영사관에서 발급한다. 예를 들면 한국인이 유학이나 취업 목적으로 미국에 가려면 한국에 있는 미국대사관이나 영사관에서 미국 비자를 받아야 한다. 반대로 외국인이 한국에 유학이나 취업 목적으로 오려면 그 나라에 주재하는 한국대사관이나 영사관에서 한국 비자를 받아야 한다.

한편, 비자 발급 시에는 수수료를 내야 한다. 90일 이하 단수비자는 미화 30달러, 91일 이상 단수비자는 미화 50달러, 복수비자는 미화 80달러(미국은 45달러)의 비자 발급 수수료를 내야 한다. 중국인 단체관광객의 경우 관광객 유치 차원에서 1인당 10달러 상당의 비자 발급 수수료를 받고 있다.

● 비자의 효력

A visa is usually essential for admission, but it does not guarantee admission.

비자 발급은 국가 정책에 따라 외국인에 대하여 입국을 허가하는 '입국허가'로 보는 국가와 외국인의 입국허가 신청에 대한 영사의 '입국 추천 행위'로 보는 국가로 나눈다. 우리나라와 미국, 일본 등은 영사의 비자 발급 행위를 '입국 추천 행위'로 보고 있다.[15]

따라서 영사가 발급한 유효한 비자를 소지한 외국인이라 하더라도 출입관리 공무원의 입국심사 과정에서 입국 목적에 합당하지 않는 경우에는 입국이 거부될 수 있다.

출입국관리 공무원은 유효한 비자를 소지하고 공항만에 입국한 외국인이 비자 발급 당시에 예측할 수 없었던 중대한 사유가 발생하여 현재의 비자 발급 상태를 유지시키는 것이 부적합하다고 판단하면 그의 입국을 거부할 수 있다.

예를 들면, 특정활동(E-7) 비자를 발급받은 외국인이 공항만에서

---

15) 법무부 출입국관리국, 《출입관리업무편람》, 1999, 47면

입국 허가를 받기 전에 취직하려고 했던 회사가 부도가 난 경우, 결혼이민(F-6) 비자를 발급받은 외국인이 입국하기 전에 한국인 배우자가 사망한 경우, 비자 발급 당시에는 입국금지 대상이 아니었으나 해당 외국인이 공항만에서 입국 허가를 받기 전에 입국금지가 된 경우와 같이 「출입국관리법」 제12조(입국심사)의 요건에 맞지 아니한 경우에는 비자의 효력이 상실되어 입국이 거부될 수 있다.

출입국관리 공무원은 영사가 발급한 비자를 소지한 외국인의 입국심사 중에 비자의 구분, 체류자격 및 체류기간 등이 잘못된 것이 명백하다고 판단하는 경우에는 비자의 내용을 정정하여 입국을 허가할 수 있다. 이 경우 출입국관리 공무원은 삭제된 문자를 알아볼 수 있도록 남겨두고, 비자 아랫부분에 정정 사실을 기재한 후 서명 또는 날인해야 한다.

2. 한국 비자의 종류

한국 비자의 종류에는 1회 입국할 수 있는 단수비자와 2회 이상 입국할 수 있는 복수비자가 있다. 단수비자의 유효기간은 발급일로부터 3개월이며, 복수비자의 유효기간은 원칙적으로 발급일로부터 1년이다. 다만, 외교관 및 관용여권 소지자의 복수비자 유효기간은 3년까지이다.

현행 '출입국관리법 시행령'(제12조) [별표1]에서는 다음 도표에서 보는 바와 같이 36개의 체류자격을 두고 있다. 실무상 비자 종류가 36개라 하면 36개의 체류자격을 가리킨다.

우리나라 비자 및 체류자격 종류(총 36종)

A계열

A-1	A-2	A-3
외교	공무	협정

B계열

B-1	B-2
사증면제	관광통과

C계열

C-1	C-3	C-4
일시취재	단기방문	단기취업

D계열

D-1	D-2	D-3	D-4
문화예술	유학	기술연수	일반연수
D-5	D-6	D-7	D-8
취재	종교	주재	기업투자
D-9	D-10		
무역경영	구직		

E계열

E-1	E-2	E-3
교수	회화지도	연구
E-4	E-5	E-6
기술지도	전문직업	예술흥행
E-7	E-9	E-10
특정활동	비전문취업	선원취업

F계열

F-1	F-2	F-3
방문동거	거주	동반
F-4	F-5	F-6
재외동포	영주	결혼이민

G 및 H계열

G-1	H-1	H-2
기타	관광취업	방문취업

참고로 '체류자격'은 외국인이 국내에 체류하면서 행할 수 있는 사회적인 활동이나 신분의 종류를 유형화한 것으로 비자 발급의 기준이 된다. 체류자격은 영어의 알파벳 대문자와 숫자의 조합(예 : A-1)으로 표시하며, 실무상 비자의 명칭은 체류자격별 명칭을 사용한다. 예를 들면 유학(D-2) 체류자격은 실무상 유학(D-2) 비자라 부른다. 실무상 비자의 종류에는 입국목적 및 활동범위에 따라 공용비자, 단기비자, 취업비자, 일반비자 등으로 나눌 수 있다.

이를 구체적으로 살펴보면 외교(A-1) 비자, 공무(A-2) 비자, 협정(A-3) 비자 등 A계열 비자는 실무상 '공용비자'라 한다.

일시취재(C-1) 비자, 단기방문(C-3) 비자 등 비영리 목적의 단기체류자에게 발급하는 비자는 실무상 '단기비자'라 한다.

단기취업(C-4) 비자, 교수(E-1) 비자부터 선원취업(E-10) 비자까지의 E계열 비자, 방문취업(H-2) 비자 등 취업 활동이 가능한 비자는 실무상 '취업비자'라 한다.

문화예술(D-1) 비자부터 구직(D-10) 비자까지의 D계열 비자, 방문동거(F-1) 비자부터 결혼이민(F-6) 비자까지의 F계열 비자, 그리고 기타(G-1) 자격에 해당하는 자에게 발급하는 비자는 실무상 '일반비자'라 한다.

● 우리나라 취업비자의 종류

외국인이 우리나라에서 취업하고자 할 때에는 취업 활동이 가능한 체류자격(예 : C-4비자 및 E계열 비자)을 소지하고 지정된 근무처에서 근무해야 한다. 그렇지 않으면 불법 취업자가 된다.

현행 '출입국관리법 시행령'에서는 취업할 수 있는 체류자격으로 단기취업(C-4), 교수(E-1), 회화지도(E-2), 연구(E-3), 기술지도

(E-4), 전문직업(E-5), 예술흥행(E-6), 특정활동(E-7), 비전문취업(E-9), 선원취업(E-10), 방문취업(H-2) 등 11개 체류자격을 두고 있다.

다만, 거주(F-2), 영주(F-5), 결혼이민(F-6) 체류자격에 해당하는 사람은 체류자격 구분에 따른 취업 활동의 제한을 받지 않으므로 어느 분야든 취업이 가능하다.

또한, 재외동포(F-4) 체류자격에 해당하는 사람은 ▲단순노무 행위 ▲사행 행위 등 선량한 풍속 기타 사회 질서에 반하는 행위 ▲공공의 이익이나 국내 체류 질서를 유지하기 위하여 그 취업을 제한할 필요가 있다고 인정되는 경우를 제외하고는 어느 분야든 취업이 가능하다.

3. 미국 비자의 종류

미국 비자는 크게 이민비자와 비이민비자로 나눈다. 이민비자(Immigrant Visa)는 다시 가족초청이민, 취업이민, 투자이민, 다양성이민 등으로 분류되며, 영주권을 취득하기 위한 비자라 할 수 있다.

이민비자를 취득하는 방법에는 한국에 있는 미국대사관(영사관)에서 직접 이민비자를 받는 경우와 비이민비자로 미국에 입국한 후 시민이민국(CIS)에서 신분 변경을 통해 이민비자로 바꾸는 경우가 있다. 예를 들어 결혼 예정자의 경우 비이민비자인 약혼자 비자(K-1)로 입국하여 결혼이민비자로 바꿀 수 있다.

미국 「이민국적법」에서는 이민비자 신청 시 어느 한 나라가 전체 이민비자 쿼터(가족초청이민 22만 6,000명과 취업이민 14만 명을 합한 36만 6,000명)의 7%(2만 5,620명) 이상을 넘지 않도록 규정하고 있다.

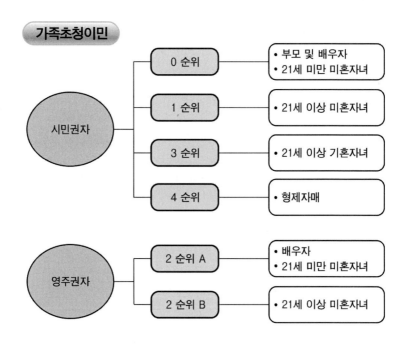

미국 「이민국적법」 제201조에 따르면 '가족초청이민'은 우선순위에 따라 4단계로 구분하고 있으며 매년 22만 6,000명씩 할당된다. 다만, 0순위인 직계가족까지 포함하면 가족초청이민은 매년 48만 명까지 할당된다.

가족초청이민 1순위는 미국 시민권자의 21세 이상 미혼 자녀로 매년 2만 3,400명씩 할당된다. 2순위는 영주권자의 배우자와 21세미만 미혼 자녀는 A로, 영주권자의 21세 이상 미혼 자녀는 B로 구분하며 둘을 합쳐 매년 11만 4,000여 명씩 할당된다.

3순위는 미국 시민권자의 21세 이상 기혼 자녀로 매년 2만 3,400 명씩 할당되며, 4순위는 21세 이상의 미국 시민권자의 형제자매로 매년 6만 5,000명씩 할당된다.

참고로 미국 시민권자의 부모 및 배우자와 21세 미만 미혼 자녀 등 직계가족은 가족초청이민 0순위로 쿼터(숫자) 제한 없이 미국 이민이 허용되며 이민 수속 대기기간인 우선순위 날짜에도 적용되지 않는다.

미국은 1986년 '위장결혼(sham marriage)'을 방지하기 위해 「이민결혼사기방지법」을 제정하였다. 외국인이 미국 시민권자 또는 영주권자와 결혼하면 위장결혼을 막기 위해 2년 동안은 조건부 영주권이 발급된다. 조건부 영주권이 만료되기 90일 전에 부부가 2년 동안 함께 살았다는 증거 서류를 제출하고 인터뷰 결과 이상이 없으면 정식 영주권이 발급된다.

정식 영주권이 나오기 전에 배우자인 시민권자 또는 영주권자와 사별하거나 배우자의 폭행으로 정상적인 혼인관계를 유지하기 어려워 이혼을 한 경우에는 정식 영주권 신청 자격이 유지된다.

위장결혼 목적으로 영주권을 신청하거나 이를 취득한 후 적발되면 징역형이나 벌금형에 처해진다. 위장결혼으로 강제퇴거 되면 평생 미국에 재입국할 수 없다.

'취업이민'은 우선순위에 따라 5단계로 구분하며 매년 총 14만 명씩 할당된다.

취업이민 1순위는 과학, 예술, 교육, 경영 및 체육 분야의 특수한 능력 소유자, 국제적인 명성을 지닌 대학교수 및 연구원, 다국적 기업의 경영 간부가 이에 해당하며 매년 4만 명 정도 할당된다. 자격 요건은 까다로우나 조건만 갖추면 이른 시일 내에 영주권을 받을 수 있는 장점이 있다.

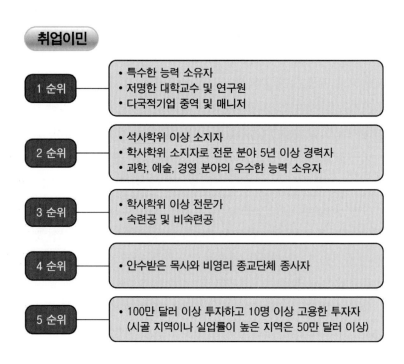

취업이민

1 순위	• 특수한 능력 소유자 • 저명한 대학교수 및 연구원 • 다국적기업 중역 및 매니저
2 순위	• 석사학위 이상 소지자 • 학사학위 소지자로 전문 분야 5년 이상 경력자 • 과학, 예술, 경영 분야의 우수한 능력 소유자
3 순위	• 학사학위 이상 전문가 • 숙련공 및 비숙련공
4 순위	• 안수받은 목사와 비영리 종교단체 종사자
5 순위	• 100만 달러 이상 투자하고 10명 이상 고용한 투자자 (시골 지역이나 실업률이 높은 지역은 50만 달러 이상)

취업이민 2순위는 석사학위 이상 소지자나 학사학위 소지자로 해당 분야 5년 이상 경력자가 이에 해당하는데 매년 4만 명 정도 할당된다.

취업이민 3순위는 학사학위 이상 소지자로 전문직 종사자(변호사, 회계사, 건축가, 엔지니어, 외과의사, 교사 등)이거나 2년 이상의 경력을 가진 숙련 기능공(주방장, 그래픽디자이너, 보석가공사, 자동차 정비공, 용접공 등)이 이에 해당하며 매년 4만 명 정도 할당된다.

학위나 경력이 필요 없는 비숙련공도 취업이민 3순위에 해당하는데 매년 1만 명 범위 내에서 할당된다. 비숙련공은 양계장, 농장, 봉제공장, 파출부 등으로 수년간 힘들게 일해야 영주권을 취득할 수 있다.

취업이민 2순위와 3순위는 이민비자를 신청할 때 고용주의 초청장과 노동부로부터 받은 노동증명서(labor certification)를 제출해야 한다.

KBS '추적 60분'에서는 2004년 6월 30일 미국 이민 열풍과 소위 '닭 공장 취업이민' 실태를 보도한 적이 있다. 당시 미국 이민 열풍으로 한국에서 잘 나가던 대기업 간부, 대학교수와 의사, 공무원 등 고학력 화이트칼라 출신들이 단지 미국 영주권을 얻기 위해 3D 업종으로 분류되는 소위 '닭 공장'에서 몇 년간 힘들게 일하던 모습은 우리에게 충격을 안겨 주었다. 당시 미국은 매년 취업이민 쿼터 중 1만 명 정도를 비숙련공에 할당하였으며, 이 중 3,000여 명은 영주권을 따기 위해 닭 공장에서 일하는 외국인에게 할당하였다.

취업이민 4순위는 안수받은 목사와 비영리 종교단체 종사자로 매년 1만 명 정도 할당된다.

취업이민 5순위는 투자이민으로 매년 1만 명 정도 할당된다. 미국은 낙후 지역의 경제를 활성화하고 일자리를 창출하기 위해 투자이민 제도를 도입했다.

도시 지역에는 100만 달러 이상을 투자해야 하나 시골 지역이나 실업률이 높은 지역은 지역 경제를 활성화하기 위하여 소위 '특정 지역(targeted area)'으로 지정하여 50만 불 이상을 투자하면 된다. 이 경우 적어도 10명 이상의 미국 시민권자나 영주권자를 고용해야 한다.

미국은 위장투자를 막기 위해 2년간 유효한 조건부 영주권을 발급한다. 조건부 영주권이 만료되기 90일 전에 지난 2년 동안 실제로 100만 달러 또는 50만 달러를 투자했다는 증거 서류와 10명 이상의 미국 시민권자 또는 영주권자를 고용하고 있다는 고용서류를 제출하면 정식 영주권이 발급된다.

'다양성이민'은 최근 5년간 미국 이민비자 신청이 낮은 국가의 국민들에게 추첨(lottery)을 통해 이민비자(영주권)를 부여하는 것으로 한 국가가 전체 쿼터의 7% 이상을 받을 수 없다. 매년 5만 5,000명씩 할당하는데 경쟁률은 100대 1 정도라고 한다.

미 국무부는 매월 이민비자 게시판(Visa Bulletin)을 통해 이민비자 접수일인 우선순위 날짜(priority date)를 기준으로 이민비자 인터뷰 날짜(cut-off date)를 발표하고 있다. 2013년 6월에 발표한 비자 게시판에 따르면 가족초청이민 3순위와 4순위의 경우 이민비자 신청일로부터 인터뷰 날짜까지의 대기기간은 10년 이상 걸리는 것으로 나타났다. 숙련공 및 비숙련공의 취업이민 3순위의 경우에도 4년 9개월이나 걸리는 것으로 나타났다.

한편, 비이민비자(Non-Immigrant Visa) 소지자는 이민비자 소지자와는 달리 미국에 체류할 때 비자 목적에 합당한 활동만 할 수 있고 합법적인 체류기간이 끝나면 미국을 떠나야 한다. 만일 불법체류하다 적발되면 강제추방은 물론 6개월 이상 1년 미만 불법체류자는 3년 동안 미국 재입국이 금지되고, 1년 이상 불법체류자는 10년 동안 미국 재입국이 금지된다.

비이민비자 소지자라도 일정한 자격 요건을 갖추면 신분 변경을 통해 이민비자(영주권)를 신청할 수 있다. 유학생의 경우 졸업 후 취업 비자 등을 받지 못하면 미국을 떠나야 한다. 다만, 60일 범위에서 출국 준비기간(grace period)을 부여하고 있다.

미국의 비이민비자(Non-Immigrant Visa) 종류에는 외교관 비자(A-1비자), 공무원 비자(A-2비자), 상용 비자(B-1비자), 방문

비자(B-2비자), 통과 비자(C-1비자), 무역인 비자(E-1비자), 소액 투자자 비자(E-2비자), 학생 비자(F-1비자), 직업훈련생 비자(M-1비자), 교환방문 비자(J-1비자), 약혼자 비자(K-1비자), 주재원 비자(L-1비자), 전문직 단기취업 비자(H-1B 비자), 운동선수 및 연예인 공연 비자(P-1비자), 과학·예술·교육·경영·체육 분야 특기자 비자(O-1비자), 언론인 비자(I-1비자), 종교인 비자(R-1비자) 등 45종류가 있다.

4. 비자와 체류자격

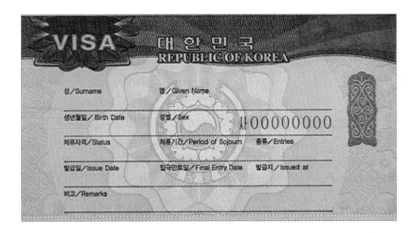

우리나라 비자(VISA) 견본을 보면 중간에 체류자격과 체류기간이 표시되어 있다. 즉 영사가 비자를 발급할 때에는 외국인의 입국 목적에 따라 비자의 중간 난에 해당 체류자격 및 체류기간을 기재하여 발급한다. 비자연장은 체류기간 연장을 의미하고 비자변경은 체류자격 변경을 의미한다.

'체류자격(Status of Sojourn)'이란 외국인이 국내에 체류하면서 행할 수 있는 사회적인 활동이나 신분의 종류를 유형화한 것으로 비자 발급의 기준이 된다.

외국인은 체류자격과 체류기간의 범위 내에서 대한민국에 체류할 수 있다(「출입국관리법」 제17조). 예를 들어 회화지도(E-2) 체류자격으로 입국한 원어민 강사는 '외국어 전문학원이나 초등학교 이상의 교육기관에서 외국어 회화지도'에만 종사할 수 있다.

만약 그가 유치원생을 대상으로 수업을 하거나 가정집에서 개인교습을 하다 적발되면 「출입국관리법」을 위반하게 되어 범칙금 처분을 받거나 강제퇴거를 당하게 된다. 또한, 그가 회화지도 강사가 아닌 외국어 교재 발간 전문 컨설턴트로 활동하게 되면 회화지도(E-2) 체류자격의 활동 범위를 벗어나게 되므로 특정활동(E-7) 체류자격으로 변경허가를 받거나 체류자격 외 활동허가를 받아야 한다.

유학(D-2) 비자 소지자가 대학 졸업 후 연구원 등에 취직하면 유학생 신분에서 연구원 신분으로 바뀌게 되는데, 이를 「출입국관리법」에서는 '체류자격 변경(Change of Status)'이라 한다. 외국인은 지정된 근무처에서만 근무해야 하므로 위에서 언급한 원어민 강사는 최초 초청한 어학원에서만 강의해야 한다. 만약 그가 다른 어학원에서 강의를 하려면 '근무처 변경 및 추가허가'를 받아야 한다.

'체류자격'은 영어의 알파벳 대문자와 숫자의 조합(예 : A-1)으로 표시하며 실무상 비자의 명칭은 체류자격별 명칭을 사용한다. 예를 들면 문화예술(D-1) 체류자격은 실무상 문화예술(D-1) 비자라 부른다. 실무상 비자의 종류에는 입국목적 및 활동범위에 따라 공용비자, 단기비자, 취업비자, 일반비자 등으로 나눌 수 있다.

참고로 출입국·외국인정책본부는 외국인 출입국자나 체류외국인 통계를 작성할 때 비자별 출입국자 현황 또는 비자별 등록외국인 현황 대신에, 체류자격별 출입국자 현황 또는 체류자격별 등록외국인 현황 등 체류자격이라는 용어를 사용한다.

● 체류기간 계산

체류기간은 외국인이 입국한 날로부터 계산하나 초일은 산입하지 않는다. 그리고 체류기간 만료일이 공휴일인 경우에는 익일(다음 날)을 만료일로 하고, 토요일인 경우에는 익익일(다음 다음 날)을 만료일로 한다.

예를 들어 미국 국적의 제임스 씨는 2013년 3월 8일 단기방문(C-3) 90일 비자로 한국에 입국했다. 그의 체류기간 만료일은 언제일까?

제임스 씨의 체류기간은 그가 입국한 다음 날인 2013년 3월 9일부터 계산한다. 이 경우 3월(23일), 4월(30일), 5월(31일)을 합하면 84일이 된다. 여기에 6일을 더하면 90일이 되는 2013년 6월 6일이 체류기간 만료일이 되어야 하지만, 6월 6일은 현충일로 공휴일이므로 익일(다음 날)인 6월 7일이 체류기간 만료일이 된다.

한편, 체류기간 연장허가를 받지 않고 불법체류하다 적발되면 불법체류 기간에 따라 2천만 원 이하의 범칙금 처분을 받거나 강제퇴거 조치를 당할 수 있다.

5. 비자와 사증발급인정서

유학 · 취업 · 결혼 목적의 장기 비자의 발급은 관광이나 방문 목적의 단기비자에 비해 국내 고용 사정, 초청자의 적격 여부 등 여러 가지 사항을 종합적으로 고려해야 하므로 비자 발급 및 심사절차가 까다롭고 복잡하다. 이와 같은 장기비자 발급 및 심사 절차의 복잡성을 간소화하기 위하여 도입된 것이 '사증발급인정서' 제도이다.

사증발급인정서를 발급받으려면 사증발급인정 신청서에 해당 서류를 첨부하여 외국인을 초청하려는 자의 주소지 관할 출입국사무소장 또는 출장소장에게 제출한다. '사증발급인정서를 교부받은 자'는 사증발급신청서에 사증발급인정서를 첨부하여 재외공관의 장에게 사증발급을 신청한다. '사증발급인정번호를 통보받은 자'는 사증발급신청서에 사증발급인정번호를 기재하여 재외공관의 장에게 사증발급을 신청한다.

현재는 사증발급인정서를 발급하는 대신에 사증발급인정번호를 포함한 사증발급인정 내용을 이메일이나 문자메시지로 통보하면, 해당 외국인은 사증발급신청서에 사증발급인정번호를 기재하여 재외공관의 장에게 사증발급을 신청한다. 이때 재외공관의 장은 이를 확인한 후 즉시 사증을 발급하고 있다. 사증발급인정서의 유효기간은 3개월이며, 한 번의 사증 발급에 한하여 그 효력을 가진다.

예를 들면 한국에 있는 A기업이 외국인 B를 해외무역 전문 컨설턴트로 고용하고자 하는 경우, 외국인 B는 전문직종 비자의 일종인 특정활동(E-7) 비자를 발급받아야 한다. 이 경우 외국인 B가 해외에 있기 때문에 국내에 있는 A기업의 대표자 명의로 외국인 B의 고용계약서, 신원보증서, 학위증, 자격증, 경력증명서 등을 준비한 후 체류지 관할 출입국사무소에 사증발급인정서 발급을 신청한다. 특히 특정활동(E-7) 비자 발급 신청 시에는 주무부처장관의 고용추천서를 요구하기도 한다.

법무부 출입국 · 외국인정책본부 통계에 따르면, 2012년 1월부터 12월까지 사증발급인정서 발급 건수는 총 10만 9,000여 건으로 나타났다.

6. 비자면제협정과 무비자 입국

● 비자면제협정

외국인이 비자 없이 우리나라에 입국할 수 있는 경우에는 양국 간의 비자면제협정에 의해 입국하는 경우와 외국인 관광객 유치 등의 목적으로 무비자(No Visa) 입국을 허용하는 경우가 있다. 우리나라 「출입국관리법」에서는 '사증면제협정'이라 하고, 미국 「이민국적법」에서는 '비자면제 프로그램'(Visa Waiver Program)이라고 한다.

외교부의 '비자면제협정 체결 국가 현황'에 따르면 우리나라는 2013년 12월 말 현재 102개국과 비자면제협정을 체결하고 있다. 비자면제협정의 적용 대상은 국가별로 외교관여권·관용여권·일반여권으로 구분하여 각각 체류기간을 달리 정하고 있다. 외교관여권 소지자는 4개국, 외교관·관용여권 소지자는 33개국, 외교관·관용·일반여권 소지는 65개국과 비자면제 협정을 체결하고 있다.

일반여권 소지자 비자면제협정 체결 국가에는 영국·독일·프랑스 등 유럽연합(EU) 회원국 대부분과 멕시코·브라질·칠레 등 남미 국가들이 이에 해당된다. 그 밖에 태국·싱가포르·뉴질랜드·말레이시아·모로코·이스라엘도 비자면제협정 체결국가에 속한다.

따라서 우리 국민이 앞에서 언급한 유럽연합(EU) 회원국과 남미 대부분의 국가 및 태국·싱가포르·뉴질랜드 등을 단기간(보통 90일) 여행하고자 하는 경우에는 비자면제협정에 의해 비자 없이 입국할 수 있다.

우리나라는 영국·독일·프랑스 등 유럽연합 회원국 대부분과 비자면제협정을 체결하고 있다. 1993년 '마스트리히트 조약'에 의해 유럽연합(EU)이 출범하였으며, 현재 동유럽의 일부 국가를 제외한 27개국이 유럽연합 회원국으로 참여하고 있다.

'쉥겐협정(Schengen Agreement)'은 1985년 룩셈부르크의 쉥겐(Schengen)에서 체결된 유럽연합 국경에 관한 다국 간 협정을 말한다. 이는 협정국가 간 자유로운 인적 이동을 위해 역내 국경 통제의 철폐 및 공동 비자의 발급을 주요 내용으로 한다.

현재 영국과 아일랜드를 제외한 25개 유럽연합(EU) 회원국이 쉥겐협정에 가입하고 있다. 쉥겐협정에 가입한 국가의 국민은 최대 3개월까지 비자 없이 타 회원국에 입국하거나 체류할 권리를 가진다.

출입국관리공무원은 사증면제(B-1) 체류자격으로 입국하려는 외국인에 대하여 입국심사를 하는 때에는, 여권에 사증면제(B-1) 체류자격과 협정상 체류기간을 기재한다. 사증면제협정에서 정하는 체류기간은 여권의 종류(외교관여권, 관용여권, 일반여권)에 따라 3개월, 90일, 60일 등 다양하나 일반적으로 90일간 부여하고 있다.

참고로 미국은 2001년 9·11 뉴욕 테러 사건 이후 비자면제 프로그램 신규 가입국을 허용하지 않다가, 2007년 7월 비자 발급 거부율 기준을 3%에서 10%로 상향 조정하는 법률안을 개정하였다. 이로써 2008년 11월 17일 한국을 포함한 7개국이 새로 비자면제 프로그램에 가입하여 현재 37개국으로 늘어났다.

미국 비자면제 프로그램에 가입한 국가의 국민은 관광이나 상용 목적에 한하여 비자 없이 미국에 입국하여 최대 90일간 체류할 수 있다. 우리나라도 2008년 미국 비자면제 프로그램에 가입함으로써 우리 국민이 관광이나 단기 출장 등의 목적으로 미국을 방문하고자 하는 경우에는 무비자로 최대 90일까지 미국에 체류할 수 있다.

다만, 무비자로 미국에 입국하려면 사전에 전자칩이 내장된 전자여권을 발급받아야 한다. 또한, 미국 세관국경보호청(CBP)의 전자여행허가서(ESTA) 웹사이트에 가입하여 수수료 14달러를 신용카드로 결제한 후 전자여행허가서를 받아야 한다.

● 비자면제협정 정지

유효하게 성립된 조약일지라도 당사국의 합의나 중대한 사정 변경 등의 사유가 발생하는 때에는 그 조약을 종료시킬 수 있으며 일시적으로 그 효력을 정지(suspension)시킬 수 있다.

예를 들면 비자면제협정을 체결한 일방의 국가에서 내전이나 외환 등의 사태로 인하여 대규모 이주자가 발생하거나 경제적 목적의 입국으로 불법체류자 문제가 발생하는 때에는 타방 국가는 자국의 안보, 공공질서 유지 등 국가 이익을 위하여 상대방 국가 국민의 입국을 통제할 수 있다.

우리나라도 이와 같은 상황에 대비하여 「출입국관리법」(제7조제3항)에 "법무부장관은 공공질서의 유지나 국가 이익에 필요하다고 인정하면 사증면제협정의 적용을 일시 정지할 수 있다."라고 규정하고 있다.

참고로 우리나라는 2001년 10월 파키스탄이 아프가니스탄 전쟁에서 테러 단체를 지원하여 국제사회의 비난의 대상이 되고, 국내 불법체류자가 급증하자 파키스탄과의 비자면제협정을 일시 정지한 적이 있다. 2008년 7월에는 방글라데시인의 국내 불법체류자가 증가하자 방글라데시와의 비자면제협정을 일시 정지한 적이 있다.[16]

● 무비자(No visa) 입국

우리나라는 비자면제협정을 체결하지 아니한 국가의 국민에게도

---

16) 법무부 출입국·외국정책본부, 《출입국관리법 해설》 (2011년 개정판), 102면

국제 친선이나 관광객 유치 등 대한민국에 이익이 되는 경우에는 무비자 입국을 허용하고 있다.

우리나라는 2013년 12월 현재 미국·일본·캐나다·홍콩 등 50여 개 국가의 국민에 대하여 비자 없이 대한민국에 입국할 수 있도록 허용하고 있다. 무비자 입국을 허용하는 경우에는 원칙적으로 30일의 범위 내에서 관광·통과(B-2) 체류자격을 부여한다. 다만, 미국·일본·호주·홍콩 국민에 대하여는 90일간 관광·통과 목적의 무비자 입국을 허용한다. 캐나다 국민은 무비자로 입국하여 6개월간 한국에 체류할 수 있다. 따라서 우리 국민이 미국이나 일본을 관광·통과 목적으로 방문하려는 경우에는 상호주의에 의해 무비자로 이들 국가에 90일간 체류할 수 있다. 캐나다의 경우에는 무비자로 6개월간 체류할 수 있다.

관광·통과 목적으로 입국한 외국인에 대하여는 비자면제협정에 의해 입국한 외국인과 마찬가지로 원칙적으로 체류기간 연장이나 체류자격 변경을 허가하지 아니한다. 따라서 정해진 체류 기간을 초과하여 체류하거나 취업 등 영리활동에 종사하고자 하는 경우에는 사전에 입국 목적에 합당한 비자를 발급받아 입국하여야 한다.

7. 재외동포 비자와 방문취업 비자

● 재외동포(F-4) 비자

「재외동포의 출입국과 법적 지위에 관한 법률」(이하 「재외동포법」)에서는 '재외동포'를 '재외국민'과 '외국국적 동포'로 구분하고 있다.

'재외국민'이란 대한민국 국민으로서 외국의 영주권(永住權)을 취득한 자 또는 영주할 목적으로 외국에 거주하고 있는 자를 말한다. '외국국적 동포'란 대한민국 국적을 보유하였던 자(대한민국 정부 수립 이전에 국외로 이주한 동포를 포함)로서 외국 국적을 취득한 자 또는 부모의 일방이나 조부모의 일방이 대한민국 국적을 보유하였던 자로서 외국 국적을 취득한 자를 말한다. 쉽게 말해, 재외국민은 미국 영주권자나 유학생 등 외국에 장기간 거주하는 대한민국 국민을 말하고, 외국국적 동포는 미국 시민권자 등 외국에 거주하는 한국계 외국인을 말한다. 우리가 재외동포 700만 명이라 하면 재외국민과 외국국적 동포를 모두 합한 것을 말한다.

외국국적 동포는 국적이 외국 국적이므로 법률상으로는 외국인이다. 따라서 이들이 국내에 입국하려면 일반 외국인과 마찬가지로 입국비자를 받아야 하며, 91일 이상 국내에 체류하려면 반드시 외국인등록을 해야 한다. 또한, 국내 체류 시 취업이나 경제활동의 자유가 제한되었다.

재외국민도 국적은 한국이나 거주여권(PR)을 발급받아 해외이민을 떠나는 순간 주민등록이 말소되기 때문에, 우리나라에 들어와 생활하는 경우 은행 거래, 부동산 거래, 외국환 거래 등을 할 수 없어 불편함이 많았다. 정부는 이런 불편함을 해소하기 위해 1999년 9월 「재외동포법」을 제정하여 외국국적 동포를 위한 재외동포(F-4) 비자를 신설하고 국내거소신고 제도를 도입하였다.

재외동포(F-4) 비자는 「재외동포법」 상의 외국국적 동포(과거 국적 소지자와 그 자녀 및 손자녀)에게 발급된다. 다만, 중국 및 구소련 동포에 대해서는 단순 노무 분야에 종사할 우려가 적은 전문대 이상 졸업자, 기업인, 전문직 종사자, 만 60세 이상 동포 등에 한하여 재외동포(F-4) 비자를 발급한다. 단순노무 분야에 종사하는 외국국적 동포는 방문취업(H-2) 비자를 받아야 한다.

국내거소신고증

구분	디자인
재외국민 국내거소신고증	
외국국적동포 국내거소신고증	

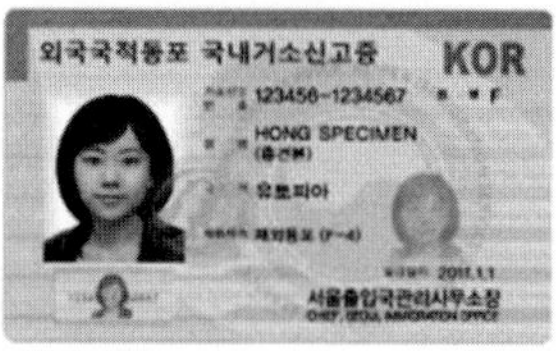

위의 국내거소신고증은 법무부 출입국·외국인정책본부에서 만든 견본으로 사진 속의 인물은 실재인물이 아니라 가공인물이다.

재외동포가 '국내거소신고증'을 발급받으려면 우선 국내에 거소를 정해야 한다. '국내거소'란 재외동포가 국내에 입국한 후 30일 이상 거주할 목적으로 체류하는 장소를 말한다. 위 그림에서 보는 바와 같이 영주권자나 유학생 등 재외국민에게는 재외국민 국내거소신고증이 발급되며, 시민권자 등 외국국적 동포에게는 외국국적 동포 국내거소신고증이 발급된다.

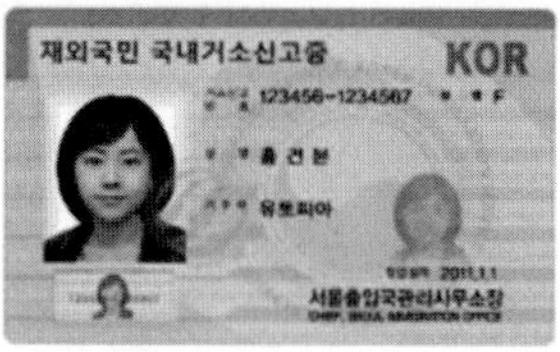

재외동포(F-4) 비자 소지자가 계속해서 한국에 체류하기를 원한다

면 3년마다 체류기간 연장 허가를 받으면 된다. 또한, 재외동포 (F-4) 비자 소지자는 국내에 체류할 때 단순노무 행위, 카지노·경마 등 사행 행위, 유흥주점 등에서 유흥 종사자로 근무하는 행위 등을 제외하고는 취업활동의 제한을 받지 않는다.

재외동포가 국내거소신고증을 발급받으면 우리나라에 들어와 생활할 때 은행 거래, 부동산 거래, 외국환 거래 등을 자유롭게 할 수 있다. 또한, 국내 거소신고를 하고 90일 이상 체류하면 지역 의료보험에도 가입할 수 있다. 종전에는 이민을 가면 주민등록이 말소되어 연금혜택을 받을 수 없었으나 국내 거소신고를 하면 연금혜택을 받을 수 있으며, 국가유공자나 독립유공자의 경우에는 계속해서 보상금을 받을 수 있다.

● 방문취업(H-2) 비자

방문취업(H-2) 비자는 2007년 3월 도입된 방문취업제에 의해 중국 및 구소련 지역에 거주하는 만 25세 이상 동포에게 발급된다. 방문취업(H-2) 비자를 발급받으려면 우선 1년에 2회 실시하는 전산 추첨에 선발되어야 한다. 다음으로 기술연수 목적의 단기방문(C-3) 비자로 입국하여 '동포교육지원단'에서 6주간 기술교육을 받은 후 출입국사무소에서 방문취업(H-2) 비자로 변경하는 방법과 재외공관에서 직접 3년간 유효한 방문취업(H-2) 복수비자를 발급받아 입국하는 방법이 있다.

방문취업(H-2) 비자 소지자는 '한국표준산업 분류표'에서 정한 제조업, 건설업, 농축산업, 도소매업, 숙박 및 음식점업, 육아 및 가사도우미, 간병인 등 38개 업종에서 취업이 가능하다.

사업주가 외국인을 고용하려면 고용노동부 고용센터에서 '고용허가서'를 받아야 하며, 외국국적 동포를 고용하려면 '특례고용가능확인서'를 받아야 한다. 방문취업 비자 소지자는 산업인력관리공단에서 16시간 취업 및 안전교육을 받아야 고용센터에 구직 신청이 가능하다. 그리고 14일 이내에 고용센터와 출입국사무소에 '취업개시' 신고를 해야 한다.

2011년 9월부터는 3년간(이전에는 5년간) 유효한 방문취업 복수비자로 변경하였다. 다만, 고용노동부 고용센터에서 '취업활동연장허가서'를 받아 이를 출입국사무소에 제출한 후 체류기간 연장허가를 받으면, 최장 4년 10개월(3년+1년 10개월)까지 국내에 체류하면서 취업이 가능하다.

4년 10개월이 지나면 출국하였다가 1년 후에 다시 방문취업 비자를 받아 재입국할 수 있다. 다만, 인력난이 심한 지방 제조업에서 1년 이상 근무하거나 농축산업 분야에서 6개월 이상 근무한 사람은 3개월 후에 다시 방문취업 비자를 받아 재입국할 수 있다.

방문취업(H-2) 비자 소지자 가운데 ▲ 국가기술자격증을 취득한 사람 ▲ 인력난이 심각한 중소 제조업체에서 2년 이상 근무한 사람 ▲ 육아 도우미 ▲ 만 60세 이상인 사람은 재외동포(F-4) 비자로 체류자격 변경이 가능하다.

방문취업 비자가 만기되어 출국한 사람이 방문취업 비자로 다시 재입국하려면 1년 동안 기다려야 하는 불편함이 있었다. 이에 법무부는 이들이 취업 목적이 아니라 잠시 한국을 방문하고자 하는 경우에는 단기방문(C-3) 90일짜리 더블비자(2회만 방문 가능)를 발급하고 있다.

8. 기업투자 비자와 네팔인 구룽 씨의 성공 스토리

외국인 또는 외국 기업이 사업 목적으로 국내에 진출하는 방법으로는 크게 두 가지가 있다. 「외국인 투자촉진법」의 적용을 받는 현지 법인 설립을 통한 진출 방법과 「외국환거래법」의 적용을 받는 지점 및 연락사무소 설립을 통한 진출 방법으로 나눌 수 있다. 전자는 기업투자(D-8) 비자에 해당하고 후자는 주재원(D-7) 비자에 해당한다.

외국인이 국내에서 사업을 하려면 다음과 같은 비자를 받아야 한다.

첫째, 「외국인 투자촉진법」에 따라 1억 원 이상의 투자자금을 해외에서 국내에 들여와 한국인과 동업하거나 법인을 설립하여 운영하는 경우에는 기업투자(D-8) 비자가 발급된다.

둘째, 3억 원 이상의 사업자금을 해외에서 들여와 개인사업장을 설립한 후 무역업 등에 종사하고자 하는 경우에는 무역경영(D-9) 비자가 발급된다.

셋째, 미화 30만 달러 이상을 투자한 외국인으로서 2명 이상의 한국인을 고용하는 경우에는 취업 등 경제활동이 자유로운 거주(F-2) 자격이 부여된다.

넷째, 미화 50만 달러 이상을 투자하고 5명 이상의 한국인을 고용하는 경우에는 국내 거주 기간에 관계없이 영주권에 준하는 영주(F-5) 자격이 부여된다.

참고로 외국인이 국내에 '외국인투자법인'을 설립하여 사업을 하려면 ① 외국환은행에 외국인투자 신고 ② 투자 자금(1억 원 이상)을 해외에서 투자자 명의로 송금 ③ 법인 설립 등기 ④ 사업자 등록 ⑤ 외국인투자기업 등록 ⑥ 기업투자(D-8) 비자 발급 등의 절차를 거쳐야 한다.

● 네팔인 구릉 씨의 성공 스토리

필자는 지난해 여름 10년 전 낯선 땅 한국에 들어와 기업투자 (D-8) 비자를 받고 네팔인도 음식점 '에베레스트 레스토랑'을 운영하면서 열심히 살아가는 네팔 출신의 '구릉 헐커만' 씨와 인터뷰를 한 적이 있다.

에베레스트 레스토랑

에베레스트 레스토랑은 2002년에 네팔 음식점으로는 처음 한국에 문을 열었습니다. 그 이후로 많은 손님들에게 네팔과 인도, 티벳 음식의 맛과 향을 제공하고 있습니다. 지리적으로 티벳과 인도에 둘러싸인 네팔은 인도 및 티벳과 유사한 점이 많습니다.

문화와 전통, 종교는 물론이고 음식의 공통점도 예외가 아닙니다. 그렇기 때문에 저희 에베레스트 레스토랑에서는 네팔뿐만 아니라 인도, 티벳 문화가 공존하는 것을 쉽게 발견하실 수 있습니다.

따라서 에베레스트 레스토랑을 방문하시는 것만으로도 이들 세 나라를 신비롭게 여행하는 것과 같습니다. 앞으로도 한국, 네팔, 인도의 문화 교류가 이루어지는 장소가 되고자 합니다.

구릉 씨는 2000년 한국에 처음 들어와 네팔항공 영업 담당으로 일을 했다. 또한, 등산 장비도 취급한 덕에 엄홍길 씨 등 한국인 산악인도 알게 되었다고 한다. 그는 한국어 학원에 다녀본 적은 없으나 한국말을 유창하게 잘한다. 비결을 묻자 항상 옆에 《한영사전》을 끼고 살았으며 한국 드라마나 뉴스 등 TV를 많이 봤다고 한다.

구릉 씨는 2002년 당시 한국에는 제대로 된 인도 · 네팔 레스토랑이 부족하다고 생각하여 네팔항공을 그만두고 5,000만 원을 투자하여 인도네팔 레스토랑을 개업했다. 레스토랑을 개업한 지 1년이 지나자 네팔인 손님보다는 한국인 손님이 더 많아 한국인도 2명이나 고용했다.

그는 국내에서 돈을 벌어 영등포역 부근에 2호점을 내려고 하자 지점을 낼 때마다 한국에서 번 돈을 외국으로 보내 달러로 투자자금이 들어와야 하고 근무처 추가 허가도 받아야 하는 등 불편함이 많았다고 한다.

2008년 글로벌 금융 위기가 닥치자 잘 나가던 식당의 매출액이 갑자기 줄어들기 시작했다. 설상가상으로 출입국관리사무소 직원은 매출액이 줄었다는 이유로 그동안 2년까지 허가해 주던 체류기간을 1년으로 줄여서 허가해 주었다고 한다.

그는 그때 처음으로 외국인으로서의 체류 신분의 불안을 느껴 영주권을 따야겠다고 마음먹었다고 한다. 그러나 당시 영주권을 취득하려면 미화 50만 달러 이상을 투자하고 한국인 5명 이상을 고용해야 하는 등 쉬운 일이 아니었다.

불행 중 다행으로 지금은 손님이 많아 매출액도 많이 늘었다고 한다. 영등포역 부근에 2호점, 동대문 역사박물관 부근에 3호점도 냈다. 네팔 현지에는 아웃도어 '블랙야크' 지점을 운영하고 있다.

구룽 씨는 귀한 손님이 찾아오면 직접 네팔 음식을 요리하여 대접하며, 찾아오는 손님들에게는 유창한 한국어로 네팔의 전통 음식과 문화를 소개하기에 바쁘다. 구룽 씨에 의하면 우리의 입맛에 맞는 인도와 네팔의 주식인 카레와 빵의 일종인 난, 그리고 화덕에서 구운 탄두리 치킨은 본토 출신 요리사들이 직접 요리하고 그릇도 네팔에서 공수해 온 것이어서 마치 네팔 현지에서 먹는 것 같은 느낌이 난다고 한다.

네팔 안나푸르나의 마을 풍경

【자료제공 : 에베레스트 레스토랑】

그는 서울산악연맹 위원으로도 활동하고 있으며, 네팔의 불우한 어린이들을 위한 휴먼스쿨 건립과 의료지원을 위해 설립한 '엄홍길 휴먼재단'의 회원으로도 활동하고 있다.

'네팔문화원'을 설립하는 것이 꿈인 그는 이익을 적게 내더라도 어려운 사람들을 도울 생각이며 한국에서 영주권을 얻어 계속 생활하기를 희망한다.

현재 한국에서 태어나 초등학교에 다니는 아들은 한국어 · 영어 · 네팔어 · 힌두어 등 4개 국어를 배우고 있다. 구룽 씨는 "아들을 글로벌 인재로 키워 한국과 네팔의 가교 역할을 하기를 바란다."고 소감을 밝혔다.

9. 원어민 강사 비자와 '아포스티유'

원어민 강사에게 발급하는 비자를 회화지도(E-2) 비자라 한다. 회화지도(E-2) 비자로 입국한 원어민 강사는 '외국어 전문학원이나 초등학교 이상의 교육기관에서 외국어 회화지도'에만 종사할 수 있다. 만약 그가 유치원생을 대상으로 수업을 하거나 가정집에서 개인교습을 하다 적발되면 「출입국관리법」을 위반하게 되어 범칙금 처분을 받거나 강제퇴거를 당하게 된다.

회화지도(E-2) 비자는 해당 외국어를 모국어로 사용하는 국가의 국민에게 발급한다. '사증발급지침'에 따르면 영어를 모국어로 사용하는 국가는 미국 · 영국 · 캐나다 · 호주 · 뉴질랜드 · 아일랜드 · 남아공화국 등 7개국이다. 따라서 필리핀 국민은 영어를 사용하나 모국어는 영어가 아니라 타갈로그어(Tagalog)이므로 영어 회화지도 목적의 비자를 받을 수 없다.

현재 회화지도 강사의 자격 요건은 "해당 외국어를 모국어로 하는 국가에서 대학 이상의 학교를 졸업한 자로서 학사학위 이상의 자격을 소지한 자"로 하고 있다. 따라서 4년제 대학이 아닌 3년제 대학을 졸업한 자로서 학사학위증을 소지한 외국인도 회화지도(E-2) 비자를 신청할 수 있다.

외국어 전문학원이나 초등학교 이상의 교육기관 등에서 회화지도 강사로 취업하기를 원하는 외국인은 취업하고자 하는 어학원이나 학교의 장으로부터 초청을 받아 '사증발급인정서'를 발급받아야 한다. 원어민 강사를 초청할 때 신청하는 사증발급인정서 첨부서류에는 학위증 원본, 성적증명서, 고용계약서, 신원보증서, 범죄경력증명서, 건강진단서, 이력서 등이 필요하다.

원어민 강사는 회회지도만 가능하므로 대학에서 영문학이나 영작을 가리키려면 교수(E-1) 비자를, 일반 기업체에서 통번역이나 해외영업사원으로 근무하려면 특정활동(E-7) 비자를 받아야 한다.

법무부는 지난 2007년 11월 마약 흡입 및 아동성범죄 등 사회적 물의를 일으킨 원어민 회화지도 강사를 대상으로 단속을 실시한 적이 있다. 당시 미국에서 아동 성 포르노 동영상 소지 및 유포 사실로 유죄 판결을 받고 우리나라에 입국하여 영어 회화 강사로 활동하던 미국인 L씨를 적발하여 미국으로 강제추방하는 사건이 발생했다.

법무부는 이 사건을 계기로 2007년 12월 15일 회화지도(E-2) 사증발급인정서 발급을 신청할 때 범죄경력증명서와 건강진단서를 제출하도록 의무화하였다. 또한, 학위증 위조 등을 통한 불법 회화 강사, 마약 흡입 및 성범죄 등 국내 체류 질서를 문란케 하는 회화 강사에 대해 집중적인 단속을 실시하였다.

한편, 범죄경력증명서에는 해당 국가의 아포스티유 발급기관(우리나라는 외교부 영사과)으로부터 진본임을 확인하는 아포스티유를 발급받아야 한다.

'아포스티유(apostille)'는 협약 가입국 상호간에 공문서 인증을 더욱 쉽게 하기 위해 해당 국가 영사 확인 등 복잡한 인증절차 대신에 공문서 발행국가가 이를 확인하는 절차를 말한다. 따라서 협약 가입국에서 발행한 공문서에 대해 아포스티유를 발급받으면 우리나라에서 발행한 공문서와 동일한 효력이 발생한다. 참고로 캐나다는 아포스티유 미가입 국가이므로 외교부 영사과가 아닌 캐나다에 있는 한국대사관이나 영사관에 근무하는 영사가 아포스티유 발급 업무를 담당한다.

원어민 강사는 비자를 받고 국내에 들어와 외국인등록을 할 때 법무부에서 지정한 병원에서 발급하는 채용신체검사서를 제출해야 한다. 채용신체검사서에는 마약 및 HIV 검사 항목이 들어 있으며, 원어민 강사가 마약 및 HIV 검사 시 양성 반응으로 나타나면 채용이 거부된다.

10. 워킹홀리데이(working holiday) 비자

워킹홀리데이 비자는 대한민국과 관광취업에 관한 협정이나 양해 각서를 체결한 국가의 청년들에게 저비용 해외 연수와 문화 체험 기회 확대를 목적으로 발급하는 비자를 말한다. 이는 관광을 주된 목적으로 하면서 이에 수반되는 관광경비 충당을 위해 단기간(1년) 취업 활동을 허용하는 비자로 '출입국관리법시행령'에서는 관광취업(H-1) 비자라 한다.

워킹홀리데이 비자를 신청하려면 18세 이상 30세 미만의 청년으로 부양가족이 없고 범죄 경력이 없어야 한다. 워킹홀리데이 비자는 어학연수와 관광을 하면서 합법적으로 취업이 가능한 비자로 평생 한 번만 신청할 수 있다. 워킹홀리데이 비자를 받으면 해당 국가에 통상 1년 동안 체류가 가능하나, 호주 같은 경우에는 특정 업무에 일정 기간 동안 종사할 경우 추가로 1년 더 연장해서 체류할 수 있다.

외교부 홈페이지(www.mofa.go.kr) 워킹홀리데이 비자 정보란에 따르면, 2013년 12월 말 현재 우리나라와 워킹홀리데이 비자 협정을 체결한 국가는 호주·캐나다·뉴질랜드·일본·프랑스·독일·영국·아일랜드 등 16개 국가에 이르고 있다. 외교부 워킹홀리데이 인포센터 홈페이지(whic.kr)에 접속하면 상세한 내용을 알 수 있다.

11. 비자 및 체류자격제도의 개선

현재의 비자 및 체류자격제도는 복잡하고 용어상의 혼동을 가져오는 경우도 있어 출입국관리 공무원인 필자도 가끔 혼란스러울 때가 있다. 아무리 좋은 정책과 제도라도 일반 국민들이 쉽게 이해하지 못하면 소기의 성과를 거둘 수 없다.

외국인정책을 선도하는 출입국 · 외국인정책본부가 앞장서서 국민 친화적인 행정을 펼쳐 나가기 위해서라도 현재의 복잡한 비자 및 체류자격 체계를 시대적 흐름에 맞게 일반 국민들도 이해하기 쉬운 용어로 바꾸면 어떨까?

현재의 체류자격제도는 1992년도에 일본의 재류자격제도를 모방하여 만든 것으로 20년이 흐른 지금에도 상황에 따라 체류자격만을 늘리는 방식으로 운영되고 있다. 또한, 36개의 복잡한 체류자격을 통계 산출 등의 목적을 위해 100여 개로 세분화하여 운영하다 보니 사증이나 체류 민원 카운터에서 일하는 직원들, 이민업무 관련 콜센터 상담원들, 이민 관련 변호사, 행정사 등은 불만을 토로하고 있다.

출입국 · 외국인정책본부에 T/F팀을 구성하여 20년에 만들어진 현재의 복잡한 체류자격 체계를 이민 관련 전문가가 아닌 일반 국민들도 알아보기 쉽고 편리한 시스템으로 바꾸었으면 한다.

사증(査證)이라는 한자 용어를 법률 등 공식 문서가 아닌 일반 국민들에게 설명할 때에는 부르기 쉬운 비자(visa)로 바꾸고, 사증 또는 체류자격의 유형과 명칭도 이해하기 쉬운 용어로 바꾸어 불렀으면 한다.

예를 들어 현재의 비자 및 체류자격 유형을 보면 외교, 공무, 협정, 문화예술, 예술흥행, 일반연수, 기술연수, 주재, 무역경영, 회화지도, 기술지도, 전문직업, 특정활동, 비전문취업, 관광취업, 거주 등으로 되어 있어 쉽게 이해가 되지 않는다.

이를 외교관 비자, 공무원 비자, 유학생 비자, 종교인 비자, 언론인 비자, 교수 비자, 연구원 비자, 원어민 강사 비자, 기술자 비자, 과학자 비자, 예술인 비자, 연예인 비자, 체육인 비자, 기술연수생 비자, 어학연수생 비자, 투자자 비자, 주재원 비자, 무역인 비자, 동반자 비자, 결혼이민자 비자, 워킹홀리데이 비자 등으로 바꾸어 부르면 비자 및 체류자격의 유형이 한눈에 들어오고 친근감도 느낄 수 있을 것이다.

또한, 전문기술인력 비자와 단순 기능인력 비자의 중간 단계에 숙련기능인력 비자를 신설하고, 이민비자를 취업이민, 투자이민, 결혼이민 등으로 분류하여 체계화하는 방안도 고려해 볼 수 있겠다.

제4장 복수국적과 영주권

1. 국적 · 시민권 · 영주권의 차이

세계 각국은 국적(國籍)을 기준으로 국민과 외국인을 구분하고 있다. '국적(nationality)'이란 개인이 어떤 국가의 국민이 되는 자격 또는 국민인 신분을 말한다. 각국은 고유한 법률과 원칙에 따라 어떤 개인에게 자국 국적을 부여하기도 하고 상실시키기도 한다. 국적을 부여하는 사유는 대체로 출생에 의한 경우와 귀화 등 출생 이외의 사유로 인한 경우로 나눈다. 출생에 의하여 국적을 부여함에 있어서는 혈통주의(속인주의)와 출생지주의(속지주의)로 나눈다.

'귀화'는 순수 외국인에 대해 국내법 소정의 심사를 거쳐 자국 국적을 부여하는 것을 말한다. 우리나라와 일본 · 중국 · 대만 및 독일 · 프랑스 등 유럽 대부분의 국가들은 국적(nationality)제도를 운영하고 있다. 반면에 미국 · 캐나다 · 호주 · 영국 등 영미법계 국가는 시민권(citizenship) 제도를 운영하고 있다.

시민권 제도를 운영하는 국가에서 시민권을 보유한 자는 영구적 충성 의무를 부담하는 동시에 공민으로서의 모든 권리를 향유하게 된다. 따라서 시민권과 국적은 그 법적 성격이나 기능이 거의 같다고 볼 수 있으므로 국적에 관한 법률문제에서 시민권과 국적은 동일한 개념으로 봐도 무방할 것이다.[17]

한편, 영주권은 국적과 상관없이 외국 정부로부터 그 나라에 영주(永住)할 수 있도록 부여하는 권리나 자격을 말한다. 영주권은 법적 성격이나 기능의 측면에서 볼 때 국적과는 전혀 다른 개념이며 영주권의 취득 및 상실은 일반적으로 국적의 변경과는 직접적인 관련이 없다. 예를 들어 한국 사람이 외국의 영주권을 취득하면 한국인으로서의 신분은 계속 유지되나, 영주권자가 자발적으로 외국 국적이나 시민권을 취득하면 한국 국적이 상실된다.

참고로 호적(戶籍)은 호주(戶主)를 중심으로 가(家)에 속하는 사람의 본적지, 성명, 생년월일 등 신분에 관한 사항을 기록한 공문서로 한국 국적을 가진 사람만이 등재할 수 있다. 헌법학자들은 국적은 국가제도를 전제로 국민이라는 공법상의 신분을 의미하고, 호적은 가족제도를 전제로 「가족관계의 등록 등에 관한 법률」(이하 「가족관계등록법」)에 따라 사법상의 신분을 등록하고 이를 공시하는 것으로 양자는 그 법적 기초를 달리한다고 한다.

우리나라는 2007년 제정된 「가족관계등록법」에 따라 2008년 1월 1일부터 호적제도가 가족관계등록제도로 바뀌었다. 현재의 가족관계등록제도는 국민 개개인 별로 가족관계의 취득이나 발생 및 변동 사항을 기록 관리하고 있다.

'가족관계등록부'와 관련하여 최근 일부 언론에서는 "한 유명 인사를

---

17) 법무부 출입국·외국인정책본부, 《국적법 해설》, 2007, 5~8면

대상으로 '혼인 외 출생자(a child born out of wedlock)'를 호적에 올려달라는 소송을 제기했다."고 보도한 적이 있다. 우리는 오랫동안 호적이라는 단어가 의식 속에 뿌리 내리고 있어 무의식적으로 이를 사용하는 경향이 있다. 「호적법」이 폐지되고 「가족관계등록법」으로 바뀌었으므로 공식적인 자리에서는 호적 대신에 가족관계등록부라는 용어를 사용하였으면 한다.

2. 대한한국 국적 취득 및 절차

특정한 개인이 출생을 원인으로 하여 출생과 동시에 가지게 되는 국적을 선천적 국적이라 한다. '선천적 국적'은 각국의 역사적·문화적 배경에 따라 혈통주의(속인주의)와 출생지주의(속지주의)로 대별된다. 대체로 독일·프랑스·일본·한국 등 대륙법계 국가는 혈통주의를, 미국·영국·캐나다·호주 등 영미법계 국가는 출생지주의를 원칙으로 하고 있다.[18]

우리나라 「국적법」에서는 국적취득 방법으로 출생에 의한 '선천적 국적' 취득과 인지, 귀화, 수반 취득, 국적회복 등에 의한 '후천적 국적' 취득으로 나누고 있다.

첫째, 우리나라는 1997년 「국적법」이 개정되기 이전에는 출생 당시 부(父)가 대한민국 국민인 경우에만 대한민국 국적을 취득할 수 있었다. 그러나 1997년 12월 13일 개정된 「국적법」(1998년 6월 14일부터 시행)에 '부모양계혈통주의'를 채택함으로써 출생 당시에

---

18) 법무부 출입국·외국인정책본부, 《국적법 해설》, 2007, 44면

부모 중 어느 한쪽이 대한민국 국민이면 그 자녀는 출생과 동시에 대한민국 국적 취득이 가능해졌다.

미국은 출생지주의를 채택하고 있으므로 한국인 부모가 미국 유학 중에 자녀를 출산한 경우, 그 자녀는 출생과 동시에 미국 시민권도 취득하므로 선천적 복수국적자에 해당된다. 하지만 한국인 부모 둘 다 미국으로 이민을 가서 미국 시민권을 취득한 상태에서 태어난 자녀는 미국 시민권자이지 대한민국 국민은 아니므로 복수국적자에 해당되지 않는다.

둘째, 출생하기 전에 아버지가 사망한 유복자(遺腹子)의 경우에는 사망 당시에 아버지가 대한민국 국민이었다면 출생과 동시에 대한민국 국적을 취득한다. 또 부모가 누군지 모르는 경우나 부모의 국적이 없는 상태에서 출생한 자는 예외적 출생지주의가 적용되어 대한민국 국적을 취득한다. 대한민국에서 발견된 기아(버려진 아이)는 대한민국에서 출생한 것으로 추정한다(국적법 제2조).

참고로 출생에 의한 국적 취득은 법률에 의한 당연 취득이므로 「가족관계등록법」에 따라 출생신고를 하지 않았다고 하여 대한민국 국적이 상실되는 것이 아니다. 또한, 가족관계등록부(구 호적)에 기록이 남아 있더라도 대한민국 국적을 상실한 사람은 대한민국 국민이 아니다.

셋째, 법률혼 부부가 아닌 사실혼 관계에 있는 한국인과 외국인 사이에서 출생한 미성년 자녀는 대한민국 국민인 생부(生父)의 인지(認知) 신고로 가족관계등록부에 등재한 후 법무부장관에게 신고한 때에 대한민국 국적을 취득할 수 있다. 예를 들면 필리핀에 주재원으로 근무하던 한국인 남성 A는 필리핀 여성 B를 만나 사실혼 관계에서 자녀 C를 낳았다. 이때 둘 사이에서 태어난 자녀 C가 미성년이고 생부인 한국인 남성 A가 법무부장관에게 인지 신고를 하면 C는 대한민국 국적을 취득할 수 있다.

넷째, 외국인 아버지와 한국인 어머니 사이에서 출생한 혼인외(婚姻外) 자녀는 출생에 의해 대한민국 국적을 자동으로 취득한다. 예를 들면 우즈베키스탄에 거주하던 무국적의 고려인 남성 A는 한국에 유학 중 한국인 여성 B를 만나 혼인신고를 하지 않고 동거하다 자녀 C를 낳았다. 이때 둘 사이에서 태어난 자녀 C는 어머니가 대한민국 국적이므로 출생과 동시에 자동으로 대한민국 국적을 취득한다. 이 경우 자녀는 아버지가 무국적이므로 한국인 어머니의 성과 본을 따라 가족관계등록부(구 호적)에 올릴 수 있다.

다섯째, 대한민국 국적을 취득한 사실이 없는 순수 외국인은 법무부장관의 귀화 허가를 얻어 대한민국 국적을 취득할 수 있다. 우리나라 「국적법」에서는 귀화의 종류를 일반귀화, 간이귀화, 특별귀화 등 3종류로 나누고 있다.

여섯째, 외국인의 자(子)로서 대한민국 「민법」상 미성년자(19세 이하)는 부모 중 어느 한쪽이 귀화 허가를 신청할 때 대한민국 국적을 신청할 수 있다. 이 경우 법무부장관이 부 또는 모에게 귀화를 허가한 때에 그 미성년 자녀도 대한민국 국적을 취득한다. 이를 '수반취득'이라 한다.

일곱째, 순수 외국인이 아닌 과거 대한민국 국민이었던 사람이 외국 국적을 취득하여 외국인으로 생활하던 중 다시 대한민국 국적을 취득하고자 하는 경우에는 귀화 허가 대신에 국적회복 허가를 받아 대한민국 국적을 취득할 수 있다.

● 일반귀화 요건[19)

첫째, 5년 이상 계속하여 대한민국에 주소가 있어야 한다.

이는 귀화 신청인이 합법적으로 대한민국에 입국하여 외국인 등록을 마치고 5년간 국내에 계속 거주해야 한다는 의미이다. 다만, 국내에 체류 중 체류기간 만료 전에 재입국 허가를 받고 출국한 후 재입국한 경우와 체류기간 연장이 불가능한 사유로 일시 출국하여 1개월 이내에 입국비자를 받아 재입국한 경우에는 국내에 계속 체류한 것으로 본다.

둘째, 대한민국 「민법」에 의하여 성년이어야 한다.

대한민국 「민법」상 성년 연령은 2011년에 개정된 「민법」에 의해 20세 이하에서 19세 이하로 낮춰졌다.

셋째, 품행이 단정해야 한다.

품행이 단정해야 한다는 것은 추상적인 의미를 내포하고 있다. 법원은 귀화 허가 신청자가 위변조 여권으로 입국하여 불법 체류한 경우, 음주 및 무면허 운전으로 형사 처분을 받은 경우, 성매매 행위로 인하여 보호 처분을 받은 경우 등에는 품행 위반을 이유로 귀화 불허 판결을 한 적이 있다.

넷째, 자신의 자산이나 기능에 의하거나 생계를 같이하는 가족에 의존하여 생계를 유지할 능력이 있어야 한다.

생계유지 능력과 관련하여 본인 명의로 된 자산이나 본인의 기능에 의해 생계를 유지할 수 있는 경우는 물론 생계를 같이하는 배우자나 부모, 자식 등 가족에 의존하여 생계를 유지할 능력이 있으면 된다. 이 경우 제출 서류로 본인 또는 생계를 같이하는 가족 명의의 3,000만 원 이상의 예금 잔고 증명이나 부동산 등기부등본 및 부동산 전세

---

19) 석동현, 《국적법》, 법문사, 2011, 136~141면 참조

계약서 사본, 재직증명서(직장인의 경우), 사업자등록증 사본(자영업자의 경우) 등을 요구한다.

다섯째, 한국어에 대한 최소한의 의사소통과 대한민국 고유의 풍습에 대한 이해 등 대한민국 국민으로서의 기본 소양을 갖추고 있어야 한다.

참고로 현재 일반귀화의 경우에는 귀화 신청일로부터 국적 취득일까지 2년 정도 걸린다. 결혼을 통한 간이귀화의 경우에는 출생 자녀가 있으면 10개월, 출생 자녀가 없으면 2년 정도 걸린다.[20]

3. 알아두면 유익한 복수국적 상식

● 복수국적 발생 원인

'복수국적자'는 크게 출생에 의한 선천적 복수국적자와 귀화 · 입양 · 혼인 등에 의한 후천적 복수국적자로 나눈다. 예를 들면 미국 · 캐나다 등 출생지주의 국가에서 한국인 부모 사이에서 출생한 자녀 또는 부모 중 어느 한쪽이 한국 국민인 다문화가정에서 출생한 자녀는 선천적 복수국적자에 해당된다.

우리나라는 2010년 「국적법」이 개정되기 전까지 '선천적' 복수국적자에 대해서는 원칙적으로 일정 기간까지만 복수국적을 허용하였다. 즉 구 「국적법」에서는 만 20세가 되기 전에 복수국적자가 된 사람은 만 22세 전에, 만 20세가 된 후에 복수국적자가 된 사람은 그때부터 2년 내에 대한민국 국적을 선택해야 하며, 그렇지 않으면 대한민국

---

20) 한국인 배우자와의 사이에 출생 자녀가 있으면 혼인의 진정성이 있다고 판단하여 실태조사가 생략되므로 국적 취득일까지 10개월 정도 걸린다. 출생 자녀가 없으면 위장결혼 여부 등을 확인하기 위해 실태조사를 실시하므로 2년 정도 걸린다.

국적이 자동으로 상실되도록 하였다.

하지만 신「국적법」에서는 만 22세가 되기 전까지 대한민국 국적 선택 신고를 하되, 국적 선택 신고를 할 때 외국 국적을 포기하는 대신 대한민국 내에서 외국 국적을 행사하지 않겠다는 소위 '외국 국적 불행사 서약서'를 제출하면 복수 국적을 계속 허용하고 있다.

남자의 경우에는 만 22세 이후에도 병역을 이행한 사람(병역면제자와 제2국민역은 제외)은 병역을 마친 날로부터 2년 내에 '외국 국적 불행사 서약서'를 제출하는 방식으로 복수국적을 계속 유지할 수 있도록 특례규정을 두고 있다.

다만, 국적 선택 기간 이후에 대한민국 국적을 선택하려는 사람과 한국인 모(母)가 외국에서 영주할 목적 없이 자녀에게 외국 국적을 취득하게 할 목적으로 체류한 상태에서 태어난 소위 '원정출산자'는 외국 국적을 포기하는 경우에만 대한민국 국적을 선택할 수 있으므로 복수 국적이 허용되지 않는다.

'후천적' 복수국적자는 ▲ 혼인관계를 유지한 상태에서 귀화한 결혼이민자 ▲ 대한민국 국적을 회복한 외국국적 동포로서 해외 우수인재로 인정받은 자 ▲ 만 65세 이후에 영주 귀국하여 대한민국 국적을 회복한 고령 동포 ▲ 어린 나이에 해외로 입양되어 나갔다가 성인이 되어 대한민국 국적을 회복한 해외 입양인 등이 이에 해당된다.

참고로 신「국적법」은 대한민국 국민이 자발적으로 외국 국적을 취득한 경우에는 그 외국 국적을 취득한 때에 대한민국 국적을 상실하도록 규정하고 있다. 따라서 이 경우에는 비록 그가 국적 상실 신고를 하지 아니하여 가족관계등록부(구 호적)에 남아 있더라도 복수 국적 대상자는 아니다.

● 인종차별 속에 모국에 대한 그리움 싹트다

김대원 씨는 다섯 살 때인 1972년 형과 함께 스위스의 한 가정으로 입양되어 새로운 삶을 시작하게 되었다. 양부모님은 사랑으로 그를 돌봐주었지만 머나먼 타국땅에서 그의 앞에 놓인 현실은 고난의 연속이었다. 당시 동양인을 거의 찾아볼 수 없었던 스위스에서 머리카락색이 다른 그는 어딜 가나 주목의 대상이었다. 신기하다고 머리를 함부로 만지거나 모욕적인 말을 던지는 것은 다반사였고, 취업을 위해 면접을 보러 가도 그를 받아주는 곳은 어디에도 없었다.

"스위스인이 되기 위해 학창시절 열심히 공부해서 5개 국어를 마스터했고, 스위스 군대에도 다녀왔어요. 하지만 아무리 노력해도 그들 사이에서 전 언제나 '이방인'이었습니다."

정체성에 대한 고민은 어린 그에게 큰 상처를 주었고, 그럴 때마다 자신이 태어난 나라에 대한 그리움의 싹은 가슴속에서 한 움큼씩 자라났다. 한국에 대해 알기 위해 도서관에서 한국과 관련된 책은 모조리 읽고, 12세 때 스위스 한인회와 인연을 맺어 한글학교에 다니며 한국어를 배우기 시작했다. 입양 전 이름이었던 김대원이라는 이름을 사용한 것도 이때부터이다. 그의 바람은 한국 국적을 취득해 제대로 된 뿌리를 되찾는 일이었다. 문제는 이 경우 스위스 국적을 포기해야만 했고, 그럴 경우 양부모와 영영 단절될 수 있다는 부담 때문에 선뜻 한국 국적을 신청할 수 없었다.

그러던 중 2010년 「국적법」 개정을 계기로, 해외 입양인이라도 한국 국적을 회복한 후 한국 내에서 외국 국적을 행사하지 않겠다는 서약을 하면 복수국적이 허용되었다. 그 결과 김대원 씨를 포함한 13명의 해외 입양인이 고국의 품으로 돌아왔다.

【출처 : 출입국 · 외국인정책본부 계간지, 《共Zone》(2011년 가을호), 27~28면】

● 복수국적 허용 대상자

- 혼인관계를 유지한 상태에서 귀화한 결혼이민자
- 대한민국에 특별한 공로가 있거나 우수 외국 인재로서 특별귀화한 자
- 국적회복 허가를 받은 자로서 대한민국에 특별한 공로가 있거나 우수 외국 인재로 인정받은 자
- 성년이 되기 전에 해외로 입양되어 외국 국적을 취득한 후 대한민국 국적을 회복한 자
- 외국에 장기 거주하다 만 65세 이후에 영주 귀국하여 대한민국 국적을 회복한 고령 동포
- 외국의 법률 또는 제도로 인하여 외국 국적 포기 의무를 이행하기 어려운 자
- 외국인과의 혼인으로 그 배우자의 국적을 취득한 자 또는 외국인에게 입양되어 양부나 양모의 국적을 취득한 자 등이 6개월 이내에 법무부장관에게 대한민국 국적을 보유할 의사가 있다는 뜻을 신고한 자

● 복수국적 관련 신 「국적법」의 주요 내용[21]

첫째, 구 「국적법」은 2개 이상의 국적을 가진 자를 모두 '이중국적자'로 규정하여 3개 이상의 국적을 가진 자도 이중국적자라는 용어를 사용하였다. 또한, 이중국적이 내포하고 있는 부정적 이미지를 내포하고 있어 이를 해소하기 위해 신 「국적법」에서는 이중국적자의 용

---

21) 2010년 5월 '제한적 복수국적 허용'을 담은 「국적법」이 개정됐다. 이 부분은 복수국적 허용 관련 법무부 출입국·외국인정책본부의 보도자료(2010. 5. 6.)와 《국적실무편람》(2011년)을 참조하였다.

어를 '복수국적자'로 변경하였다.

둘째, 구「국적법」에서는 외국인이 대한민국 국적을 취득한 경우 6개월 이내에 외국 국적을 포기하지 아니하면 대한민국 국적이 자동 상실되도록 되어 있었다. 그러나 국적 취득자의 외국 국적 포기 의무기간(6개월)이 너무 짧아 기간 내 포기 절차를 완료하지 못해 대한민국 국적이 다시 상실되는 사례가 많았다. 이에 신「국적법」에서는 외국 국적 포기 의무기간을 1년으로 연장하였다.

셋째, 구「국적법」에서는 복수국적자가 대한민국 국적을 선택하려면 국적 선택기간 내에 반드시 외국 국적을 포기하도록 되어 있었다. 하지만 현실적으로 만 22세 전에 외국 국적 포기 절차를 마치고 증빙 서류를 갖추어 대한민국 국적을 선택하는 사람이 적어 대한민국 국적 선택을 쉬운 방식으로 변경하였다. 즉 만 20세가 되기 전에 복수국적자가 된 사람은 만 22세 전에, 만 20세가 된 후에 복수국적자가 된 사람은 그때부터 2년 이내에 '외국 국적을 포기'하는 대신 대한민국 내에서 '외국 국적을 행사하지 않겠다는 서약'을 하는 방식으로 대한민국 국적을 선택할 수 있도록 하였다.

넷째, 구「국적법」에서는 대한민국 내에서도 대한민국 국적 이탈 신고를 할 수 있었다. 하지만 신「국적법」에서는 외국에 주소가 있는 경우에만 재외공관을 통해 국적 이탈 신고를 할 수 있도록 하여, 실제로 국내에 생활기반을 두고 있는 사람에 대해서는 대한민국 국적 이탈을 제한하고 있다.

다섯째, 복수국적자는 인천공항 등 공항만 출입국 시 외국 여권 대신에 한국 여권을 사용해야 하며, 국내 체류 시 외국인등록 대신에 주민등록을 해야 한다. 이는 복수국적자로 하여금 대한민국 내에서 외국인으로서의 지위를 인정하지 않고 국민으로만 처우함으로써 복수국적자의 이중적 지위를 방지하고 복수국적 허용으로 인한 부작용을 최소화하기 위한 것이라 할 수 있다.

● 기타 복수국적 관련 내용[22]

● 국적선택 기간

출생 및 기타 사유로 만 20세가 되기 전에 복수국적을 가지게 된 사람은 만 22세가 되기 전까지, 만 20세 이후에 복수국적을 가지게 된 사람은 그때부터 2년 이내가 국적선택 기간이 된다. 다만, 남자의 경우에는 병역법상 제1국민역에 편입되는 만 18세가 되는 해의 3월 31일까지 국적 이탈 신고를 하지 않으면 병역의무가 해소된 날로부터 2년 이내까지 국적선택 기간이 연장된다.

● 국적선택 명령

구 국적법에서는 복수국적자가 국적 선택 기간 내에 국적 선택 의무를 이행하지 아니하면 별도의 절차 없이 대한민국 국적이 자동 상실되었다. 하지만 신 국적법에서는 복수국적자가 국적 선택 기간이 지난 경우 곧바로 대한민국 국적을 상실시키지 않고 법무부장관이 1년 이내에 하나의 국적을 선택하도록 명령을 한 후, 그때에도 국적을 선택하지 아니하면 대한민국 국적을 상실하도록 하고 있다.

또한, '외국국적 불행사 서약'으로 복수국적을 취득한 사람이 우리나라를 출입국 하는 과정에서 외국 여권을 여러 차례 행사하거나 외국인등록을 하는 등 서약의 취지에 현저히 반하는 행위를 하는 경우

---

22) 이 부분은 법무부 출입국·외국인정책본부에서 발간한 《2010 국적실무편람 -개정 국적법에 관한 문답해설》을 참조하였다.

에는, 법무부장관이 6개월 내에 하나의 국적을 선택하도록 명령을 한후 이에 따르지 않으면 대한민국 국적을 상실하도록 하고 있다.

● 국적이탈 신고

복수국적자인 남자는 만 18세가 되는 해의 3월 31일까지는 병역의무 이행 여부에 상관없이 대한민국 국적 이탈 신고를 할 수 있다. 다만, 직계존속이 외국에서 영주(永住)할 목적 없이 체류한 상태에서 출생한 사람은 병역을 마치거나 병역면제처분을 받는 등 병역의무가 해소된 경우에만 대한민국 국적 이탈 신고를 할 수 있다.

● 국적상실 신고

대한민국 국적을 가진 국민이 미국 등 외국으로 이민을 간 후, 자진해서 해당 국가 국적이나 시민권을 취득하는 경우에는 복수국적이 허용되지 않는다. 이 경우에는 해당 국가의 국적이나 시민권을 취득하는 때에 대한민국 국적이 자동 상실되므로, 비록 그가 외국 국적이나 시민권을 취득한 후 대한민국 국적 상실 신고를 하지 않아 가족관계등록부(구 호적)가 정리되지 않고 남아 있더라도 대한민국 국적이 살아 있는 것은 아니다.

참고로 대법원은 "호적에 등재하거나 삭제하는 것은 국적 취득과 상실의 효과를 창설하는 것이 아니라, 국적법에 의해 국적 취득과 상실에 관한 사항을 절차적으로 정리하는 행위에 지나지 않는 것이다." 라고 판시한 바 있다.

● 국적상실 결정

신 국적법에서는 복수국적 허용에 따른 부작용을 최소화하기 위하여 외국 국적 불행사 서약을 하고 복수국적을 취득한 사람이라도, 국가안보와 외교관계 및 국민경제 등에 있어 국익에 반하는 행위를 하거나 사회질서 유지에 상당한 지장을 초래하는 행위 등으로 대한민국 국적을 보유함이 현저히 부적합하다고 인정되는 경우에는, 법무부장관이 청문을 거쳐 대한민국의 국적 상실을 결정할 수 있도록 하고 있다. 다만, 출생에 의하여 대한민국 국적을 취득한 복수국적자의 경우에는 예외로 한다.

● 복수국적자의 국민처우

신 국적법에서는 "복수국적자는 대한민국의 법령 적용에서 대한민국 국민으로만 처우한다."라고 규정하고 있으므로 외국인등록 대신에 반드시 주민등록을 하고 국민으로 거주해야 한다. 만약 외국인으로 대한민국에 체류하고 싶으면 가족관계등록관서(구 호적관서)를 방문하여 출생신고를 한 후 국적이탈 신고와 대한민국 국적포기를 하여야 한다. 또한, 복수국적자는 인천공항 등 공항만 출입국 시 외국 여권 대신 한국 여권을 사용해야 한다.

● 외국국적 동포의 복수국적 대상

외국 국적을 가진 사람이라도 과거에 대한민국 국적을 보유하였던 사실이 있으면 귀화허가 대신에 국적회복 허가를 받아 대한민국 국적을 취득할 수 있다. 예를 들면 대한민국 국적을 상실한 사람이 대한민국 국민과 혼인하는 경우에는 귀화허가 대신에 국적회복 허가를 신청해야 한다. 국적회복 허가자라도 대한민국에 특별한 공로가 있거나 해외 우수인재에 해당되는 경우에는 '외국국적 불행사 서약'으로 복수국적이 허용된다.

● 혼인귀화자의 복수국적 대상

최근 국제결혼 가정의 이혼율이 높은 상태에서 무분별한 복수국적 신청을 억제하기 위해 결혼이민자는 귀화허가 신청 시, 한국인 배우자와 혼인관계가 단절된 경우(한국인 배우자의 사망이나 실종 및 이혼)에는 복수국적이 허용되지 않는다. 다만, 혼인파탄의 귀책사유가 한국인 배우자에게 있거나 한국인 배우자 사이에서 낳은 자녀를 양육하고 있는 경우에는 복수국적은 허용되지 않으나, 간이귀화 허가를 통해 대한민국 국적을 취득할 수 있다.

4. 원정출산 등 복수국적의 문제점

복수국적자는 원정 출산, 복수국적국 상호 간 무력 충돌 시 충성 의무 및 외교적 보호권 문제 등이 발생할 수 있다.

● 원정출산과 속지주의 논쟁

미국은 속지주의(출생지주의) 원칙에 따라 미국 영토에서 태어난 아이는 자동으로 미국 시민권이 주어지기 때문에 외국인이라도 미국에서 태어나면 미국 시민권을 취득할 수 있다.

'원정출산'이란 외국에 살지 않으면서 자녀의 외국 국적 취득을 위해 출산에 임박하여 외국에 가서 아이를 낳는 경우를 말한다.

사람들은 왜 비싼 원정출산 비용을 들여서까지 원정출산을 통해 미국 시민권을 취득하려고 할까?

미국 시민권을 취득하면 자녀에게 더 좋은 교육 기회가 주어지며 남자인 경우 병역 면제 혜택을 받을 수 있다. 또한, 미국에서 출생한 자녀가 성장해서 만 21세가 되면 부모를 가족초청이민으로 데려올 수 있다.

최근 미국 ABC 방송에서는 우리나라를 비롯하여 멕시코·중국·대만·터키 등 동유럽 국가를 주요 원정출산 국가로 보도한 적이 있다.

미국 시민이민국(CIS)에 따르면 미국 내 불법체류자 수는 1,100만 명으로 추산되며, 이 중 멕시코 등 히스패닉계가 절반을 차지한다고 한다. 미국은 속지주의 원칙에 따라 불법체류자인 부모에게서 태어난 자녀라도 출생과 동시에 미국 시민이 되며, 그 자녀가 성장해서 만 21세가 되면 부모를 가족초청이민으로 데려올 수 있다.

최근 미국 LA 의회에서는 늘어나는 원정출산을 국적 쇼핑으로 규정하고 원정출산을 규제하는 법안을 만들려는 움직임을 보이고 있다. 또 미 연방의회에서는 일부 보수주의 의원들을 중심으로 불법체류자의 자녀가 미국에서 태어날 경우 자동으로 미국 시민권을 부여하는 것을 금지하는 내용의 「수정헌법」 개정을 추진하고 있다.

미국 「수정헌법」(제14조)에 따르면 "미국에서 출생하거나 귀화한 사람, 그리고 재판 관할권에 속하는 사람들은 미합중국의 시민이며, 그들이 거주하는 주의 시민이다."라고 규정하고 있다.

우리나라는 2005년 「국적법」이 개정되기 전에는 원정출산으로 복수 국적을 갖게 된 사람이 만 18세 이전에 한국 국적을 포기하면 병역의무를 지지 않았다.

하지만 원정출산으로 인한 복수국적의 부작용을 막기 위해 2005년 「국적법」을 개정하여 원정출산이나 해외유학 중인 부모에게서 태어난 남자는 직계존속이 영주(永住)할 목적으로 해외에 체류하면서 출생한 경우를 제외하고는 병역의무를 이행하거나 면제받기 전에는 한국 국적을 포기(이탈)할 수 없도록 하였다.

한편, 직계존속이 외국에서 영주 목적으로 이민을 간 상태에서 출생한 남자는 「병역법」상 제1국민역에 편입되는 만 18세가 되는 해의 3월 31일 이전에는 한국 국적 포기(이탈)가 가능하다. 그러나 만 18세가 되는 해의 4월 1일 이후에는 병역을 마치거나 면제받는 등 병역 의무가 해소되어야만, 그때부터 2년 이내에 한국 국적을 포기(이탈)할 수 있다.

'국적법 시행령'(제17조)에 따르면 '원정출산자'란 출생 당시에 모(母)가 자녀에게 외국 국적을 취득하게 할 목적으로 외국에 체류 중이었던 사실이 인정되는 자를 말한다. 다시 말해 국내에 생활 기반을 두고 있는 어머니가 임신한 후 자녀의 외국 국적 취득을 목적으로 출국하여 외국에서 출생한 사람을 말한다.

다만, ▲ 부 또는 모가 자녀의 출생을 전후하여 2년 이상 계속하여 외국에 체류한 경우 ▲ 자녀의 출생을 전후하여 외국의 영주권 또는 국적을 취득한 경우 ▲ 자녀의 출생 당시 유학, 공무 파견, 상사 주재, 취업 등으로 6개월 이상 외국에 체류한 경우에는 원정출산에 해당하지 않는다.

● 노테봄 사건과 외교적 보호권

과테말라에 거주하면서 사업을 하던 독일 국적의 노테봄(Nottebohm)은 제2차 세계대전 중 과테말라가 연합국에 가담하게 되면 자신에게 불리하다고 생각하여 리히텐슈타인에 귀화를 신청하였다. 당시 그는 귀화 거주 요건이 부족했으나 특례로 리히텐슈타인 국적을 취득했다.

미국은 독일 국적의 노테봄을 적국민으로 간주하여 체포한 후 재산 몰수 절차에 들어갔다. 1946년에 석방된 노테봄은 과테말라에 입국 신청을 하였으나 입국이 거부되어 리히텐슈타인으로 돌아와 생활하던 중 과테말라가 그의 재산을 몰수하였다.

이에 리히텐슈타인은 외교적 보호권을 행사하여 국제사법재판소 (ICJ)에 제소하였다.

쟁점은 리히텐슈타인이 노테봄의 귀화 신청에 대해 자국 국적을 부여함으로써 「국제법」상 그에 대한 외교적 보호권을 행사할 수 있는지 여부였다.

이에 대해 국제사법재판소(ICJ)는 "국적이란 상호적인 권리 의무의 존재와 함께 애착, 진정한 관련성(genuine link), 이해관계 및 감정 등의 사회적 사실을 기초로 한 법적인 유대관계"라고 할 수 있으므로 타국에 대한 외교적 보호의 주장도 그러한 국가만이 할 수 있다고 판결하였다.

그러면서 노테봄이 특례로 리히텐슈타인 국적을 취득한 것은 적국인으로서의 지위를 중립국으로 바꾸기 위한 것에 불과한 것으로, 이는 노테봄과 리히텐슈타인 간에는 '진정한 관련성(genuine link)'이 결여되어 있으므로 리히텐슈타인은 노테봄에 대해 외교적 보호권을 행사할 수 없다고 판결하였다.[23]

● 카와키타 사건과 충성 의무

토모야 카와키타(Tomoya Kawakita)는 일본계 미국인으로 16세까지 미국에 살다 17세가 되던 해에 일본으로 건너가 대학을 다녔다. 1941년 미국과 일본 사이에 태평양 전쟁이 일어났으나 미국으로 돌아가지 않고 일본에 남아 공부를 계속했다. 그러던 중 1943년 일본 출입국당국으로부터 국적 선택 통보를 받고 일본 호적에 등록했다. 그는

---

[23] 안진우 · 이종훈 공저, 《국제법 요해》, 2008, 314~315면, 국제사법재판소(ICJ) Reports, 1955, 23면

미군 전쟁포로들을 수용하여 강제노역을 시키는, 한 철강회사의 통역관으로 근무했다. 태평양전쟁이 끝나자 미국으로 건너가기 위해 1945년 요코하마에 있는 미국영사관에 미국 시민권 등록 신청을 했다.

당시 그는 미국 시민으로서 미국의 이익에 반하는 어떠한 행위를 하지 않았다고 선서까지 했다. 다음 해인 1946년 미국 여권을 발급받고 미국으로 돌아왔다. 하지만 얼마 지나지 않아 일본에 있는 한 철강회사의 통역관으로 근무하던 당시 미군 전쟁포로들에게 잔혹한 행위를 한 것이 드러나 체포되어 반역죄로 기소되었다.

그는 재판 과정에서 "1943년 일본 호적에 등록할 당시 미국 시민권을 포기했기 때문에 그 이후의 잔혹한 행위에 대해 반역죄로 유죄판결을 받는 것은 부당하다."라고 주장했다.

이에 대해 배심원단은 그가 미 연방의회에서 마련한 시민권 포기 절차가 있음에도 불구하고, 그에 의거해서 시민권을 포기하지 않았음을 확인하였다.

결국, 그는 반역죄로 사형을 선고받았다. 미국 연방대법원도 이를 받아들여 재판관 4대 3으로 그에게 사형을 선고하면서 다음과 같이 주문했다.

"미국 시민권을 미래의 잠재적인 이익을 위해 보유함과 동시에 배반자로서 활동하면서 자신에게 유리할 때만 이용(fair-weather citizenship)하는 것으로 취급해서는 안 된다. 미국 시민은 어디에 거주하든 미국에 충성할 의무(duty of allegiance)가 있다."

카와키타는 아이젠하워 대통령 재직 당시 사형에서 무기징역으로 감형을 받고 1963년 석방되어 일본으로 돌아갔다.[24]

---

24) David Weissbrodt & Laura Danielson, 앞의 책, 402~403면

5. 복수국적과 김종훈 씨 낙마 사건의 교훈

지난해 초 박근혜 정부의 초대 미래창조과학부장관으로 내정된 미국 벨연구소 사장인 김종훈 씨가 장관 내정 3일 전에 대한민국 국적을 회복하여 이중국적 상태가 되자 "복수(이중) 국적자가 대한민국 장관이 될 수 있느냐"고 논란이 된 적이 있다.

당시 장관으로 내정된 김종훈 씨는 미국 시민권 포기의 대가로 기꺼이 미국에 세금을 1,000억 원을 내겠다는 사실이 언론에 보도되어 화제가 되기도 하였다. 미국에서는 시민권을 포기하면 보유 재산가액의 15%를 세금으로 내도록 되어 있다.

우리나라「국적법」제11조의2(복수국적자의 법적 지위 등)에서는 "복수국적자가 관계 법령에 따라 외국 국적을 보유한 상태에서 직무를 수행할 수 없는 분야에 종사하려는 경우에는 외국 국적을 포기해야 한다."라고 규정하고 있다. 관계 법령이란「공직선거법」,「국가공무원법」,「외무공무원법」 등을 말한다.

「국가공무원법」 제26조의3(외국인과 복수국적자의 임용)에서는 "국가 기관의 장은 국가안보 및 보안·기밀에 관계되는 분야를 제외하고는 대통령령으로 정하는 바에 따라 외국인을 공무원으로 임용할 수 있다."라고 규정하고 있다.

따라서 복수국적자가 국가안보 분야, 보안 및 기밀 분야, 외교 및 국가 간 이해관계와 관련된 정책 결정 및 집행 분야에 종사하려면 외국 국적을 포기해야 한다.

한편, 미국으로의 이민과 유학이 늘어나면서 미국에서 한국인 부모 사이에서 태어난 선천적 복수국적자가 증가하고 있다. 미국은 속지주의(출생지주의) 원칙에 따라 미국 영토에서 태어난 아이는 자동으로 미국 시민권이 주어지기 때문에 외국인이라도 미국에서 태어나면 미국 시민권을 취득할 수 있다.

우리나라는 '부모양계혈통주의'를 채택하고 있으므로 부모 중 어느 한쪽이 한국 국적이면 그 사이에서 태어난 아이는 자동으로 한국 국적을 취득한다. 그래서 「국적법」에서는 이를 선천적 복수국적자라 한다.

우리 국민들 사이에서는 복수(이중) 국적자하면 평상시에는 한국인으로 행세하다 불리한 상황에 처하면 외국인으로 둔갑하는 기회주의적 속성 때문에 병역 기피, 재산의 해외 도피, 자녀의 국내 대학 특례입학 등 부정적인 인식이 강한 것이 사실이다.

정부는 원정출산으로 인한 복수국적의 부작용을 막기 위해 2005년 「국적법」을 개정하여 원정출산이나 해외유학 중인 부모에게서 태어난 남자는 직계존속이 영주(永住)할 목적으로 해외 체류하면서 출생한 경우를 제외하고는 병역의무를 마치기 전에는 한국 국적을 포기할 수 없도록 하였다.

최근 한국계 미국인들 중에는 '아메리칸 드림'의 상징인 미국 시민권을 포기하는 사례가 급증하고 있다. 그 이유는 미국인 납세자의 역외 탈세 방지를 목적으로 제정된 「해외금융계좌 신고법(FATCA)」이 2014년 7월부터 시행되기 때문이다.

이 법이 시행되면 해외에 5만 달러 이상의 금융계좌를 보유한 시민권자나 영주권자의 경우 본인은 물론 해당 외국 금융기관도 이를 미 연방 국세청에 의무적으로 신고해야 한다. 만약 미국과 협정을 맺은 국가의 금융기관이 이를 신고하지 않으면, 해외 금융계좌에서 발생한 금융 소득의 30%를 미 연방 국세청이 원천징수하도록 의무화하고 있다.

최근 병역 기피나 재산의 해외 도피 등 부작용을 막으면서 해외 우수인재를 유치하여 국가 성장 동력으로 활용하기 위해 복수국적을 허용하는 나라가 늘고 있다. 영국·프랑스·이탈리아·아일랜드 등 유럽 국가들과 멕시코 등 일부 남미 국가들, 그리고 이스라엘 등은 복수국적을 허용하고 있다.

우리나라는 2010년 5월 저출산·고령화 시대에 대비하고 국가 경쟁력 강화에 필요한 해외 우수인재 등을 유치하기 위해 「국적법」을 개정하여 해외 우수인재, 결혼이민자, 65세 이상 고령 동포 등에게 복수국적을 일부 허용하고 있다.

복수국적 허용 대상인 '해외 우수인재'란 '과학·경제·문화·체육 등 특정 분야에서 매우 우수한 능력을 보유한 자로서 대한민국의 국익에 이바지할 것으로 인정되는 자'를 말한다.

지금 전 세계는 해외 우수인재를 유치하여 지속적인 국가 성장 동력으로 활용하고자 해외 우수인재 쟁탈전을 벌이고 있다. 미국은 첫 흑인 대통령을 선출했을 뿐만 아니라 내각에서 아시아계 및 소수민족 출신들도 장관직에 임명하고 있다.

미국 법무부는 1999년 미국 시민이 아닌 사람을 공직에 임명할 수 없다는 규정은 복수국적자의 공직 임용을 금지하는 규정으로 볼 수 없다는 유권해석을 내렸다. 영국도 복수국적자의 공직 임용에 비교적 관대한 편이다.

김종훈 씨는 원정출산자가 아니라 어렸을 때 아버지를 따라 미국에 이민을 가 어려움을 극복하고 벤처기업의 성공 신화를 이룬 인물이다.

필자는 김종훈 미래창조과학부 장관 내정자의 낙마 사태를 보면서 그가 미국에서 벤처기업을 성공시킨 노하우를 국내에 활용하여 공직 사회의 경쟁력을 끌어올렸더라면 하는 아쉬움이 남는다.

국가 간 경계가 허물어지는 글로벌 시대에 도덕성과 대한민국을 위해 기꺼이 헌신할 자세가 되어있는 우수한 재외동포 2~3세들에게도 고위 공직에의 취임을 허용함으로써 동포사회에 자부심을 불어넣고 국가 성장 동력의 발판으로 삼았으면 한다.

6. 영주자격제도

우리나라도 미국의 영주권제도와 유사한 영주자격제도를 두고 있다. 정부는 2002년 4월 18일 '출입국관리법 시행령'을 개정하여 재한 화교와 50만 달러 이상을 투자하고 한국인 5명 이상을 고용한 고액투자 외국인으로서 거주(F-2) 자격으로 5년 이상 국내에 거주하는 외국인에게 영주(F-5) 자격을 부여하기 시작했다.

우리나라는 '출입국관리법 시행령' [별표1]에 36개 체류자격의 하나로 영주(F-5) 자격을 규정하고 있다.

최근에는 동포 자본 유치와 동포 인력의 효율적 활용을 위하여 ▲ 한국 국적 취득 요건을 갖춘 자 ▲ 고액 투자자 ▲ 제조업 · 농축산업 · 어업 분야에 장기간 근무하는 자에 대하여도 일정한 요건을 갖추면 영주(F-5) 자격을 부여하고 있다. 그 결과 영주자격 소지자는 2010년 4만 5,000명, 2011년 6만 5,000명, 2012년 8만 4,000명, 2013년 10만여 명 등으로 계속 증가하고 있다.

2013년 12월 현재 영주자격을 취득한 사람(10만여 명)을 국적별로 살펴보면 중국인(중국동포 5만 6,000명 포함)이 7만 2,000여 명으로 72%를 차지한다. 이어서 대만인 1만 4,000여 명, 일본인 6,700여 명, 베트남인 1,000여 명, 미국인 900여 명을 차지한다. 대만인은 재한화교를 가리키며 일본인과 베트남인은 대부분 결혼이민자들이다.

● 영주자격 신청 대상자

현행 '출입국관리법 시행령' [별표1]에서는 영주자격 신청 대상자를 다음과 같이 열거하고 있다.

첫째, 주재원(D-7) 비자, 기업투자(D-8) 비자, 무영경영(D-9) 비자, 교수(E-1) 비자부터 특정활동(E-7) 비자까지의 전문취업 비자, 거주(F-2) 비자 소지자로서 5년 이상 국내에 체류한 사람은 영주자격을 신청할 수 있다. 이 경우 본인이나 동반가족이 생계를 유지할 능력이 있으며, 품행이 단정하고 영주하는 데 필요한 기본 소양을 갖추고 있어야 한다.

둘째, 국민의 배우자와 영주(F-5) 자격을 가진 자의 배우자 및 미성년 자녀로서 거주(F-2) 비자를 소지하고 2년 이상 대한민국에 체류하고 있는 사람은 영주자격을 신청할 수 있다.

셋째, 미화 50만 달러 이상을 투자한 고액투자 외국인으로 우리 국민을 5명 이상 고용한 사람은 국내 거주기간에 관계없이 영주자격을 신청할 수 있다.

넷째, 재외동포(F-4) 비자로 입국하여 국내 거소신고 상태를 2년 이상 유지하고, 다음 중 어느 하나의 요건을 충족하는 사람은 영주자격을 신청할 수 있다.

① 영주자격 신청 시 연간 소득이 한국은행에서 고시한 전년도 1인당 국민총소득(2013년도 기준 2,800만 원 상당)의 2배 이상인 사람

② 해외로부터 연금을 받는 60세 이상인 자로서 연간 연금액이 한국은행에서 고시한 전년도 1인당 국민총소득(2013년도 기준 2,800만 원 상당) 이상인 사람

③ 전년도 재산세 납부실적이 50만 원 이상인 사람 또는 재산세

납부 실적은 없지만 전세보증금 등 본인 명의의 재산이나 생계를 같이하는 동거가족 명의의 재산을 보유하고 있는 사람

④ 대한민국 기업과의 연간 교역 실적이 20억 원 이상인 사람

⑤ 대한민국에 미화 50만 달러 이상을 투자한 사람

⑥ 거주국 정부가 공인한 동포단체 대표 또는 법인 기업체 대표로 재외공관의 장이 추천한 사람

다섯째, 첨단기술 분야 박사학위증 소지자로서 영주(F-5) 자격 신청 시 국내 기업에 고용되어 법무부장관이 정하는 금액 이상의 임금을 받는 사람은 영주자격을 신청할 수 있다.

여섯째, 과학 · 경영 · 문화 · 예술 · 체육 등 특정 분야에서 탁월한 능력이 있는 사람과 대한민국에 특별한 공로가 있다고 법무부장관이 인정하는 사람은 국내 체류기간에 관계없이 영주자격을 신청할 수 있다.

일곱째, 법무부장관이 고시한 지역의 휴양 시설(콘도, 리조트, 펜션 등)에 5억 원 이상을 투자한 '부동산 투자이민자'와 한국정책금융공사가 신설한 펀드나 법무부장관이 지정 고시한 낙후 지역의 개발 사업에 5억 원(55세 이상 은퇴 이민자는 3억 원) 이상을 투자한 '공익사업 투자이민자'의 경우에는 취업 등 경제활동이 자유로운 거주(F-2) 자격을 부여한다. 이들은 거주(F-2) 자격을 부여받은 후 5년간 투자자금을 유지하면 영주(F-5) 자격을 신청할 수 있다. 이들의 배우자나 20세 미만 동반 자녀도 거주자격을 부여받은 후 5년이 지나면 영주자격을 신청할 수 있다.

◉ 영주자격 신청 제한 및 상실

● 영주자격 신청이 제한되는 사람

- 최근 3년 이내에 「출입국관리법」위반으로 200만 원 이상의 범칙금 처분이나 강제퇴거 명령을 받은 사실이 있는 사람
- 최근 5년 이내에 200만 원 이상의 벌금이나 징역 또는 금고 이상의 형을 선고받은 사실이 있는 사람
- 최근 5년 이내에 「출입국관리법」이나 다른 법령 위반으로 징역이나 금고 이상의 형을 선고받은 사실이 있는 사람
- 대한민국의 안전보장과 질서유지, 공공복리, 기타 대한민국의 이익을 해칠 우려가 있다고 판단되는 사람

- 영주자격이 상실되는 사람
- 강제퇴거 명령을 받은 사람
- 허위 또는 부정한 방법으로 영주(F-5) 자격 변경 허가를 받은 사람
- 위변조 여권 또는 타인 명의 여권으로 입국하였거나 위장결혼으로 판명된 사람
- 금고 이상의 형을 선고받은 사실이 있는 사람
- 재입국 허가 기간을 초과하여 입국한 사람

영주자격 소지자의 혜택

영주자격은 대부분 이미 한국에 들어와 살고 있는 외국인에게 부여된다. 따라서 영주자격 해당자는 대부분 체류자격 변경허가 신청서에 법무부령이 정하는 서류를 첨부하여 체류지 관할 출입국사무소나 출장소를 방문해서 영주자격을 신청한다.

영주(F-5) 자격은 「출입국관리법」이 정하는 가장 안정된 법적 지위로서 체류기간은 영구적이다. 따라서 영주자격 소지자는 체류기간

연장허가를 받을 필요가 없다. 또한, 출국한 날부터 2년 이내에 재입국하고자 하는 경우에는 재입국 허가가 면제된다. 영주자격 소지자는 취업활동의 제한을 받지 않으므로 어느 직종이든 취업이 가능하다.

영주(F-5) 자격 소지자는 그 성격상 국민에 준하는 거주의 권리가 보장되고 있으며, 대한민국 사회에 생활기반을 두고 있어 강제퇴거 시 회복하기 어려운 인적·물적 손해를 가져올 가능성이 있으므로 신중을 기하고 있다.

다만, 영주(F-5) 자격 소지자라도 ① 형법상 내란죄나 외환죄를 저지른 경우 ② 5년 이상의 징역 또는 금고형을 선고받고 석방된 사람으로서 ▲ 살인죄나 강간·추행죄를 저지른 경우 ▲「성폭력범죄의 처벌 및 피해자보호 등에 관한 법률」을 위반한 경우 ▲「마약류관리에 관한 법률」을 위반한 경우 ▲「국가보안법」을 위반한 경우 등에는 강제퇴거 될 수 있다.

참고로 한국인이 미국 이민비자(영주권)를 취득할 수 있는 경우에는 가족초청이민, 취업이민, 투자이민, 결혼이민 등이 있다. 영주권은 그린카드(green card)라고도 하는데, 이는 1930년대 미국에서 발급된 영주카드의 바탕색이 초록색인 데서 유래한다. 현재는 핑크로 바뀌었으나 아직도 영주카드는 그린카드로 불리고 있다.

우리나라는 영주자격을 취득한 사람에게는 별도의 영주카드를 발급하는 것이 아니라, 외국인등록증 상에 영주(F-5) 체류자격을 표시하고 있다.

한국인이 미국 영주권을 취득하면 한국 국적을 유지하면서 미국에 합법적으로 영구히 거주할 수 있고 취업할 수 있는 권리가 주어진다. 또한, 선거권과 공무담임권은 없으나 미국 시민과 동등한 교육 및 사회보장 혜택을 받을 수 있다. 납세의 의무를 지지만 병역의 의무는 지지 않는다.

한국인은 미국 영주권을 취득하더라도 미국 시민권을 취득하기 전까지는 대한민국 국민이므로 인천공항 출입국 시 한국 여권을 사용해야 한다.

우리나라 영주(F-5) 자격을 취득한 사람은 평생 체류기간 연장허가를 받을 필요가 없으나, 미국 영주권을 취득한 사람은 10년마다 영주권을 갱신해야 한다.

미국 영주권자는 중범죄(aggravated felony)를 저지르거나 재입국허가(re-entry permit)를 받지 않고 해외에 1년 이상 체류하면 영주권을 박탈당할 수 있으므로 주의를 요한다.

헌법재판소는 2007년 6월 국내에 주민등록이 없는 재외국민에게 선거권을 주지 않는 「공직선거법」과 「주민투표법」은 기본권 침해라는 이유로 헌법 불합치 결정을 내린 적이 있다.

이에 따라 정부는 2009년 2월 「공직선거법」을 개정하여 미국 영주권자 등 재외국민에게도 우리나라 대통령 선거와 국회위원 선거에 참여하여 투표권을 행사할 수 있도록 하였다. 한편, 정부는 오는 2015년부터 재외국민에게도 한국 생활하는데 불편함이 없도록 '재외국민 주민등록증'을 발급할 계획이라 한다.

제5장 난민과 인권

욤비 토나 씨는 1967년 콩고민주공화국의 작은 도시에서 태어났다. 대학을 가는 게 특권처럼 인식되는 그 나라에서 킨샤사국립대학 경제학과를 졸업한 후 콩고비밀정보국(ANR)에서 일했다. 2002년 국가기밀을 유출한 혐의로 비밀감옥에 갇혀 갖은 옥고를 치르다 구사일생으로 탈출해 중국을 거쳐 한국에 들어왔다. 한국에서 난민신청을 했지만, 난민인정 불허처분을 받아 이의신청했으나 기각되었다. 결국, 행정소송까지 가서 난민으로 인정을 받았다. '한국에서 난민으로 살아가기'라는 부제가 붙은 《내 이름은 욤비》(욤비토나 · 박진숙 지음)라는 책은 그가 한국에서 난민으로 인정받기까지 6년 동안 겪었던 갖은 고초와 역경을 다루고 있다. 외국인 노동자로, 불법체류자로, 그리고 '흑인'으로 살아야 했던 욤비 씨의 눈을 통해 한국 사회의 편협한 민낯을 적나라하게 목격하게 된다.

《세계일보(2013. 1. 4.), 한국에서 난민으로 살아남기 '6년 전투기'》

우리에게 잘 알려진 독일 출신 미국 과학자 아인슈타인, 폴란드 출신 프랑스 음악가 쇼팽, 체코 출신 미국 국무장관 올브라이트의 공통

점은 자국에서의 박해를 피해 제3국에 난민을 신청하여 난민으로 인정받은 사람들이다. 현재 우리나라에는 2001년 에티오피아 출신 난민신청자에 대해 최초로 난민으로 인정한 이후 2013년 12월 현재 337명의 난민이 살고 있다.

1. 난민의 개념과 재정착 난민

'난민(refugee)'이란 1951년 '난민의 지위에 관한 협약'(이하 '난민협약') 및 1967년 '난민의 지위에 관한 의정서'(이하 '난민의정서')의 규정에 의하여 난민협약의 적용을 받는 자를 말한다. 우리나라는 1992년 '난민협약' 및 '난민의정서'에 가입하였으며, 1993년 「출입국관리법」을 개정하여 '난민인정 조항'을 신설하였다.

'난민협약'은 1951년 제2차 세계대전을 거치면서 대량 난민이 발생하자 난민문제 해결에 관해 국제협력 체계를 강화할 목적으로 1951년 국제연합(UN)에서 채택되었다. 그러나 1951년 1월 1일 이후 발생한 사건의 결과로 난민이 된 자는 동 협약을 적용받지 못하게 되는 문제가 발생하여 1967년 '난민의정서'가 체결되었다. 동 의정서에 따라 1951년 1월 1일 이후 사건으로 난민이 된 자에게도 그 이전에 난민이 된 자와 동일하게 난민의 지위를 부여받을 수 있게 되었다.[25]

'난민협약' 상의 난민으로 인정받기 위해서는 다음 세 가지 기본요건이 충족되어야 한다.

첫째, 난민신청자는 인종(race), 종교(religion), 국적(nationality), 특정사회집단의 구성원 신분(membership of a particul-

---

25) UNHCR, 《난민지위 인정기준 및 절차 편람》, 1992.

ar social group) 또는 정치적 의견(political opinion) 등 5가지 이유로 박해를 받아야 한다.

둘째, 난민신청자는 박해를 받을 우려가 있다는 충분히 근거 있는 공포(well founded fear of persecution)를 가지고 있어야 한다.

셋째, 난민신청자는 국적국의 밖에 있는 자로서 국적국의 보호를 받을 수 없거나, 박해의 공포로 인하여 국적국의 보호를 받기를 원하지 않아야 한다.

우리나라 「난민법」 제1조(정의)에서는 위에서 언급한 난민의 요건을 그대로 원용하고 있다.

- '난민'이란 ① 인종, 종교, 국적, 특정 사회집단의 구성원 신분 또는 정치적 견해를 이유로 ② 박해를 받을 수 있다고 인정할 충분한 근거가 있는 공포로 인하여 ③ 국적국의 보호를 받을 수 없거나 보호받기를 원하지 아니하는 외국인, 또는 그러한 공포로 인하여 대한민국에 입국하기 전에 거주한 국가로 돌아갈 수 없거나 돌아가기를 원하지 아니하는 무국적자인 외국인을 말한다.
- '난민신청자'는 ① 대한민국에 난민인정을 신청한 외국인으로 난민인정 신청에 대한 심사가 진행 중인 사람 ② 난민불인정 결정을 받고 이의신청 제기기간이나 행정심판 또는 행정소송의 제기기간이 지나지 아니한 사람 ③ 난민불인정 결정에 대한 행정심판 또는 행정소송이 진행 중인 사람을 말한다.
  참고로 인천공항 등 출입국항에서 난민인정을 신청한 외국인의 경우에는 난민인정 심사 회부가 결정되거나 난민인정 신청서를 제출한 날로부터 7일 이내에 회부 여부를 결정하지 못하여 입국허가를 받은 때에 난민신청자로서 지위가 인정된다.

- '난민인정자'는 「난민법」에 따라 난민으로 인정을 받은 외국인을 말한다. 난민으로 인정을 받으면 거주(F-2) 체류자격이 부여되며, 5년간 국내에 거주하면 영주(F-5) 자격이나 귀화허가를 신청할 수 있다.
- 인도적 체류자'는 '난민협약' 상의 난민에는 해당하지 아니하지만 고문 등의 비인도적인 처우나 그 밖의 상황으로 인하여 생명이나 신체의 자유 등을 현저히 침해당할 수 있다고 인정할 만한 합리적인 근거가 있는 사람으로서 법무부장관으로부터 특별 체류허가를 받은 외국인을 말한다.
- 재정착 희망난민'이란 대한민국 밖에 있는 난민 중 대한민국에 정착을 희망하는 외국인을 말한다. 예를 들어 미얀마 소수민족인 카렌족 출신의 A씨는 박해를 피해 가족과 함께 미얀마를 탈출하여 이웃나라(태국)에 위치한 난민촌에서 비호를 받고 있었다. 이들은 유엔난민기구(UNHCR)의 주선으로 우리나라에 정착을 희망하였다. 이에 우리 정부는 난민협약 가입국으로서 난민에 대한 인권보호 및 국제사회의 책임 분담의 의미에서 이들을 난민으로 받아들여 우리나라에 정착하도록 하였다. 이를 재정착 희망난민이라 한다. '재정착 희망난민'의 수용 여부와 규모 및 출신지역 등은 「난민법」 제24조에 따라 '외국인정책위원회'의 심의를 거쳐 결정한다.

● 네팔계 부탄 난민의 성공적인 재정착 프로그램

휴먼아시아는 인권 소식지 휴라시아(2014년 1월호)에서 네팔의 모범적인 난민 재정착 프로그램을 다음과 같이 소개하고 있다.

부탄 정부는 지금부터 20년 전 종교적 이유로 네팔계 부탄인 대부분을 추방했다. 당시 추방된 사람은 10만여 명으로 부탄 인구의 6분의 1에 달했다. 한편, 네팔 내 난민지원시설에 거주하고 있던 수만 명의 부탄 난민들을 제3국으로 정착시키는 네팔의 재정착 프로그램은 상황이 비슷한 국가들의 난민정책의 모델이 되고 있다. 2007년부터 시작된 난민 재정착 프로그램은 부탄 난민 10만 8,000명 중 8만 6,000명을 미국·캐나다·네덜란드 등 8개국에 성공적으로 정착시켰다.

1990년 처음으로 네팔에 난민수용소가 세워진 후 네팔과 부탄 정부 사이의 적절한 해결점은 좀처럼 찾기 어려웠으나, 2007년 호주·캐나다·노르웨이 등 원조국의 재정착 난민 수용 의지를 확인함에 따라 수많은 난민이 제3국으로의 이주를 선택하여 정착하고 있다.

이처럼 좋은 결과를 낼 수 있었던 것은 난민 인구에 대한 정확한 자료, 재정착 과정에 대한 주의 깊은 관심, 그리고 재정착 국가들과 유엔난민기구(UNHCR)와의 긴밀한 협력이 있었기 때문이다.

2. 박해의 개념과 강제송환 금지의 원칙

난민으로 인정받기 위해서는 난민 신청자가 박해에 대한 공포를 느끼는 것만으로는 부족하고 출신국으로 돌아가면 박해를 받을 우려가 있다는 충분히 근거 있는 공포를 가져야 한다. 이는 개인의 심리상태인 공포라는 주관적 요소와 공포를 정당화하는 충분히 근거 있는 객관적 요소를 포함하는 것으로, 난민 인정 여부를 심사할 때 난민 신청자의 심리상태뿐만 아니라 그러한 심리상태가 출신국이 처해 있는 객관적인 상황에 의하여 뒷받침되어야 함을 의미한다.[26]

---

26) UNHCR,《국제적 보호입문 훈련서 1》, 2009, 56면

대법원 판례에 따르면 '충분히 근거있는 공포'는 난민인정 신청을 하는 외국인이 증명하여야 하나, 난민의 특수한 사정을 고려하여 그 외국인에게 객관적인 증거에 의하여 주장 사실 전체를 증명하도록 요구할 수는 없다. 즉 그 진술에 일관성과 설득력이 있고 입국 경로 및 입국 후 난민 신청까지의 기간, 난민 신청 경위, 국적국의 상황, 주관적으로 느끼는 공포의 정도, 난민 신청인이 거주하던 지역의 정치·사회·문화적 환경, 그 지역의 통상인이 같은 상황에서 느끼는 공포의 정도 등에 비추어 전체적인 진술의 신빙성에 의하여 난민이라고 주장하는 사실을 인정하는 것이 합리적인 경우에는 그 증명이 된 것이라 할 수 있다.

【대법원 2008. 7. 24. 선고 2007두3930 판결】

참고로 모든 생계수단을 박탈할 정도의 심각한 경제적 제재는 박해에 해당될 수 있으나, 자신의 경제적 상황을 개선하기 위해 본국을 떠나는 사람은 박해의 공포를 가진 것으로 볼 수 없으므로 경제적 이주민(economic migrants)이지 난민(refugee)에 해당하지 않는다.

또한, 기근이나 자연재해의 공포를 느끼는 사람이라도 박해를 받을 우려가 있다는 충분히 근거 있는 공포를 느끼지 않는 한 난민협약상 난민에 해당되지 않는다. 우리나라는 성소수자인 동성애자나 자신의 정치 또는 종교적 신념으로 인해 군복무를 거부하는 '양심적 병역 거부자(conscientious objector)' 등에 대해서는 난민으로 인정하지 않는다.

한편, 난민협약 제33조는 '강제송환금지(non-refoulement)' 원칙을 규정하고 있다. 이는 난민을 그 생명이나 자유가 위협받을 수 있는 국가나 영역으로 추방하거나 송환해서는 안된다는 원칙으로 국제적 난민보호의 핵심 규범이다.

난민협약의 당사국인 우리나라도 2013년 7월부터 시행 중인 「난민법」(제3조)에 '강제송환금지' 규정을 두고 있다. 즉 난민 인정자와 인도적 체류자 및 난민 신청자는 '난민협약' 제33조 및 '고문방지협약' 제3조에 따라 본인의 의사에 반하여 강제로 송환되지 아니한다. 다만, 국가안보에 위험하다고 인정되는 타당한 이유가 있거나 중대한 범죄에 대한 유죄판결이 내려져 국가 공동체에 위험이 되는 경우에는 예외로 한다.

3. 베트남 보트피플과 전제용 선장의 휴먼 스토리

'베트남 보트피플(boat people)'은 베트남 전쟁이 일어난 이후부터 1970년대 초까지 보트나 뗏목을 타고 베트남을 탈출한 난민들을 가리킨다.

KBS 1TV는 2009년 10월 11일 'KBS 스페셜'을 통해 1985년 11월 14일 베트남 보트피플 96명의 목숨을 구조한 전제용 선장의 감동적인 이야기를 방영하였다. 당시 국제적 골칫거리로 전락한 베트남 보트피플을 받아주겠다는 나라가 없어 항해하는 대부분의 선박들은 이들의 구조 요청을 외면한 채 그냥 지나쳐 버리는 것이 대세여서 베트남 난민들은 나라 잃은 설움을 눈물로 달래야 했다.

1985년 11월 14일 원양어선 광명87호 전제용 선장은 인도양에서 참치 조업을 마치고 말라카해협을 지날 무렵이었다. 멀리 조그마한 목선 한 척이 보였고, 쌍안경으로 확인해 보니 베트남 보트피플이었다. 그들은 조그만 목선에 의지한 채 망망대해 한가운데서 살려달라고 구조를 요청했다. 전 선장은 이 광경을 보고 그냥 지나칠 수 없어

간부 선원들을 불러 긴급회의를 소집한 후 목숨이 위태로운 보트피플을 구조하기로 결심했다.

처음엔 조그마한 목선이라 10여 명 정도 타고 있는 줄 알았는데 구조해 보니 96명이란 숫자에 놀라지 않을 수 없었다. 이 중에는 임산부와 어린아이, 지뢰 사고로 발목을 잃은 부상자까지 섞여 있었다.

당시 전 선장이 본사에 구조 계획을 알리자 본사로부터 베트남 난민을 데려오면 골치가 아프니 이들을 무시하고 그냥 지나치라는 지시가 내려왔다. 그러나 전 선장은 차마 이들을 망망대해 한가운데 내버려 두고 갈 수 없어 96명을 구조한 후 12일간의 항해 끝에 부산항에 입항하였다. 부산항에 입항한 베트남 난민 96명은 부산 난민보호소에 수용되었다. 본사의 지시를 어긴 전제용 선장은 결국 해고를 당하고 말았다.

하지만 전제용 선장의 아름다운 이야기는 17년이 흐른 뒤에 구조된 월남 난민의 대표 역할을 했던 '피터누엔' 씨를 통해 우리에게 알려져 훈훈한 감동을 안겨주었다. 전 선장이 구조한 베트남 난민 중 한 사람이었던 피터누엔 씨는 베트남에 있을 때 영어교사로 근무하다 베트남 전쟁 당시 통역장교를 맡기도 하였다.

전 선장은 의사소통이 가능한 피터누엔 씨를 베트남 난민 대표로 선정하여 이야기를 많이 나누게 되었다. 그러다 보니 두 사람 사이에는 자연스레 인간적인 정이 쌓였다고 한다.

1년 6개월간 부산 난민보호소에 있다가 필리핀을 통해 미국으로 이민을 간 피터누엔 씨는 LA의 한 병원의 남자 간호사로 취직하여 중증 환자들을 돌보면서 새로운 삶을 시작하였다. 그러던 중 그는 결초보은의 심정으로 전제용 선장을 찾기 시작했다. 둘의 만남은 2004년 8월 5일 전제용 선장이 피터누엔 씨의 초청장을 받고 LA에 도착하면서 이루어졌다.

전 선장의 용기 있는 행동과 희생이 알려지면서 한국과 베트남 사회뿐만 아니라 미국 사회로까지 서로에 대한 우정과 애정을 쌓을 수 있는 계기가 마련되었다.

고향인 경남 통영에서 멍게 양식업을 하고 있던 전제용 씨는 2006년 피터누엔 씨를 고향으로 초청하였다. 전제용 씨는 국회 인권포럼이 시상하는 올해의 인권상을 받았으며, '유엔의 노벨평화상'으로 불리는 난센상 수상 후보에 오르기도 하였다.

당시 'KBS 스페셜'은 한 사람의 인도주의적 실천이 개인을 넘어 또 다른 사랑의 실천으로 이어지는 과정을 자세히 소개하였다.

한편, 1975년 4월 30일 베트남이 멸망하자 베트남을 탈출한 난민 100만 명이 자유세계로 망명하기 위하여 해상 활동, 이른바 보트피플(boat people)을 하며 구조를 요청하였다.

당시 출입국 당국에서는 공해상에서 우리나라 선박에 의해 구조된 수백 명의 베트남 보트피플과 베트남 멸망 당시 미군과 한국군이 철수할 때 LST(해군 상륙함)편으로 입국한 1,300여 명, 그리고 개별적으로 입국한 282명 등에 대하여 '재난상륙 허가서'를 발급하여 부산 난민보호소에 수용하였다. 그들 가운데 1,362명에게는 그들이 희망하는 나라에 정착할 수 있도록 인도적 조치를 취하였다.[27]

1980년대에 들어와서도 우리 정부는 공해상에서 구조되어 우리나라에 들어온 베트남 보트피플에게 '재난상륙 허가서'를 발급하는 등 이들의 정착에 최대한 편의를 제공하였다.

1981년 168명, 1985년 185명, 1986년 131명, 1989년 193명 등의 베트남 보트피플이 각각 공해상에서 구조되어 우리나라에 입국

---

27) 법무부, 《출입국관리 40년사》, 2003, 188면

한 후 정착하거나 일정 기간 체류 후 제3국으로 출국하였다.[28]

법무부 출입국에 따르면 1977년부터 1992년까지 공해상에서 보트피플로 떠돌다 우리 상선에 의해 구조되어 한국에 와 재난상륙 허가를 받은 베트남 보트피플은 1,363명으로 집계되었다. 그 당시 우리나라는 재정착 난민을 허용하지 않아, 이들은 대부분 미국·프랑스·호주·뉴질랜드·네덜란드·필리핀 등지로 재정착하러 한국을 떠났다. 부산 난민보호소는 1993년 2월 마지막 160여 명의 난민들이 뉴질랜드로 이주하면서 폐쇄되었다.

필자는 베트남 보트피플을 통해 나라 잃은 설움과 국가의 소중함을 다시 한 번 되새기게 되었다. 한국외국어대학교 출판부(정병권 외)에서 번역 발간한 폴란드 낭만파 민족시인 '아담 미츠키에비츠'의 서사시 《판 타데우시(Pan Tadeusz)》에 보면 다음과 같은 구절이 나온다.

리투아니아[29], 나의 조국이여! 잘 있었느냐?
너를 잃었을 때 비로소 너의 소중함을 알 수 있다니,
오늘 내가 너의 아름다움을 노래하는 것은
너를 그리워하고 있기 때문이리니.

성모 마리아여!
(중략)
기적을 베풀어 우리를 조국의 품으로 보내주소서.
향수에 젖은 나의 영혼을 데려가 주소서.

---

28) 법무부, 《출입국관리 40년사》, 2003, 262면
29) 당시 리투아니아는 폴란드의 영토였다.

그 언덕 숲 푸른 니에만 강가의
넓고 넓은 녹색의 들판으로
수많은 곡식으로 수놓아진 그 벌판에는
황금빛 밀과 은빛 호밀이 출렁이고,
황갈색 평지꽃과 눈처럼 흰 메밀 사이에서
아가씨의 수줍음을 머금은 토끼풀이 햇빛 속에서 반짝이고
이 모든 것들이 녹청의 띠처럼 줄무늬 져 있는
여기저기 배나무들이 다소곳이 서 있는 곳으로.

　1834년에 발간된《판 타데우시》는 자연스런 리듬으로 이루어진 운
문 형식 속에 극적인 사건들과 에피소드를 적절하게 배치하여 잃어버
린 조국 폴란드에 대한 그리움을 감동적으로 묘사하고 있다. 아담 미
츠키에비츠(Adam Mickiewics, 1798~1855)는 영국의 문호 세익
스피어에 비견될 정도로 폴란드에서는 가장 위대한 낭만주의 민족 시
인으로 평가받고 있다. 그는 19세기 폴란드가 주변 강국에 의해서 3
분할이 되어 지도에서 완전하게 사라졌던 시기에 꺼져가는 독립의 불
꽃을 다시 피우기 위해 노력하던 폴란드 국민들에게 애국심을 불러일
으킨 인물이다.[30]

4. 우리나라 난민 현황 및 「난민법」의 주요 내용

● 우리나라 난민 현황

매년 6월 20일은 유엔이 지정한 '세계 난민의 날'이다. 법무부 출

---

30) 아담 미츠키에비츠,《판 타데우시(Pan Tadeusz)》, 정병권 외 번역, 한국외국
어대학교 출판부, 2005.

입국·외국인정책본부 난민 통계에 따르면 우리나라에 난민을 신청한 사람은 난민 신청을 접수하기 시작한 1994년부터 2013년 12월 말 현재 6천 643명에 이르고 있다. 이 중 난민으로 인정받은 사람은 377명이며, 인도적 체류허가를 받은 사람은 177명이다. 난민인정자 377명 중 한국 국적 취득자는 12명에 달한다.

'인도적 체류허가'는 난민협약 상 난민에 해당하지 않아 난민 인정이 불허되었으나, 본국으로 돌아가면 생명이나 신체의 자유를 현저히 침해당할 수 있다고 인정할 만한 합리적인 근거가 있는 경우에 인도적 사유로 체류를 허가하는 경우를 말한다.

난민 인정을 받은 377명을 국적별로 살펴보면 미얀마 149명, 방글라데시 75명, 콩고민주공화국 28명, 에티오피아 22명, 이란 13명, 우간다 9명, 중국 7명 등으로 나타났다.

참고로 그동안 난민 인정 신청자 중에 난민 인정자가 적은 이유는 우선 우리나라에 불법 체류 중인 외국인들이 단속에 적발될 경우 강제퇴거 등을 우려하여 난민 인정 신청을 하는 경우가 많았기 때문이다. 다음으로 박해를 주장하는 경우에도 입증 자료 제시 불능, 허위 진술, 진술의 일관성과 신빙성의 부족, 난민 신청자의 자국 내 정치적 상황의 호전 등의 사유로 난민 인정이 불허된 경우가 많았기 때문이다.

현행 「난민법」(제22조)에 따르면 법무부장관은 난민 인정 결정이 거짓 서류의 제출이나 거짓 진술 또는 사실의 은폐에 따른 것으로 밝혀진 경우에는 난민 인정을 취소할 수 있도록 규정하고 있다. 출입국관리 공무원은 난민 신청자가 자신의 신원을 은폐하여 난민의 인정을 받을 목적으로 여권 등 신분증을 고의로 파기하였거나 가짜 신분증을 행사하였음이 명백한 경우에는 그 신원을 확인하기 위하여 출입국사무소장 등으로부터 보호 명령서를 발급받아 보호할 수 있다.

● 「난민법」의 주요 내용

우리나라는 2001년 에티오피아 출신의 난민 신청자에 대해 최초로 난민으로 인정하기까지는 사실상 난민 업무가 출입국행정의 일부라고 보기에는 어려운 실정이었다. 또한, '난민협약' 가입국임에도 불구하고, 난민 신청자는 최소한의 생계를 유지할 수 있는 수단이 봉쇄되어 부득이 불법 취업은 물론 생존권마저 위협당하는 처지에 놓였다. 난민 인정을 받은 자의 경우에도 '난민협약'이 보장하는 권리조차 누리지 못하는 등 난민 처우에 있어서 많은 문제점을 안고 있었다.

이에 난민 인정 업무에 대한 국민의 인지도를 높이고 인권 선진국으로서의 국제적 위상을 높이기 위하여 2009년 5월 25일 황우여 의원 등 24명이 '난민 등의 지위와 처우에 관한 법률안'을 발의하였다. 2012년 2월 아시아에서는 최초로 단일 법률인 「난민법」이 제정되었으며 2013년 7월부터 시행 중에 있다.

「난민법」의 주요 내용을 살펴보면 다음과 같다.

첫째, 이전까지는 주로 국내 입국 후 체류지 관할 출입국사무소에서만 난민을 신청하도록 하였으나, 「난민법」의 시행으로 인천공항 등 출입국항에서도 난민 신청이 가능하게 되었다.

둘째, 난민 인터뷰 시 녹음이나 녹화를 요청할 수 있으며, 통역인이 보장되고, 변호인의 조력을 받을 수 있는 등 난민 신청자의 절차적 권리가 강화되었다. 난민심사의 전문성을 높이기 위해 난민 관련 전문 지식과 경험이 있는 5급 이상 공무원을 '난민심사관'으로 지정하여 난민 신청자에 대한 면접과 사실조사를 전담하도록 하였다.

셋째, 해외 난민 캠프에 보호 중인 난민을 유엔난민기구(UNHCR)

와 협의하여 선별적으로 재정착 희망 난민으로 수용할 수 있는 법적 근거를 마련하였다. '난민의 재정착(resettlement)'은 출신국에서 피난하여 해외 난민 캠프 등에서 비호를 받고 있는 난민을 수용할 의사가 있는 제3국에 정착시킴으로써 비호국에서 적절한 보호를 받지 못하는 난민에 대한 인권보호 및 국제사회의 책임 분담에 그 의의가 있다.

넷째, 난민 인정자에 대해 사회보장, 기초생활 보장, 교육보장, 직업훈련 및 사회적응교육 지원, 가족 재결합 등의 법적 근거가 마련되었다.

다섯째, 난민 신청자의 경우 난민 신청일로부터 6개월까지는 생계비를 지원받을 수 있다. 다만, 6개월 이후부터는 체류자격외 활동허가를 받으면 취업활동이 가능하므로 생계비 지원대상에서 제외된다. 법무부에 따르면 2014년도 난민신청자 생계비 지원 예산은 3억 4,400만 원에 이르는 것으로 나타났다.

5. 기타 난민 관련 사항

● '출입국 · 외국인 지원센터' 건립

우리나라는 난민협약 가입국임에도 불구하고, 지금까지 난민 신청자에 대한 최소한의 생계비 지원 대책도 마련되어 있지 않는 등 국제사회로부터 지속적으로 비난을 받아왔다. 이에 법무부는 출입국업무 지원과 인천공항을 통해 입국한 난민 신청자에 대한 주거 및 기초 생계비 지원은 물론 인천공항 출입국 직원들의 교육 · 연수 등의 목적으로 사용하기 위해, 인천시 중구 영종도에 난민신청자 80여 명이 입주할 수 있는 '출입국 · 외국인 지원센터'를 건립하였다.

동 센터는 2013년 9월 완공되었으나 일부 지역 주민들이 치안 불안 등을 이유로 반대해 정상 운영에 차질을 빚고 있다. 이에 법무부 출입국·외국인정책본부는 지역 주민들을 설득하기 위해 주민협의회 운영, 영종도 내 치안시설 추가 유치, 영종 지역 투자이민제 확대, 이동출입국 운영, 환승 관광 프로그램 확대 등의 정책을 추진할 예정이라 한다.

참고로 영국·미국·캐나다 등 선진국의 경우 난민 신청자에 대한 초기 지원 시설은 공항시설 내 또는 공항 인근에 위치해 있다.

● 일본의 재정착 난민 프로그램

정글에서 살았던 수십 년의 생활을 뒤로하고 일본에 재정착하게 될 18명의 첫 난민 그룹이 아시아 경제 강국에서 새 삶을 시작하기 위해 카메라 세례와 환영객들의 환호 속에 나리타공항에 도착했다. 나리타 공항에 있는 현수막에는 "일본에 오신 것을 환영합니다."라는 문구가 적혀 있었다. 카렌족 농부였던 이들 난민 가족들은 1985년과 2001년 사이에 미얀마를 탈출했다. 부모들의 연령은 모두 28세에서 45세에 이르며, 자녀들은 거의 대부분 태국 북부에 위치한 마에 라(Mae La) 난민촌에서 태어났다.

이들은 일본이 3년에 걸쳐 총 90명의 난민들을 재정착 프로그램에 의해 받아들인 첫 시험사업의 일환으로 건너오게 되었다. 이로써 일본은 아시아 최초의 난민 재정착국이 되었다. 일본은 유엔난민기구(UNHCR)에 두 번째로 많은 난민 기금을 지원하는 나라이다. 일본의 재정착 난민사업은 일본 언론으로부터 굉장한 관심을 불러 일으켰다. 방콕에서 출발할 때부터 나리타에 도착할 때까지 일본 기자들의 숫자는 난민들의 숫자보다 압도적으로 많았다.

난민 그룹에서 가장 나이가 많은 45세의 '나이민'이라는 이름의 난민은 그가 카렌족의 전통에 따라 농업에 종사했다고 말했다. "하지만 일본에 도착한 후에는 저에게 직업훈련만 제공해 준다면 어떤 일에든 종사할 겁니다."라고 말했다. 나이민은 흥분과 기쁨에 넘쳐 온 가족이 며칠간 잠도 못 잤다고 고백하면서 일본을 "아시아 최고의 인권 선진국"이라고 묘사했다. 그는 지난 18년 동안의 고립된 난민촌 생활은 정말 힘들었다고 말했다.

난민들은 일본으로 떠나기 전 마에라 난민촌에서 일본 문화 적응 교육을 받고, 일본의 전통예절도 배웠다. 그들은 앞으로 도쿄에서 아파트를 제공받고 구직을 위한 직업훈련을 포함하여 문화 적응을 위해 더 많은 언어 수업을 들을 예정이다. 마에라 난민촌을 떠나기 전에 난민 자녀들의 꿈은 의사나 교사가 되는 것이었다. 나이민은 각각 7세, 11세, 15세인 세 자녀가 좋은 교육을 받는 것이 그가 일본에서 바라는 가장 큰 꿈이라고 말했다.[31]

● 해적과 난민신청

2011년 1월 소말리아 근해에서 대한민국 국적 선박인 삼호주얼리호를 납치하여 우리 해군에 생포된 소말리아 국적의 해적 5명은 대한민국 법정에서 해상강도 살인미수죄 등으로 기소되어 현재 복역 중이다. 그런데 위 해적들은 2004년 1월 한 일간지와의 인터뷰에서 난민신청을 해서라도 대한민국에 체류하고 싶다는 의견을 남겨 논란이 되고 있다. '유엔해양법협약'은 해적행위를 국제범죄로 규정하고 있다. 동시에 위 해적들은 대한민국에 입국하기 전에 대한민국 밖에서 중대

---

31) UNHCR(유엔난민기구) 뉴스, 〈일본, 아시아 국가 최초로 유엔난민기구의 제3국 재정착 사업 시행〉, (http://www.unhcr.or.kr, 2010. 9. 28.)

한 비정치적 범죄를 저지른 자들이기 때문에 「난민법」 제19조에 의해 난민으로 인정받을 수 없다. 「난민법」 제19조에서는 ▲ 세계평화에 반하는 범죄 ▲ 전쟁 범죄 ▲ 인도주의에 반하는 범죄 ▲ 대한민국에 입국하기 전에 중대한 비정치적 범죄를 저지른 경우 등에는 난민으로 인정할 수 없다고 규정하고 있다.[32]

● 아프리카 부룬디 출신 난민 귀화인, 마라토너 김난민

아프리카 부룬디 출신의 마라토너 김난민(가명) 씨는 본국에서의 박해를 피해 우리나라에 들어와 난민으로 인정을 받아 새로운 삶을 개척하며 열심히 살아가고 있다. 그는 2003년 8월 대구 유니버시아드 육상경기 출전을 위해 한국에 왔다. 당시 모국인 부룬디는 종족 갈등으로 내전이 일어났으며, 그 와중에 가족이 살해되자 우리나라에 입국하여 난민을 신청하였다. 2005년 난민으로 인정을 받았고, 2010년 11월 우리나라에 귀화한 후 김난민(가명)으로 개명했다.

법무부 출입국 계간지 《共zone》(2010년 겨울호)에 실린 글에서 그는 한국 생활을 다음과 같이 이야기하고 있다.

"낮에는 창원공단에 있는 자동차 부품업체에서 영업업무를 담당하고 저녁에는 야간대학교에서 경영학 공부도 하고 있습니다. 학생이든 직장인이든 자기가 맡은 일은 뭐든지 열심히 하는 한국 사람들의 모습을 보면서 참 대단하다고 느꼈습니다. 그래서 한국이 세계적으로 계속 발전할 수 있는 것 같습니다. 뭐든지 열심히 하면 목표를 이룰 수 있다는 것도 한국에서 배웠습니다."

전문 마라토너인 김난민 씨는 한국에서 난민으로 인정받은 후, 한강마라톤 7연속 우승과 동아마라톤대회 3연패를 달성하였다.

---

32) 법무부 출입국・외국인정책본부, 《축조식 난민법 해설》, 2014, 61~62면

한편, 아인슈타인도 쇼팽도 본국에서 박해를 받을 위험에 처한 난민이었다. 그러나 그들을 보호해 준 국가에서 과학발전과 인류 문화에 기여하는 인물로 살 수 있는 기회를 가졌다. 난민은 우리에게 짐이 아닌 소중한 재산이 될 수 있다.

필자는 인간의 존엄성과 국제사회의 정의 실현이라는 인류 공동의 목표에 좀 더 다가가기 위해서는 가장 기본적인 인간의 권리라고 할 수 있는 생명권이 심각하게 위협받고 박해의 위협에 처한 난민들을 보호하고 이들을 우리 사회에 포용하는 데 더 많은 관심과 노력이 필요하다고 생각한다.

제5부
선진 이민행정 구현을 위한 제언

제1장 출입국행정 환경의 변화

1. 출입국관리행정에서 이민행정으로

과거 우리나라 출입국관리행정은 출입국심사, 체류외국인 관리, 불법체류 외국인 단속 및 강제퇴거 업무 등과 같이 내·외국인의 출입국과 외국인의 국내 체류를 적절히 통제하고 관리함으로써 국가의 이익과 질서행정(규제행정)에 중점을 두고 있었다.

하지만 오늘날 체류외국인이 증가하고 체류외국인의 유형도 외국인근로자, 결혼이민자, 유학생, 투자자 등으로 다양화됨에 따라 종래의 국경통제와 체류관리를 위주로 하던 출입국관리행정으로는 출입국행정 환경 변화에 대응할 수 없는 한계에 직면했다.

이에 따라 종래의 국경통제와 체류관리 이외에 다양한 문화적 배경을 가진 재한외국인 사회통합, 해외 우수인재 유치, 외국인 투자자 및 관광객 유치, 국적 부여 및 난민 인정, 외국국적 동포의 거소 업무 지원 등 급부행정(조장행정)까지도 포함하는 현대적 의미의 이민행정이 등장했다.

'제1차 외국인정책 기본계획'에서는 '외국인정책'을 "대한민국으로

이주하고자 하는 외국인과 그 자녀 등에 대해 일시적 또는 영구적 사
회 구성원 자격을 부여하거나, 국내에서 살아가는 데 필요한 제반 환
경 조성에 관한 사항을 정치·경제·사회·문화·외교·국가안보 등
종합적인 관점에서 다루는 국내행정"의 한 분야라고 정의하였다.

'제2차 외국인정책 기본계획'에서는 '외국인정책'을 국경 및 출입국
관리, 국적부여 정책과 이민자 사회통합 정책을 포괄하는 개념으로
사실상 이민정책을 의미한다고 하였다.

따라서 현재 시행 중인 외국인정책은 명목상 공식 용어이지 실제
내용은 국제사회에서 통용되고 있는 국경과 이주민을 대상으로 하는
이민정책(Immigration Policy)의 개념과 일치하는 것이라 할 수
있다.

2. 체류사무소 민원 혼잡도 해소

서울출입국관리사무소(이하 '서울출입국') 입구에 들어서면 "외국인
과 더불어 사는 열린 사회 구현, 우리가 만들어가겠습니다." 라는 글
귀가 담긴 대형 그림이 걸려 있다. 그 그림 바로 옆에는 다음 사진에
서 보는 바와 같이 중국인을 제외한 기타 국가 국민들의 체류 업무를
관리하는 '기타 국가계'가 자리 잡고 있다.

서울출입국 2층 '중국계'는 방문취업(H-2) 비자로 들어온 중국동
포들이 체류기간 연장을 할 시기가 되면 발 디딜 틈도 없이 붐빈다.
1층 '기타 국가계'도 학기가 시작되는 무렵이면 외국인등록이나 체류
기간 연장허가를 받으러 밀려드는 유학생들과 원어민 강사들로 몸살
을 앓는다.

필자의 근무 경험으로 볼 때 대한민국 관공서 중에서 제일 바쁘고

복잡한 곳이 서울출입국이다. 체류외국인은 10년 전에 비해 2배 이상 늘어났는데 담당 직원들의 숫자는 제 자리 걸음인데다 사무실 공간도 부족하여 체류 민원인 카운터도 늘릴 수 없는 실정이다.

민원인들이 체류업무를 보기 위해 대기하는 장면(서울출입국 1층 민원창구)

인천공항출입국의 신속하고 편리한 선진 출입국심사서비스에 감탄한 외국인들이 우리나라 체류외국인 행정의 1번지인 서울출입국을 방문해서는 후진적인 모습에 실망하곤 한다. 이곳을 방문하는 외국인들은 위 사진에서 보듯이, 앉아 있을 공간도 부족한 상태에서 몇 시간을 기다리고 있는 동안 무슨 생각을 할까? 정부 예산과 인력이 정말로 필요한 곳에 적절히 배정되고 있는지 궁금할 따름이다.

법무부 출입국·외국인정책본부는 최근 급증하는 방문 민원인들로 인해 사무실 공간이 좁은 서울출입국사무소를 서울사무소와 서울남부사무소로 분리하여, 본부 격인 서울사무소는 2013년 6월 말까지 과천청사로 이전하고 현재의 자리는 서울남부사무소로 활용할 예정이었다.

하지만 이전 계획이 입법 예고된 상태에서 과천청사에 미래창조과학부가 입주하는 바람에 공간이 부족하여 현재의 건물에서 서울사무소와 서울남부사무소가 어색하고도 불편한 '한 지붕 두 가족' 동거를 하고 있다.

CBS 노컷뉴스는 서로 다른 관할구역을 가진 두 개 사무소가 같은 건물을 쓰고 있으니 찾아오는 민원인들은 혼란스러울 수밖에 없다고 다음과 같이 보도한 적이 있다.

"안내요원들은 민원인들에게 일일이 "주소지가 어디냐"고 묻거나, '주소지'란 말을 빨리 이해하지 못하는 외국인들에겐 "사시는 곳이 어디냐"고 다시 물어야 하는 고충을 감내하고 있다. 중국에서 온 40대 남성은 "별관하고 본관이 나뉘어 있어 어디가 어딘지 잘 모르겠다"며 "몇 년 만에 와도 그런데 처음 온 사람들은 헷갈릴 수밖에 없을 것이다."라고 불만을 토로했다. 부처 이기주의 때문에 애꿎은 민원인들은 물론 직원들까지도 피해를 보고 있다."[1]

3. 출입국관리사무소 명칭 변경

일반 국민들 사이에서는 체류외국인 150만 시대와 다문화사회를 맞이하였는데도 출입국관리사무소가 무슨 일을 하는 기관인지 모르는 사람들이 많다. 심지어 인천공항에 근무하는 출입국심사관을 세관직원으로 잘못 알고 있는 국민들도 많다.

법무부는 제1차 외국인정책 기본계획 수립 당시 '이민'이라는 용어

---

1) CBS 노컷뉴스(2013. 7. 26.), 출입국사무소 '한 지붕 두 살림'…부처 간 알력에 '유탄', 서울사무소와 남부사무소 '어색한 동거'…과천 이전 기약 없이 지연돼.

에 대해 국민들이 '해외이민'과 혼동할 우려가 있어 '이민정책' 대신 '외국인정책'으로 사용하기로 하였다고 한다. 또한, 출입국관리사무소의 명칭도 예를 들어 서울지방 이민본부 또는 서울이민청 등으로 바꾸려 해도 일부 부처에서 이를 반대하여 50년 전에 사용한 출입국관리사무소라는 명칭을 그대로 사용하고 있다.

'출입국관리사무소'의 명칭은 지금부터 50년 전인 1961년 출입국관리업무가 외무부에서 법무부로 넘어오던 당시 일본의 출입관리국을 본떠 사용한 것으로 외국인을 관리한다는 부정적인 인식을 심어줄 우려가 있다.

우리나라는 1960~1970년대 가난한 시절 서독·중동 등지로 광부와 간호사, 건설노동자들을 파견하던 인력 송출 국가였다. 또한, 많은 국민이 더 나은 삶을 찾아 미국 등 해외로 이민을 갔다. 영어로는 해외로 나가는 이민을 emigration이라 부른다.

하지만 우리나라는 1988년 서울올림픽의 성공적 개최로 국제적 위상이 높아지고 급속한 경제성장으로 임금이 상승하자, 일자리를 찾아 동남아시아 국가 국민들이 우리나라에 대거 들어오면서 외국 인력 유입국으로 변했다. 국제결혼에서도 1990년대 초반을 기점으로 결혼이민 수출국에서 결혼이민 유입국으로 바뀌었다. 영어로는 국내로 들어오는 이민을 immigration이라 부른다.

현재 우리나라에는 전 세계 200여 개 국가에서 온 150만여 명의 외국인이 체류하고 있다. 10년 후인 2025년에 가서는 전체 인구의 5%에 해당하는 250만여 명의 외국인이 우리나라에 체류할 것으로 예상된다. 이처럼 우리는 다문화 시대와 국내 이민(immigration)의 시대에 살고 있다.

특히 올해는 1963년 「출입국관리법」이 제정된 이래로 50주년이 되는 뜻깊은 해로 발상의 전환이 필요한 때이다. 출입국에 이민이라는 명칭을 사용해서는 안 된다는 것은 시대착오적인 생각으로 이 같은 인식은 '부처 이기주의'에서 비롯됐다고 본다.

4. '이민다문화청' 설립

출입국관리업무는 1961년 외교부에서 법무부로 이관되어 법무부 검찰국 소속 출입국관리과에서 운영되어 오다, 1970년 4월 20일 출입국관리국으로 승격되었다. 2007년 5월 10일 외국인정책을 체계적으로 수행하기 위해 출입국관리국을 출입국·외국인정책본부로 확대·개편하였다.

현재 출입국·외국인정책본부는 법무부에 소속되어 있으며 출입국·외국인정책본부장 아래에 출입국정책단장과 국적통합정책단장이 있다. 출입국·외국인정책본부는 출입국기획과, 출입국심사과, 체류관리과, 이민조사과, 외국인정책과, 국적과, 난민과, 이민통합과, 이민정보과 등 9개 과로 이루어져 있다.

지방조직으로는 인천공항, 서울, 부산 등 19개의 출입국관리사무소와 포항, 목포, 속초 등 21개의 출장소가 있다. 또한, 화성, 청주 등 2개의 외국인보호소가 있다. 중국, 몽골, 태국, 방글라데시 등 불법체류 다발국가 재외공관에 26명의 사증발급 담당 출입국주재관이 파견되어 있다.

전국 출입국관리사무소 직원은 2,000여 명으로, 이 중 약 3분의 1인 600여 명은 출입국심사업무의 중심기관인 인천공항출입국사무소에서 근무하고 있다. 200여 명은 체류사무소의 중추기관인 서울출입국사무소(서울남부출입국사무소 포함)에서 근무하고 있다.

필자가 서울출입국 기획팀장으로 근무할 때 업무혁신 회의를 주재하는 장면

전국 출입국관리사무소에서는 출입국심사, 선박 검색 및 상륙허가, 사증발급인정서 발급, 체류기간 연장허가 등 각종 체류허가, 불법체류 외국인 단속과 보호 및 강제퇴거, 출입국관리법 위반자 조사 및 심사결정, 국적 및 난민업무, 외국국적 동포 거소신고업무, 재한외국인 사회통합 지원업무 등을 수행하고 있다.

한편, 외국인정책은 외국인을 직접 대상으로 하고 있으나, 일단 입국한 외국인은 우리나라의 정치 · 경제 · 사회 · 문화 · 안보 등 다방면에 걸쳐 영향을 미치게 된다. 따라서 법무부 출입국 · 외국인정책본부 외에도 다수 부처들이 부분적으로 외국인 관련 업무를 수행하고 있다.

예를 들면 외교부의 재외동포과에서는 해외에 거주하고 있는 재외동포 관련 정책을 수행하고 있다. 고용노동부의 외국인력정책과에서는 외국인 고용허가제 관련 사항을, 산업통상자원부의 투자정책과에서는 외국인투자유치 정책을 추진하고 있다. 안전행정부의 주민자치과에서는 외국인 주민관련 사항을, 여성가족부의 다문화가족지원과에서는 다문화가족 지원 사업을 수행하고 있다.

우리나라의 외국인정책 관련 법률로는 「출입국관리법」, 「국적법」, 「재한외국인 처우기본법」,「재외동포의 출입국과 법적지위에 관한 법률」, 「난민법」, 「외국인근로자의 고용 등에 관한 법률」, 「다문화가족지원법」 등이 있다.

'이민정책'은 국경관리정책, 외국인력 유입정책, 다문화정책, 재한외국인 사회통합정책, 재외동포정책, 해외 우수인재 및 외국자본 유치 지원정책 등과 밀접하게 연계되어 있다. 이렇듯 이민정책의 모든 분야는 톱니바퀴처럼 서로 유기적으로 맞물려 있어 국가이익과 안전을 도모함과 아울러 국가 성장 동력의 발판을 구축하는 데 있어서 어느 하나 소홀히 할 수 없는 중요한 국가기능이라 할 수 있다.

특히 우리나라는 자원이 부족하고 저출산·고령화 현상으로 생산가능 인구가 줄어들고 있어, 이에 대한 대비책으로 무분별한 단순기능인력 유입보다는 우수한 전문기술인력을 유치하여 국가 성장 동력으로 활용해야 하는 등 이민정책의 중요성이 날로 커지고 있다.

그럼에도 불구하고 출입국·외국인정책본부가 정부 부서 내에서 차지하는 위상은 하위 수준에 머물러 있다. 또한, 현재의 인력과 예산 및 조직으로는 선진 이민행정을 구현하는데 한계가 있다.

석동현 전 출입국·외국인정책 본부장은 2011년 '검찰동우지'에 기고한 글에서 법무부에 소속한 출입국·외국인정책본부는 업무비중이나 부서 위상이 검찰국 등 타 실국에 비해 상대적으로 낮게 평가되고 있는 관계로 법무부 소관 예산이나 시설 및 인력 등에 있어서 우선순위에서 밀려나 개선이 필요하다고 지적한 바 있다.

매일경제신문에서는 특별기획 '한국형 이민모델 만들자'2)에서 "외국인 및 이민관련 업무를 처리하는 장관급 부처만 법무부, 고용노동부, 여성가족부, 교육부, 안전행정부, 보건복지부 등 10개 안팎에 이르며, 또한 국무총리실 산하에 법무부의 외국인정책위원회, 고용노동부의 외국인력정책위원회, 여성가족부의 다문화가족정책위원회 등 3개 위원회가 별도로 설치돼 외국인 및 이민관련 업무를 총괄하고 있다."고 지적하였다.

그러면서 "각 부처가 힘을 합쳐 앞으로 나아가도 시간이 부족할 판인데 밥그릇 싸움만 하고 있으며, 또한 경제성장의 불씨를 살릴 동력 중 하나로 이민정책 및 다문화정책이 주목받고 있지만 이들 정책을 조율할 컨트롤타워가 없기 때문에 부처 간 업무중복에 예산낭비가 심하다"고 보도한 적이 있다.

이와 같이 컨트롤타워가 없다 보니 각 부처별로 경쟁적으로 추진되는 이민정책 및 다문화정책은 불가피하게 서비스의 중복과 대상의 누락이라는 모순된 효과를 가져 온다는 점에서 비판의 대상이 되고 있다.

필자는 부처 간 업무중복과 예산낭비를 막고 이민정책 및 다문화정책의 실질적인 집행과 효과를 극대화하기 위해서는 이민정책 및 다문화정책을 총괄할 수 있는 가칭 '이민다문화청' 설립이 시급하다고 본다.

독일은 2004년 통합이민법을 제정하였으며 이민·난민청을 설립했다. 호주는 이민시민부가 설치되어 있으며 캐나다는 국적이민부가 설치되어 있다.

---

2) 매일경제신문(2013. 6. 16.)

제2장 해외 우수인재 유치와 글로벌 환경 조성

1. 우리나라 외국인 전문인력의 현주소

법무부 출입국·외국인정책본부에서 발간한 《통계 월보》(2013년 12월호)에 따르면 취업자격 체류외국인은 55만 명으로 나타났다. 이 중 비전문취업(E-9) 비자로 들어온 외국인근로자와 방문취업(H-2) 비자로 들어온 동포 근로자 등 단순기능 인력은 50만 명으로 대부분을 차지하고 있다.

대학교수, 연구원, 기술자, 원어민강사, 금융업 종사자 등 외국인 전문인력은 5만여 명에 불과하다. 외국인 유학생은 8만여 명으로 전년대비 3,000여 명(3.8%)이나 감소하였다.

대한무역투자진흥공사(KOTRA)는 2010년 전문직종 비자인 특정활동(E-7) 비자로 국내에 들어와 취업한 외국인 전문인력 400여 명에 대해 실태조사를 실시한 적이 있다. 그에 따르면 국내 기업체에 취업한 '외국인 전문인력' 4명 중 1명은 한국의 폐쇄적 기업 문화에 적응하지 못하고 1년 안에 회사를 그만두고 자기 나라로 돌아간 것으로 나타났다.

정부는 우수한 기술력이나 산업 재산권을 가진 외국인 벤처기업가에게도 기업투자(D-8) 비자를 허용하고 있다. 그러나 벤처기업의 평가 기준이 엄격하고 절차가 복잡하여 벤처기업가에 대한 투자비자 발급 건수는 미미한 것으로 나타났다.

또한, 2010년 「국적법」을 개정하여 해외 우수인재에게도 복수국적을 허용하고 있으나, 우수인재로 복수국적을 취득한 사람은 주로 한국계 미국인 등 한국 국적 회복자인 것으로 나타났다.

2. 세계는 '글로벌 인재(global talent)' 유치 경쟁

《이코노미스트》는 2012년 10월호에서 "세계 500대 기업의 40%를 이민자나 그들의 자녀들이 설립했다"면서 "그만큼 이민자 집안 출신의 기업가들은 개척가적인 정신으로 성공할 확률이 높고 이는 곧 새로운 제품과 일자리를 창출해 그 나라 경제에 활력을 불어 넣는다"고 보도한 적이 있다.

국경의 장벽을 넘어 글로벌 경쟁이 심화되면서 세계 각국은 지금 해외 우수인재를 유치하여 지속적인 국가 성장 동력으로 활용하고자 글로벌 인재 유치 경쟁을 벌이고 있다.

글로벌 인재 유치를 위해 세계 각국은 어떠한 노력을 기울이고 있는지 알아본다. 우선 미국의 경우에는 전문직 취업이민 비자(EB1, EB2)와 전문직 단기취업 비자(H1B)를 통해 한 해에만 무려 14만여 명의 외국인 고급인력을 받아들이고 있다. 또한, 우리나라의 전문직종 비자의 일종인 특정활동(E-7) 비자에 해당하는 전문직 단기취업(H1B) 비자의 경우 매년 석사와 박사학위 소지자에게는 2만여 명, 학사학위 소지자에게는 6만 5,000명씩 할당하고 있다. 전문직 단기취업 비자의 경우 1회에 부여하는 체류 허가 기간의 상한은 3년이며, 1회에 한하여 연장이 가능하다. 따라서 최고 6년간 미국에 체류할 수 있다.

미국은 지난 1980년대 인도·중국·러시아 등 이민자 출신 엔지니어와 벤처기업가들을 받아들여 '실리콘밸리(Silicon Valley)'의 신화를 만들어냈다. 실리콘밸리(Silicon Valley)는 반도체 재료인 실리콘(Silicon)과 샌프란시스코에 위치한 산타클라라 계곡(Valley)을 합쳐서 만든 말이라 한다.

야후(Yahoo)의 공동 창업자 제리 양(Jerry Yang)은 대만에서 태어났고, 구글(Google)의 공동 창업자 세르게이 브린(Sergei Brin)은 유태인계 러시아 출신이며, 인텔(Intel)의 공동 창업자 앤드류 그로브(Andrew Grove)는 헝가리에서 태어났다. 이들은 글로벌 시장에서 미국의 국가 경쟁력에 기여한 글로벌 인재들이다.

캐나다의 경우에는 이민자 선발에 있어 투명성을 보장하기 위해 점수제(point system)를 운영하고 있다. 이는 이민 신청자의 학력, 연령, 직업, 수입, 업적, 언어구사 능력 등을 점수(point)로 환산하여 이민자를 선발하는 제도를 말한다. 캐나다는 이민이 성장과 번영 및 문화적 다양성을 이룩하는데 원동력이 된다고 여기고 매년 20만 명 이상의 신규 이민자들을 받아들이고 있다.

캐나다 정부는 '경험이민제도'를 도입하여 캐나다 현지에서 2년 이상 대학(전문대 이상)을 졸업하고 3년 이내에 1년간 전공 분야에서 일을 한 경험이 있으면 영주권 신청 자격이 주어진다.

경험이민제는 영어 구사 능력과 캐나다 현지에서의 적응력과 경험을 가진 유학생들에게 영주권 혜택을 부여함으로써 캐나다 경제발전에 이바지하도록 하는 데 목적이 있다.

캐나다 시민이민부는 최근 미국의 실리콘밸리나 인도의 뱅갈로드처럼 캐나다 판 실리콘밸리를 만들어 창의적인 아이디어를 가진 창업가들과 첨단산업에 종사하는 과학자 및 IT 분야 기술자들을 이민으로 받아들여 일자리 창출과 경제발전에 이바지하도록 하는 창업비자(Start-up Visa)를 신설하였다. 전문대 이상의 학위를 가진 자로 캐나다 벤처캐피털에서 7만 5,000달러(한화 8,000여만 원 상당) 이상을 지원받고 영어능력시험에 합격하면 창업비자 신청 자격이 주어진다.

일본 정부는 오는 2020년까지 외국인 유학생을 기존 12만 명에서 30만 명으로 늘리기로 했다. 이를 위해 유학생들에게 체류기간 연장 신청 등 절차를 간소화하고 비자 심사기간을 단축해 주는 등 행정 편의를 제공하는 한편, 졸업 후 일본 내 기업 취업 지원 등 다양한 혜택을 제공하고 있다. 이는 일본 정부가 예전에는 유학생들이 일본인의 일자리를 뺏는다고 생각했지만, 지금은 오히려 이들이 일본 경제발전에 이바지한다는 긍정적인 평가를 하고 있다는 뜻이다.[3]

싱가포르 정부는 외국인 고급 인력을 적극적으로 유치하기 위하여 영주권 취득 절차 간소화, 폭넓은 가족 동반 허용, 각종 사회보장 혜택 등 인센티브를 제공하는 전략을 구사하고 있다. 또한, 미국 와튼스쿨이나 유럽 인시아드 등 세계 최고 수준의 학교 분교를 설립해 외국인 고급 인력들이 교육을 받으면서 자연스럽게 일할 수 있는 정책을 실시하고 있다.

칠레는 적극적인 외국인 창업지원정책에 힘입어 새로운 정보기술(IT) 인재의 요람으로 주목받고 있다. 《이코노미스트》는 2012년 10월호에서 "지난 2년간 전 세계 37국에서 모여든 인재들이 칠레에서

---

3) 출입국·외국인정책본부 계간지(共zone, 2009 가을호), 38면

약 500개의 기업을 창업했다."라고 보도했다.

그러면서 칠레와 대표적인 IT 벤처 요람인 미국 캘리포니아의 실리콘밸리를 결합한 '칠레콘밸리'라는 신조어가 탄생했다. 또 칠레 정부는 비자 규정을 완화하는 등 외국 기업을 적극적으로 끌어들이고 있으며, '스타트업 칠레(Start-Up Chile)' 프로그램을 운용하고 있다."라고 밝혔다. '스타트업 칠레' 프로그램은 우수한 외국 벤처기업가들을 유치하기 위해 1년짜리 취업비자와 사무실 및 4만 달러의 창업자금을 제공하는 것을 주요 내용으로 한다.

3. 우리나라의 글로벌 인재 유치 관련 이민정책

우리나라도 경쟁력 있는 글로벌 인재를 유치하여 국가 성장 동력으로 활용하고 외국 자본을 유치하여 국민 일자리 창출과 지역 경제 활성화에 이바지하기 위한 다양한 이민정책을 시행하고 있다.

첫째, 해외 우수인재의 경우 국내 거주 기간과 관계없이 귀화할 수 있도록 '특별귀화' 요건을 완화하였다. 또한, 2010년 「국적법」을 개정하여 대한민국에 특별한 공로가 있거나 해외 우수인재로서 특별귀화한 자, 국적회복 허가를 받은 자로서 대한민국에 특별한 공로가 있거나 해외 우수인재로 인정받은 자에게는 복수국적을 허용하고 있다. 미화 50만 달러 이상을 투자하고 5명 이상의 한국인을 고용한 고액투자 외국인에게는 국내 거주 기간에 관계없이 영주(F-5) 자격을 부여하고 있다.

둘째, 국내에 체류 중인 외국인 전문인력에 대해서는 법무부장관이 고시한 연령, 학력, 소득, 한국어 능력 등을 점수(point)로 평가하여 영주(F-5) 자격을 부여하는 '점수이민제'를 시행하고 있다. 이는 총

120점 중 80점 이상이면 안정적인 국내 체류와 경제활동이 자유로운 거주(F-2)자격을 부여한 후 3년이 지나면 영주(F-5) 자격으로 변경하는 제도를 말한다.

특히 외국인 전문인력 중에서 ▲성실하게 세금을 내는 자 ▲인력난이 심각한 이공계 분야 전공자 ▲사회통합 프로그램 한국어 과정 이수자에 대해서는 점수이민제 평가항목 배점 시 가산점을 부여하고 있다.

셋째, 기존 기업투자(D-8) 비자는 외국인 투자자가 직접 경영에 참가하는 직접 투자 방식에만 적용되어 해외 자본 유치에 한계가 있었다. 이에 정부는 외국 자본 유치를 통한 지역 경제 활성화를 위해 '부동산 투자이민제'를 도입하였다. 이는 법무부장관이 고시한 지역의 휴양시설(콘도나 리조트, 펜션 등)에 기준금액(5억 원) 이상을 투자한 외국인에게 경제활동이 자유로운 거주(F-2)자격을 부여한 후 5년이 지나면 영주(F-5) 자격으로 변경해 주는 제도를 말한다.

'부동산 투자이민제'는 2010년 2월 제주도에서 가장 먼저 시행된 이후 현재는 강원도 평창 알펜시아와 전남 여수 대경도 해양관광단지, 인천시 영종지구 경제자유구역과 부산시 해운대 등으로 확대되어 시행되고 있다. 투자 실적은 2013년 3월 말 현재 383건에 2,497억 원에 이르고 있다.[4]

넷째, 외자 유치를 통해 중소기업 지원 및 낙후 지역 개발 등 공익사업에 필요한 재원을 마련함으로써 국민 일자리 창출과 지역 경제 활성화에 이바지할 목적으로 '공익사업 투자이민제'를 도입하였다. 이는 한국정책금융공사가 신설한 펀드에 5억 원 이상을 예치하거나 법무부장관이 고시한 낙후 지역의 개발 사업에 5억 원 이상을 출자한

---

[4] 법무부 보도자료(2013. 4. 15.), "외국자본 유치를 위해 부동산 투자이민 기준 금액 대폭 낮춘다."

외국인에게 경제활동이 자유로운 거주(F-2) 자격을 부여한 후 5년이 지나면 영주(F-5) 자격으로 변경해 주는 제도를 말한다.

다섯째, 해외 우수인재와 기업정보를 연계하여 고용계약을 체결할 수 있도록 데이터베이스(DB)를 구축한 후 기업이 쉽게 글로벌 인재를 채용하도록 지원하는 '온라인비자 시스템'(HuNet KOREA)을 도입하였다.

이는 국내에 취업을 희망하는 외국인 전문인력이나 이를 고용하고자 하는 국내 기업이 온라인비자 시스템에 회원으로 가입하면 온라인(on-line)으로 비자 및 사증발급인정서를 신청할 수 있는 제도를 말한다. 온라인비자 신청 및 심사를 통해 1개월 이상 걸리던 비자 발급 기간을 1주일 이내로 단축하고, 기업은 전문 외국인력 채용에 드는 비용을 절감하는 효과를 가져왔다.

4. 해외 우수인재 유치를 위한 글로벌 환경 조성

외국인 전문인력을 유치하기 위해 아무리 좋은 제도를 도입하고 이민 문호를 개방해도 이들이 대한민국을 매력적인 나라로 인식할 수 없으면 미국·캐나다·호주·싱가포르 등지로 발길을 돌릴 것이다.

미국은 취업이민 비자 받기가 까다로워도 몇 년을 기다리면서까지 이를 받으려 한다. 그만큼 미국이라는 나라는 매력이 있다는 뜻이다.

바야흐로 국적을 쇼핑하는 시대가 됐다. 한국이란 나라가 매력이 없으면 한국 국적 소유자도 다른 나라로 국적을 바꿀 것이다.

외국의 우수 인력을 적극적으로 유치하기 위해서는 이들에게 영주권이나 복수국적의 혜택을 주는 방법 이외에, 이들이 관심을 갖는 자녀교육 문제나 의료 및 주택 문제는 물론 내국인과 외국인이 더불어 살아갈 수 있는 글로벌 환경 조성이 뒷받침되어야 할 것이다.

주세영 삼성경제연구소 수석 연구원은 《SERI 경영노트 : 글로벌 인재 전쟁 2.0》에서 글로벌 인재의 역량을 극대화하고 이를 효과적으로 활용하기 위해서는 기존의 인재 '확보 전략'과는 다른 '활용 전략'이 필요하다고 다음과 같이 지적하고 있다.

첫째, 모내기식 인재 배양을 해야 한다. 논에 모내기를 하듯 3∼5명씩의 글로벌 인재를 팀 단위로 활용하는 전략이 필요하다. 정착 기간 동안 서로 의지하면서 언어 장벽을 이겨내고 타문화에 대한 적응력을 키운 후 현장에 재배치하는 것이 중요하다.

둘째, 글로벌 인재가 건강하게 육성될 수 있는 생활 환경을 조성해야 한다. 글로벌 인재들이 타문화 환경에서 겪고 있는 문제들을 이겨낼 수 있도록 소통 정책 활성화, 인사제도 개선, 인프라 확충 등 전면적인 기업 문화의 체질 개선이 필요하다.

셋째, 전문가의 과학적 · 체계적 관리가 필요하다. 전문가를 통해 글로벌 인재의 타문화 적응도를 진단 · 연구하고 다양성 관리 방안을 마련하는 한편 적응 프로그램을 체계적으로 지원해야 한다.

주세영 연구원은 "얼마나 많은 글로벌 인재를 보유했느냐보다는 얼마나 오래 글로벌 인재를 확보하고 있으면서, 이들이 성과에 기여하고 리더로 성장했는지가 핵심"이라고 언급하고 있다. 그러면서 "글로벌 인재가 로컬 인재와 융화되어 자신의 회사처럼 로열티를 가지고 공정한 경쟁을 통해 CEO로 성장할 수 있을 만큼 제도적 뒷받침이 갖춰질 때 비로소 글로벌 인재 활용은 성공할 수 있다."라고 한다.[5]

《워싱턴포스트》는 최근 세계 각국 사회과학자들이 81개국을 대상

---

5) 주세영, 《글로벌인재 전쟁 2.0 : 인재 확보에서 활용으로》, SERI 경영노트(제166호), 삼성경제연구소, 2012.

으로 조사한 '세계 가치관 조사(WVS)' 자료를 토대로 국가별 인종적 배타성을 분석한 결과, 한국이 타인종에 의외로 배타적이라는 연구 결과가 나왔다고 보도한 적이 있다.

동 분석 결과에 따르면 "한국인은 3명 중 1명 정도가 타인종을 이 웃으로 삼고 싶지 않다고 답했는데, 타인종을 이웃으로 거부한다는 답변 비율이 30%를 넘긴 것은 동아시아 지역은 물론이고 경제협력개 발기구(OECD) 국가들 가운데 한국이 유일하다."라고 보도했다.

따라서 경쟁력 있는 글로벌 인재를 유치하려면 글로벌 환경 조성과 인프라 구축은 물론 외국인에 대한 차별과 편견 대신 다양성의 존중 을 통해 우리 사회의 다양한 가치를 포용하고 통합해 냄으로써, 이들 을 국가 발전을 위한 창조적 에너지원으로 활용하려는 적극적인 노력 이 필요하다고 본다.

제3장 '인권 친화적'인 이민행정의 구현

'이민행정'은 주권 국가의 엄정한 법 집행을 통해 국가 이익을 추구하는 행정이다. 그런 의미에서 출입국관리 공무원이 「출입국관리법」 위반자인 불법체류자를 단속하고 강제퇴거하는 것은 주권국가로서의 당연한 권리 행사에 속한다.

하지만 불법체류자 단속 및 강제퇴거 업무 등이 국가의 고유한 주권 행사에 속한다고 할지라도, 최근 인권의 보편적·국제적 추세에 따라 그 조치가 인도주의 원칙에 반하거나 정의 관념에 배치되는 경우에는 재량의 이탈 또는 남용의 예가 적용되어 국제적인 비난과 고립을 면하지 못할 것이므로 신중한 행사가 요구된다 하겠다.

"세계 속에서 우리는 국제사회의 일원으로 살아가며 '국제 기준(global standard)'을 지킬 것을 요구받기 때문에 이민행정은 비록 「출입국관리법」이라는 국내법에 따라 집행한다 할지라도 세계 각국의 이목이 집중되는 행위이다. 그런 면에서 보면 인권 친화적이고 합리적이며 절차적으로 정당성을 확보한 이민행정은 국제사회 속에서 공신력을 확보할 수 있는 중요한 외교적 수단이기도 하다."6)

---

6) 오경석 외, 앞의 책, 117면

'세계인권선언' 제2조 제1항에서는 "모든 사람은 인종, 피부색, 성, 언어, 종교, 정치적 또는 그 밖의 견해, 민족적 또는 사회적 출신, 재산, 출생, 기타의 지위 등에 따른 어떠한 종류의 구별도 없이 이 선언에 제시된 권리와 자유를 누릴 자격이 있다"라고 규정하고 있다.

대한민국 「헌법」은 기본권의 주체를 '국민'으로만 표현하고 있으나 헌법재판소는 "기본권의 보장에 관한 각 「헌법」 규정의 해석상 국민과 유사한 지위에 있는 외국인도 기본권 주체가 될 수 있다."라고 판시하였다. 그러면서 "인간의 존엄과 가치, 행복 추구권은 인간의 권리로서 외국인도 주체가 될 수 있고, 평등권도 인간의 권리로서 참정권 등에 대한 성질상의 제한 및 상호주의에 따른 제한이 있을 뿐이다."라고 판결한 적이 있다.

1. 불법체류자 발생 원인과 단속

최근 실적 위주의 무리한 단속 과정에서 불법체류자가 도주하다 건물 옥상 등에서 떨어져 부상을 입거나 심지어는 사망하는 사고도 발생하고 있다. 단속 공무원도 불법체류자가 휘두른 흉기에 찔러 부상을 당하기도 한다. 일부 언론에서는 종종 출입국관리 공무원의 불법체류자에 대한 무리한 단속과 적법 절차 위반 등 인권침해 사례를 보도하기도 한다.

법무부 출입국 · 외국인정책본부에서 발간한 《통계 월보》(2013년 12월호)에 따르면 불법체류자는 18만여 명으로 나타났다. 「출입국관리법」에 따르면 "외국인은 체류자격과 체류기간의 범위 내에서 대한민국에 체류할 수 있으며 지정된 근무처에서만 근무하도록" 되어 있다. 현재 불법체류자 관리대책은 이민정책의 중요한 부분을 차지하고 있다.

🔵 불법체류자 발생 원인

첫째, 관광이나 방문 등 단기비자로 입국하여 체류기간이 도과해도 출국하지 않고 계속해서 국내에 체류하면서 불법 취업한 경우로 불법체류자의 절반 정도를 차지한다.

둘째, 비전문취업(E-9) 비자나 방문취업(H-2) 비자로 입국하여 근로 조건과 근무 환경이 좋지 않아 사업장을 이탈하거나 근로계약기간(3년 내지는 4년 10개월)이 끝나도 출국하지 않고 잠적하여 불법 취업하는 경우이다. 고용주는 외국인근로자가 근무처(사업장)를 무단 이탈하면 출입국관리사무소에 신고하도록 되어 있다. 사업장 이탈로 신고하면 소재 불명자로 처리되므로 체류기간이 남아 있더라도 체류 허가가 취소되어 불법체류자가 된다.

셋째, 유학 등 장기비자로 국내에 체류하다 입국 목적 및 체류활동이 끝나면 본국으로 돌아가야 하나, 돌아가지 않고 불법으로 눌러앉는 경우에도 불법체류자가 된다.

넷째, 우리나라에 입국한 외국인들 중에서 성명, 생년월일, 여권번호 등을 대조하여 입국기록과 출국기록이 일치하지 않는 경우에는 출입국 기록상 불법체류자로 분류된다. 최근 출입국기록상 불법체류자가 발생하는 주요 원인으로는 ▲ 미국·캐나다 등지에서 출생한 복수국적자의 외국 여권과 한국 여권 이중 사용 ▲ 입출국 시 성명 불일치 ▲ 주한미군 등 SOFA 해당자에 대해 출입심사관이 착오로 협정(A-3, 협정상 기간) 체류자격을 관광통과(B-2, 90일) 체류자격으로 심사하는 경우 등을 들 수 있다.

🔵 불법체류자 발생현황 분석

법무부 출입국·외국인정책본부의 '불법체류자 발생현황 분석' 자료에 따르면, 최근 3년간 발생한 신규 불법체류자 수는 2011년 6만 3,000여 명, 2012년 7만 2,000여 명, 2013년 5만 6,000여 명으로 나타났다. 2013년 불법체류자 수가 전년 대비 21%나 감소한 이유는 국내 경기침체에 따른 외국인 일자리 감소와 2010년부터 시행하고 있는 외국인 입국심사 시 지문 및 얼굴 확인시스템 도입으로 입국심사가 강화된 때문으로 보인다.

한편, 최근 3년간 발생한 신규 불법체류자를 체류자격별로 살펴보면 다음과 같다. 비전문취업(E-9) 자격이 26.4%로 가장 많고, 이어서 관광통과(B-2) 자격 13.2%, 단기방문(C-3) 자격 12.4%, 사증면제(B-1) 자격 11.1%, 방문취업(H-2) 자격 6.8% 순으로 나타났다.

참고로 정부나 언론에서는 불법체류자라는 용어를 사용하나 학계와 이주민 인권단체에서는 미등록 이주민 또는 서류 미비 이주민(undocumented migrants)이라는 용어를 사용한다. 그 이유는 불법체류자는 범죄를 저지른 형사범이 아니라 체류기간을 초과하여 「출입국관리법」을 위반한 행정범이며, 불법체류자라는 용어 자체가 불법이라는 개념을 내포하고 있어 잠재적 범죄자로 오인할 우려가 있기 때문이다.

필자는 국가인권위원회 근무시절 차원에서 불법체류자라는 용어보다는 미등록 이주민이라는 표현이 적합하다고 생각되나, 각종 통계자료상의 용어의 혼동을 피하기 위해 부득이 불법체류자라는 용어를 사용하였음을 밝혀둔다.

불법체류자들은 「출입국관리법」을 위반한 자들로 이들에 대한 단속과 보호 및 강제퇴거 조치는 국가 주권 행사에 속한다. 다만, 대법원 판결이나 인권위원회의 권고처럼 불법체류자 단속이나 보호 및 강제퇴거 집행 과정에서 적법 절차를 준수하고 이들의 인권이 침해되지 않도록 해야 할 것이다.

국가인권위원회는 출입국관리 공무원이 길거리에서 외국인을 대상으로 불심검문하는 경우, 단속 대상 외국인에게 자신의 신분을 표시하는 증표를 제시하면서 소속과 성명을 밝히고, 여권 등의 제시를 요구하는 목적과 이유를 명확히 설명하여 외국인에 대한 인권침해 소지가 없도록 권고한 바 있다.

또한, 출입국관리법령에서는 출입국관리 공무원이 불법체류자 단속을 위해 그의 주거 및 사업장 등을 방문할 때 주거권자나 사업주의 동의를 받도록 규정하고 있다. 따라서 주거권자나 사업주의 동의를 받을 수 없는 경우에는 법원으로부터 압수수색 영장을 발부받도록 하는 등 형사사법 절차에 준하는 통제 장치를 마련할 것을 권고한 바 있다.

필자는 국가인권위원회 근무 시절 크리스 웨이츠 감독의 〈이민자〉(원제 Better life)라는 영화를 본 적이 있다. 이 영화의 줄거리는 다음과 같다.

멕시코에서 미국으로 건너와 정원사로 일하며 하루하루 고단함 속에서도 오직 아들의 밝은 미래를 위해 열심히 살아가는 불법체류자 카를로스. 하지만 그의 아들 루이스는 아버지의 마음은 아랑곳하지 않고 반항기 가득한 사춘기를 보낸다.

어느 날 함께 일하던 멕시코 동료는 카를로스에게 "난 수년 전 무일푼으로 미국에 들어와 트럭 한 대를 샀다. 그동안 이 트럭으로 돈을 벌어 이제 고향인 멕시코로 돌아가야 한다."라고 하면서 자신의 중고 트럭을 살 것을 권유한다. 그러면서 이것은 트럭을 사는 게 아니라 '아메리칸 드림'을 사는 거라고 유혹한다.

카를로스는 며칠간 고민하다 결혼해 미국에 살고 있는 여동생을 찾아가 자초지종을 설명한다. 여동생은 남편 몰래 수년간 모아둔 돈을 오빠에게 빌려준다. 그 돈으로 '아메리칸 드림'을 실현시킬 유일한 길인 중고 트럭 한 대를 산다. 그리고 그날 밤 아버지는 아들에게 "아빠는 이 트럭으로 열심히 일을 해서 아메리칸 드림을 이룰 것이다."라고 말한다.

하지만 그의 희망은 오래 가지 않았다. 수십 미터 높이의 종려나무에 올라가 작업을 하고 있는 동안 동료인 산티아고는 카를로스의 트럭을 훔쳐 달아난다. 카를로스는 지난 6년 동안 미국에 건너와 더 나은 삶, 오늘보다 나은 내일을 꿈꾸며 힘든 일도 마다치 않고 열심히 일했다. 그리고 생애 처음으로 가장 희망에 찬 다짐을 하려던 순간에 카를로스 자신과 아들 루이스의 미래, 그리고 자신에게 꿈을 빌려준 여동생의 미래까지도 한순간에 물거품으로 만들어버릴 위기에 처한다.

이제 카를로스의 유일한 희망은 어떻게 해서든 '아메리칸 드림'을 실현시켜 줄 잃어버린 트럭을 되찾는 것이다. 아들 루이스도 트럭을 찾기 위해 아버지를 따라 나선다. 그동안 아들 루이스는 아버지의 마음은 몰라준 채 반항기 가득한 학창시절을 보냈다.

그러나 중요한 재산인 트럭을 훔쳐간 범인을 함께 찾아다니기 시작하면서 마음의 문을 열며 서로의 진심을 알아가게 된다. 우여곡절 끝에 카를로스는 트럭을 훔친 산티아고를 찾아낸다. 그리고 잃어버린 트럭도 다시 찾는다. 그러나 트럭을 몰고 오던 도중 교통경찰관의 불심검문에 불법체류자라는 사실이 밝혀져 이민국으로 넘겨진다.

카를로스는 사랑하는 아들을 여동생에게 맡겨둔 채 멕시코로 강제추방되기 직전 이민국 내 외국인보호실에서 아들과 마지막 대화를 나눈다.

"내가 처음 미국에 왔을 때 널 어떻게 키울지 막막했다. 하지만 그런 아빠를 일으켜 세워준 건 바로 너였다. 비록 아버지는 불법체류자

신분이었지만 네가 자라는 모습을 보면서, 그리고 외롭고 힘든 생활 속에서도 네가 내 곁에 있었기에 꿈과 희망을 잃지 않고 열심히 살려고 노력했다."

그러면서 그것이 바로 '내 삶의 의미'이자 '내가 살아가는 이유'라고 말하면서 눈시울을 적시는 장면에서, 필자는 아들을 향한 아버지의 따뜻한 정을 느낄 수 있었다. 또한, 출입국관리 공무원으로서 외국인의 인권에 대해 다시 한 번 생각해 볼 수 있는 소중한 계기가 된 것 같았다.

필자가 서울출입국사무소 보호실에 근무하던 시절, 국내에서 불법체류하다 단속된 보호외국인을 강제퇴거하기 위해 호송차에 몸을 싣고 인천공항으로 가던 어느 날이었다. 차창 밖에는 가을비가 추적추적 내리고 있었고, 마침 라디오에서는 멕시코 출신의 불법 이민자의 슬픈 사연을 담은 노래 〈돈데 보이(Donde Voy)〉가 흘러나오고 있었다.

이 노래는 멕시코 이민자 출신의 미국인 가수 '티시 이노호사(Tish Hinojosa)'가 불러 유명해진 것으로, 돈데 보이(Donde Voy)는 스페인어로 '나는 어디로 가야 하나?'를 뜻한다. '아메리칸 드림'을 꿈꾸며 미국 국경을 넘으려고 수십 km에 달하는 사막을 헤매다, 고향에 두고 온 사랑하는 사람을 그리워하는 한 멕시코 출신 불법 이민자의 애환을 노래로 표현한 것이다.

돈데 보이(Donde Voy)
(나는 어디로 가야 하나?)

새벽녘, 날이 밝아오자 난 달려가고 있어요.
태양 빛으로 물들기 시작하는 어느 하늘 아래를……

태양이여, 부디 내 모습이 이민국에 드러나지 않도록 해주세요.

내 마음속에 느끼는 이 고통은

사랑으로 인하여 받은 상처예요.

나는 당신과 당신의 품속을 생각하고 있어요.

당신의 입맞춤과 애정을 기다리면서…

나는 어디로 가야 하나요?

나는 어디로 가야 하나요?

희망을 찾고 싶어요.

나는 사막을 헤매는 도망자처럼

혼자가 되었어요.

2. 인권 친화적인 이민행정의 중요성

인권 친화적인 이민행정을 구현하기 위해서 무엇보다 중요한 것은 가장 가까이서 외국인과 이주민을 대하는 담당 공무원들의 인권 감수성과 다문화 의식 함양이다. 특히 동남아시아나 아프리카 등 저개발국에서 온 외국인이나 이주민에 대한 편견과 고정관념으로 업무를 처리해서는 아니 될 것이다.

한국인 이병규 씨는 그의 저서 《절망을 딛고 서서》에서 캐나다에 도착하자마자 겪게 된 수많은 시련 속에서 캐나다의 눈부신 자연도, 기억 속의 아름다운 이미지도, 심지어 마음에 품은 원대한 꿈조차도 물설고 낯선 이국땅에서의 삶을 대신해주지는 못한다고 적고 있다. 또한, "끓어오르는 분노가 있어도 언어장벽으로 인해 표현할 수가 없고, 학력과 지식이 있어도 써먹을 데를 찾기 힘들며 한국과 마찬가지로 캐나다도 양심을 속이는 사람들이 존재하고 있는 게 이민생활의

현실이다."라고 고백하는 등 이민생활에서 부딪히는 삶의 진실을 포장 없이 밝혀주고 있다.[7]

특히 그는 체류기간 연장 허가를 받으러 갈 때마다 캐나다의 한 이민국에 근무하는 패디라는 직원이 외국인 혐오증에 걸려 있는 인종차별주의자라고 생각될 정도로 불친절하고 오만한 태도에 기가 질렸다며 다음과 같이 술회하고 있다.

"패디는 캐나다 정부를 대표하여 자국으로 들어오는 외국인들의 각종 이민 업무를 최일선에서 처리해 주는 공무원이다. 그런데도 그가 인종차별 의식에 사로잡혀, 특히 아시아나 남미에서 온 외국인들에게 이토록 불친절하고 잔인하게 굴면 캐나다라는 나라에 대해 좋은 인상을 가질 외국인이 과연 어디 있겠는가?"

이는 한국인의 눈에 비친 캐나다 이민국의 한 단면을 보여주는 것인데 우리나라의 상황은 어떠할까?

네팔 출신의 '찬드라 쿠마르 구릉'은 1992년 산업연수(D-3) 비자로 한국에 들어와 광진구의 한 섬유공장에서 미싱 보조사로 일했다. 1993년 11월 동네 분식점에서 라면을 먹은 찬드라는 식사를 마친 후 계산을 하려다 지갑을 숙소에 놓고 가져오지 않은 것을 알았다.

한국인과 비슷하게 생긴데다 한국말도 어눌하여 분식점 주인은 찬드라를 무전취식자로 경찰에 신고했다. 신고를 받고 출동한 경찰은 찬드라가 행색이 초라하고 한국말을 더듬거리자 단순 행려자로 오인했다. 결국, 찬드라는 청량리에 있는 한 정신병원으로 보내졌다.

당시 찬드라는 36세였으며 합법적으로 체류 중인 외국인 산업 연수생이었다. 이후 찬드라는 용인에 있는 한 정신병원에 감금되었다. 그녀는 서투른 한국말로 "나는 네팔 사람이다." "내가 일하던 공장에

---

7) 이병규, 《절망을 딛고 서서 : 이병규의 캐나다 이민 30년사》, 북랩, 2013.

가면 네팔 여권과 비자가 있다."라며 호소해도 아무도 그녀의 말에 귀를 기울이지 않았으며 오히려 정신이상자로 취급할 뿐이었다.

네팔에 있는 찬드라의 어머니는 찬드라가 실종되었다는 소식에 충격을 받고 몸져누웠다가 세상을 떠났다. 6년 4개월 동안 정신병원에서 손이 묶이고 강제로 약물을 투여 받는 등 고통스러운 나날을 보낸 찬드라는 한 정신과 의사의 진료 도중 정신병자가 아니라 네팔에서 온 산업연수생이라는 사실이 밝혀졌다. 그녀는 2000년 3월 감금 상태에서 풀려나 그리운 가족이 있는 네팔로 돌아갔다.[8]

이 사건은 박찬욱 감독에 의해서 〈믿거나 말거나, 찬드라의 경우〉라는 단편 영화로 제작되었다. 이 영화는 국가인권위원회가 일반 대중의 '인권 감수성'을 향상시키기 위해 기획한 '인권영화 프로젝트'로 탄생한 옴니버스 영화 〈여섯 개의 시선〉의 마지막 편에 들어 있다.

찬드라를 6년 4개월 동안 정신병원에 갇혀 있도록 한 것은 한국 사회가 부도덕해서가 아니라 우리와 닮은 외모를 한 그녀가 우리와 다른 언어를 사용하는 사람일 수도 있다는 것을 상상하지 못했기 때문이다. 이 사건은 네팔 언어를 이해하지 못한 경찰 공무원의 인권 감수성과 다문화에 대한 이해 부족으로 발생한 대표적인 인권침해 사례에 속한다고 할 수 있다.[9]

서울지법 민사합의 13부는 찬드라 씨가 우리 정부를 상대로 낸 손해배상 청구소송에서 "국가는 원고에게 2,800만 원을 지급하라"며 원고 일부 승소 판결했다. 재판부는 판결문에서 "경찰이 기본적인 확인 절차 없이 찬드라를 한국인 정신병자로 잘못 알고 정신병원에 감금했으며, 정신병원 측으로부터 그가 네팔인으로 추정된다는 연락을 두 번이

---

8) 위키백과(한글), '찬드라 쿠마리 구룽', (검색일 : 2013. 10. 21.)
9) 오경석 외, 앞의 책, 251면

나 받았음에도 이를 무시하는 등 직무상 의무를 위반한 책임이 인정된다."라고 밝혔다. 재판부는 또 "네팔 측 시민단체로부터 찬드라의 실종신고를 받고 이를 제대로 처리했다면 정신병원에서 퇴원할 수 있었지만 아무런 조치를 취하지 않았던 책임도 있다."라고 덧붙였다.[10]

3. 출입국업무와 외국인 인권의 조화

현행 「출입국관리법」에는 불법체류자 단속 공무원이 사업주의 동의 없이는 사업장에 출입하여 불법체류자를 단속할 근거규정이 없다. 그래서 사업장에 불법체류자가 있다는 신고를 받고 출동하더라도 사업주의 동의를 얻지 못하면 사업장에 들어갈 수 없다. 그러다 보니 단속 공무원이 단속을 시도하다 적법절차 위반으로 국가인권위원회에 진정을 당하거나 법원에 소송을 당하기도 한다.

또한, 불법체류자에 대한 단속은 외국인의 강제퇴거라는 행정목적을 달성하기 위한 행정 행위로서의 성격과 「출입국관리법」 위반자에 대한 수사 절차로서의 성격을 함께 가지고 있으나, 수사 절차로서의 단속의 적법성에 대한 연구는 부족한 실정이다.

따라서 단속 공무원이 불법체류자가 근무하고 있다는 신고를 받고 사업장에 출동한 경우 사업주가 동의하지 않거나 단속을 방해하는 경우, 「출입국관리법」에 불법체류자를 확인·조사하기 위하여 사업장 등에 출입할 수 있는 근거 규정을 마련할 필요가 있다.

한편, 경찰 등에서 불법체류자들을 검거하여 출입국사무소에 신병을 인계할 경우, 이들 중에 임신여성, 정신질환자, 알코올중독자 등

---

10) 중앙일보 인터넷판(http://article.joins.com/news)(2002. 11. 6.) "네팔인 정신병원에 감금…국가에 2,800만 원 배상 판결"

이 있으면 즉시 보호실에 보호조치할 수도 없고 그렇다고 바로 석방할 수 없어 매우 난처한 입장에 처하기도 한다. 특히 야간, 새벽, 주말, 공휴일 등 취약시간대에 문제 발생 우려가 있는 불법체류자의 신병 인계가 빈발하고 있어 응급상황 발생 시 적절하게 대처하기 곤란하며 이들의 보호에 따른 안전사고 발생 및 인권침해 등의 문제점이 나타나고 있다.

현행 '보호 일시 해제'는 피보호자의 신청에 의해서만 가능하도록 되어 있다. 따라서 긴급한 경우에는 보호 일시 해제 단서 조항에 2,000만 원 이하의 보증금을 낼 형편이 없는 경우라도 신원보증인을 세우면 주거 제한 등의 요건을 붙여 출입국사무소장 등의 재량으로 보호를 일시 해제할 수 있는 방안을 검토할 필요가 있다.

● 강제퇴거의 유래와 미국인 선교사 강제퇴거 사건

종교적 측면에서의 인류역사상 최초의 강제퇴거 사건은 아담과 이브가 뱀의 유혹에 넘어가 선악과를 따먹은 결과 하나님의 진노 하심으로 에덴동산에서 쫓겨난 사건이라 할 수 있다. 강제퇴거는 국내법을 위반한 외국인에 대하여 행사하는 것이 원칙이나, 때로는 자국민에 대해서도 이들의 국적을 박탈한 후 무국적자로 만들어 국외로 추방하기도 한다. 즉 정적을 제거하기 위해 자국민이나 그의 지지자들로부터 일정기간 타국으로 추방하는 것으로, 이는 기원전 5세기경 그리스 아테네에서 행해진 '도편추방제(Ostracism)'에 기원을 두고 있다. 구소련에서 발생한 노벨문학상 수상자인 솔제니친의 강제 추방도 정치적 목적

을 위해 자국민에 대해 강제 퇴거한 사례에 속한다.[11]

한편, 1974년 12월 출입국당국은 선교 목적의 비자로 입국하여 선교활동 중이던 미국인 '조지 오글(George Ogle)' 목사에 대해 「출입국관리법」 위반을 이유로 강제퇴거한 적이 있다. 이 사건은 우리나라에 개신교가 전파된 이래 발생한 외국인 선교사에 대한 최초의 강제퇴거 사건에 속한다.

오글 목사는 국내에 입국한 뒤 미연방 감리교 선교부 산하 영등포 도시산업 선교회에서 선교활동을 하던 중 유신헌법 철폐 등 수차례에 걸쳐 정치활동을 하였다. 이에 따라 출입국당국은 그에 대해 대한민국의 법질서를 존중하도록 권고하면서 정치활동을 중지하도록 요청했다.

하지만 그는 정치활동과 체류자격 외 활동허가를 받지 않고 대학에서 강연활동 등을 계속함으로써 「출입국관리법」 위반으로 강제퇴거 조치를 당했다. 이 사건은 외국인 선교사에 대한 정치적 탄압과 인권문제 등에 있어서 미국의 관심과 항의를 유발하였고, 한·미 간의 공조체제 유지에 장애요인이 되기도 하였다.[12]

법무부는 이 사건을 계기로 출입국관리법령을 개정하여 외국인의 정치활동 금지 조항을 신설하였다. 「출입국관리법」 제17조에서는 외국인의 정치활동과 관련하여 "대한민국에 체류하는 외국인은 출입국관리법 또는 다른 법률에서 정하는 경우를 제외하고는 정치활동을 하

---

11) 박상순, "외국인에 대한 강제적 수단과 절차에 관한 연구", 이민행정연구회, 제6회 M.paz 정기포럼, 2010, 125~126면
12) 법무부, 《출입국관리 40년사》, 2003, 191~192면

여서는 아니 된다."라고 규정하고 있다.

다만, 외국인이 정치활동을 하였다는 이유로 강제퇴거 조치할 경우 정치활동의 범위, 정도, 방법 등을 일률적으로 정하기 어렵다. 또한, 자의적인 기준에 근거한 정치활동임을 내세워 강제퇴거할 경우 헌법상의 표현의 자유, 집회 및 시위의 자유 등이 침해될 가능성이 있다. 따라서 대한민국에 체류하는 외국인이 정치활동을 한 때에는 강제퇴거 조치 이전에 우선 법무부장관이 서면으로 활동의 중지 및 기타 필요한 명령을 내릴 수 있도록 하고 있다.

강제퇴거(deportation)는 「출입국관리법」 위반자 등 국익에 바람직하지 않은 외국인에 대한 행정처분의 일종으로 당해 외국인에 대하여 국내 체류를 불허함은 물론 당해 외국인의 의사에 반하여 강제로 대한민국 영토 밖으로 추방하는 가장 강력한 행정처분을 말한다. 따라서 강제퇴거 권한을 행사함에 있어서는 이를 남용하거나 행정 편의주의 차원에서 운영되어서는 아니 될 것이다.

최근 고등학교에 재학 중이던 몽골인 김민우 군이 불법체류자라는 이유로 강제퇴거 당한 사건이 언론에 크게 보도된 적이 있다. 우리나라도 가입한 '아동권리협약'에는 아동의 권리와 학습권을 보장하도록 하고 있다. 김민우 군은 비록 불법체류자 신분이지만 10년간 한국에서 부모와 함께 살면서 고등학교 1학년에 재학 중인 점을 고려하여 엄정한 법집행 이전에 인도주의 관점에서 그의 인권에 좀 더 세심한 배려가 있었더라면 하는 아쉬움이 남는다.

최근 불법체류자 단속과 관련하여 언론에 보도되고 있는 내용은 적법 절차를 따르지 않았다는 등 부정적인 내용이 대부분으로 심지어 '인간 사냥꾼'이라고 호도되고 있다. 단속 활동에 대한 그간의 부정적인 시각을 전환하는 의미에서 길거리 단속이나 유흥업소를 제외한 사업장에 대한 야간 단속은 가급적 지양하되 법무부에서 발표한 단속의 사전 예고제를 적극 활용할 필요가 있다.

또한, 불법체류자 단속이나 보호 및 강제퇴거 집행 과정에서 적법 절차를 준수하고 외국인의 인권이 침해되지 않도록 불법체류자 단속이나 보호외국인 담당 공무원에 대한 인권 감수성 및 다문화 함양 교육이 필요하다고 본다.

법(法)과 인권(人權)은 자전거의 앞뒤 바퀴처럼 서로 끌어주고 지탱하는 관계로 발전해 나가는 것이 우리가 바라는 인권 선진국의 모습일 것이다. 인권 선진국으로서의 국제적 위상을 높이기 위해선 '출입국 업무와 외국인 인권의 조화'가 필요하다 하겠다.

제4장   50년의 역사를 간직한 서울남부출입국사무소를 '대한민국 이민사박물관'으로

1. 서울남부출입국사무소의 연혁

서울출입국관리사무소 전경

서울출입국관리사무소는 1963년에 신설되어 1992년 안국동 임차 청사에서 현재의 독립 청사인 목동으로 이전하였다. 이후 수원사무소, 의정부사무소의 분리 독립에 이어 2006년 5월에는 세종로 출장소가 신설되었다.

서울출입국사무소는 급증하는 출입국행정 수요를 감당할 청사 시설 등이 부족하여 양천구 목동에 위치한 본소 이외에 사증발급인정서 발급을 전담하는 별관과 강북 지역 9개 구를 관할하며 본소 수준의 업무를 수행하는 세종로출장소, 투자 외국인 체류연장 및 증명발급을 담당하는 시청분소, 그리고 수도권 난민신청을 통합 접수하는 난민실을 별도로 운영하였다.

필자가 2008년 기획팀장으로 근무하던 시절 서울출입국사무소는 서울특별시와 성남시·안양시·과천시 등 경기 남부 5개 시를 관할하는 체류외국인 행정의 중추기관이었다. 당시 서울출입국사무소는 일평균 4,000명이 넘는 민원인이 방문하였으며, 일평균 1,600건이 넘는 체류 민원 신청을 접수하여 전국 체류허가 업무의 32%를 처리하였다.

서울출입국사무소는 2013년 직제 개정으로 서울출입국사무소와 서울남부출입국사무소로 분리되었으며, 현재의 자리는 서울남부출입국사무소로 활용하고 있다.

2. 미국 이민사박물관
(Ellis Island Immigration Museum)

미국의 자유의 여신상 근처에 위치한 엘리스 섬(Ellis Island)은 비행기가 없던 시절, 배를 타고 들어오는 유럽 이민자들의 출입국을 심사해 주던 이민국 사무소가 있었던 곳으로 미국 이민사의 애환이 서려 있는 유서 깊은 섬이다.

미국 연방정부는 19세기 후반 유럽인에게 이민 문호를 대폭 개방함과 동시에 1892년 1월 1일 뉴욕의 엘리스 섬에 이민국 사무소를 오픈하면서 이민자들을 받아들이기 시작했다.

당시 수많은 이민자들은 가슴 속에 저마다의 꿈을 앉은 채 자유의 여신상을 바라보며, 근처의 엘리스 섬에 들어선 이민국 사무소의 입국심사대를 통과해야 기회의 땅 뉴욕으로 들어갈 수 있었다. 그래서 이민자들은 입국심사대를 '황금의 문(golden gate)'이라 부르게 되었다.

입국심사대를 무사히 통과한 이민자들에게 엘리스 섬은 희망의 섬(island of hope)이었다. 하지만 당시 엘리스 섬에 도착한 이민자들 가운데 3% 정도는 입국이 거부되어 눈물을 머금은 채 자기 나라로 돌아가야만 했다. 그래서 이들에게는 엘리스 섬이 눈물의 섬(island of tears)이 되었다.

국토안보부 산하 시민이민국(CIS) 통계에 따르면 엘리스 섬에 이민국 사무소가 들어선 1892년부터 1954년 폐쇄될 때까지 60여 년 동안 1,200만 명 이상의 이민자들이 입국심사와 신체검사 등 검역 절차를 밟고 뉴욕으로 들어왔다고 한다.

자유의 여신상을 바라보며 저마다 가슴에 꿈과 희망을 품고 엘리스 섬에 위치한 이민국의 입국심사를 통과하여 미국 시민이 된 이들의 후손들은 오늘날 1억 명 이상으로 미국 전체 인구(3억 명)의 30% 이상을 차지하고 있다.

미 연방정부는 1965년 「수정 이민법」 통과 이후 엘리스 섬을 포함한 자유의 여신상 일대를 국립공원으로 지정하고 30년간 방치된 이민국 사무소에 대한 복구공사를 시작하였다. 그 결과 1990년 9월 10일 '미국 이민사박물관'(Ellis Island Immigration Museum)으

로 탈바꿈함으로써 오늘날 자유의 여신상과 함께 뉴욕의 관광명소가 되었다.[13]

　미국 이민사박물관에는 당시 이민자들의 생생한 모습과 기록, 수집품 등은 물론 이민 비율과 통계자료를 전시해 놓고 있다. 이민사박물관 1층 입구에 들어서면 당시 이민자들이 가져온 가방과 짐짝들이 전시되어 있다. 특히 이민국 심사를 받기 위해 길게 줄을 서서 기다리고 있는 이민자들의 모습을 담은 사진도 볼 수 있다.

　1900년대를 시기별로 나누어 미국에 들어온 이민자들과 미국을 떠난 이민자들의 숫자를 화살표로 보여주고 있다. 2층에 위치한 등록실은 까다로운 입국수속 절차를 마친 사람들이 이민 등록을 하던 곳으로 이민이 절정을 이루던 당시에는 매일 5,000여 명의 이민자들로 북새통을 이루었다고 전해진다.

　미국 이민사박물관은 과거 이민국 사무소의 모습을 그대로 재현해 이민자들의 입국수속 절차를 음향과 함께 생생하게 보여주고 있으며, 〈희망의 섬, 눈물의 섬〉이라는 기록 영화가 수시로 상영되어 이민자들의 삶의 모습과 애환을 들려주고 있다. 특히 이민자들을 기리기 위해 설치한 '명예의 벽(wall of honor)'에는 당시 이곳을 통과한 70만 명에 이르는 이민자들의 이름이 새겨져 있다.

　미국 이민사박물관에 따르면 매년 200만 명 이상의 관광객들이 이곳을 방문한다고 한다.

---

13) 미국 이민사박물관 홈페이지(www.ellisisland.org), "엘리스 아일랜드 역사(Ellis Island History)".

3. 희망의 섬(Isle of Hope), 눈물의 섬(Isle of Tears)

1892년 1월 1일 뉴욕의 엘리스 섬에 이민국 사무소가 들어선 뒤 입국심사를 통과한 첫 번째 이민자는 아일랜드 출신의 14세 소녀 '애니 무어(Annie Moore)로 기록돼 있다. 그녀는 당시 어린 두 남동생과 함께 미국에 먼저 건너가 살고 있던 부모님을 만나기 위해 증기선 네바다호를 타고 12일간의 항해 끝에 1891년 12월 31일 엘리스섬에 도착했다. 다음 날인 1892년 1월 1일 입국수속을 밟고 미국 땅을 밟았는데, 마침 이날은 애니무어의 15회 생일이기도 했다.

19세기 중엽 수많은 아일랜드인들은 자국에서 발생한 대기근으로 인한 가난과 질병에서 벗어나기 위해 고국인 아일랜드를 떠나 꿈과 희망을 찾아 '기회의 땅' 미국으로 이민을 갔다. 애니 무어의 가족도 그중 하나였다.

애니 무어는 수산물시장의 종업원으로 일하던 독일계 이민자와 결혼해 11명의 자식을 낳고 살다가 47세의 나이에 심장질환으로 세상을 떠났다고 전해진다.

미국 이민사박물관과 그녀가 미국으로 이민을 떠날 때 배를 타고 떠났던 아일랜드 코브(Cobh) 항에는 애니 무어와 어린 두 남동생을 기념하는 조각상이 설치되어 있다.

작곡가 브렌던 그라함(Brendan Graham)은 당시 미국 이민사의 애환이 깃들인 아일랜드 출신의 미국 이민자 '애니 무어'라는 14세 소녀를 기리기 위해 〈희망의 섬, 눈물의 섬(Isle of Hope, Isle of Tears)〉을 작곡하였다. 이 곡은 아일랜드 출신의 4인조 여성 그룹 셀틱우먼(Celtic Woman) 등이 불러 유명해진 것으로 애니 무어는 이 노래를 통해 초기 미국 이민자들의 고달픈 삶과 애환을 상징하는

인물로 널리 알려지게 되었다.[14)]

다음은 〈희망의 섬, 눈물의 섬〉 가사의 일부분이다.

Isle Of Hope, Isle Of Tears,
Isle Of Freedom, Isle Of Fears,
But It's Not The Isle You Left Behind.
That Isle Of Hunger, Isle Of Pain,
Isle You'll Never See Again
But The Isle Of Home Is Always On Your Mind

희망의 섬, 눈물의 섬
자유의 섬, 두려움의 섬
하지만 그곳은 당신이 떠나온 섬과는 다르죠.
그 배고픔의 섬, 고통의 섬
결코, 다시는 보지 못할 섬
하지만 고향의 섬 아일랜드는 언제나 당신의 마음속에
그리움으로 남아 있겠죠.

● 아일랜드 대기근(Great Famine)

아일랜드는 우리와 비슷한 슬픈 역사를 가지고 있다. 우리 조상들은 일제강점기 시절 우리말 사용을 금지당하고 일본식 성명을 강요당하며 살아왔다. 또한, 기근과 일제의 박해를 피해 민주와 연해주로 이주를 떠나기도 하였다. 19세기 중엽 대부분의 아일랜드인들은 모

---

14) Wikipedia, Annie Moore(Immigrant), http://en.wikipedia.org/wiki/Annie_Moore_
   (immigrant) (검색일 2013. 8. 2.)

국어인 '게일어' 마저 사용을 금지당한 채 영국계 지주 밑에서 소작농으로 힘든 생활을 하고 있었다. 당시 아일랜드인들은 밀과 옥수수 같은 다양한 작물들을 재배하고 있었으나 영국계 지주들이 이를 영국으로 가져가는 바람에 주식으로 감자를 심기 시작했다.

하지만 1845년 감자 마름병이 아일랜드 전역에 발생하여 썩은 감자로 연명하던 수많은 아일랜드인들이 굶어 죽게 되었다. 1845년 인구조사에 따르면, 아일랜드의 인구는 800만 명에 이르는 것으로 나타났다. 하지만 대기근이 끝난 7년 뒤인 1851년에는 인구가 200만명이나 줄어들었다. 200만 명 중 100만 명은 굶주림과 콜레라와 같은 질병으로 죽었으며, 나머지 100만 명은 당시 '관선(棺船, Coffin Ship)'이라 부르는 낡은 배에 몸을 싣고 영국, 호주, 캐나다, 미국 등지로 이민을 떠났다. 이 배에 이와 같은 이름이 붙게 된 이유는 승선한 사람들의 약 5분의 1이 항해 중 굶주림과 역병으로 사망했기 때문이다.[15] 19세기 중엽 아일랜드인들에겐 구황작물인 감자는 축복이 아니라 재앙이었다.

4. 인천의 '한국이민사박물관'을 찾아

필자는 작년 봄 지금부터 110년 전에 하와이 사탕수수 농장으로 이주한 한인 노동자들의 삶과 애환이 깃든 '한국이민사박물관'을 방문한 적이 있다.

인천광역시 중구 월미공원에 위치한 '한국이민사박물관'(Museum of Korea Emigration History). 입구에 들어서면 간판 아래에 "2003년 하와이 이민 100주년을 맞아 우리 선조들의 해외에서

---

15) 한일동, "아일랜드: 수난 속에 피어난 문화의 향기", 살림출판사, 2007.

의 개척자적 삶을 기리고 그 발자취를 후손들에게 전하기 위해 인천광역시 시민들과 해외동포들이 함께 뜻을 모아 건립한 우리나라 최초의 해외 이민사박물관이다."라는 글귀가 보인다.

박물관 측에 따르면 우리나라 첫 공식 해외이민의 출발지였던 인천에 한국 최초의 해외 이민사박물관을 건립함으로써 한인들의 해외이민의 역사를 체계화할 수 있는 기반이 마련되었다고 한다.

전시실은 한인의 해외이민의 역사를 한눈에 볼 수 있도록 테마별로 4개로 구성되어 있다.

제1전시실은 '미지의 세계로' 편으로 이민의 출발지였던 개항 당시의 인천을 소개하고 우리나라의 첫 공식 해외이민이 이루어지기까지의 국내 정세 및 하와이 상황을 살펴볼 수 있다. 또한, 이민자들을 싣고 하와이로 떠난 첫 선박인 갤릭호 모형을 통해 당시 이민자들의 길고 험난했던 여정도 생생히 체험해 볼 수 있다.

제2전시실은 '극복과 정착' 편으로 하와이에 정착한 한인들의 애환과 개척자로서 미국 전역에 뿌리를 내린 발자취 등을 담은 사진자료 및 유물을 전시하고 있다. 하와이 사탕수수 농장에서 사용하였던 물통과 도시락, 신분 확인용으로 걸고 다녔던 방고 등이 전시되어 있어 당시 한인 이민자들의 고단한 삶을 보여주고 있다. 또한, 하와이 한인학교를 연출해 놓은 교실에는 그 당시 사용했던 교과서도 전시되어 있다.

제3전시실은 '또 다른 삶과 구국 염원' 편으로 중남미로 떠난 한인들의 삶과 조국의 광복을 위해 몸을 바친 선조들의 활약상이 전시되어 있다. 당시 멕시코·쿠바·파라과이 등 중남미로 이민을 떠나는 모습과 특히 사기 이민에 속아 멕시코 에네켄 농장에서 채찍을 맞아가며 노예처럼 일한 1,033명의 멕시코 한인 노동자들의 힘든 삶도 보여주고 있다.

제4전시실은 '세계 속의 대한인' 편으로 전 세계 각국으로 진출하여 국위를 선양하고 있는 700만 해외동포들의 현황과 염원을 보여주고 있다.

5. 서울남부출입국사무소를 대한민국 이민사박물관으로 활용해야 하는 이유

서울출입국사무소는 1963년에 신설되어 1992년 안국동 임차 청사에서 현재의 목동 독립 청사로 이전된 이후 서울특별시와 안양시 등 경기 남부 5개 시(市)를 관할하는 우리나라 체류외국인 행정의 중추기관이었다.

50년의 역사를 간직한 서울출입국사무소는 국내에 거주하는 중국동포를 포함한 외국인이라면 누구나 한 번쯤은 외국인 등록이나 체류기간 연장허가를 받기 위해 방문했던 곳으로 이들의 애환과 추억이 깃든 곳이라 할 수 있다.

지난 2007년 3월부터 시작된 방문취업제 시행 이후 중국동포들이 외국인 등록 및 체류기간 연장허가를 받으러 새벽부터 100m 이상 길게 줄을 서서 기다리는 진풍경이 벌어지곤 하였다. 당시 서울출입국사무소 2층 중국계는 하루 평균 3,000명이 넘는 민원인들이 방문하여 그야말로 시장터를 방불케 했다. 일부 언론에서는 대한민국 관공서 어디를 가도 서울출입국사무소처럼 복잡하고 바쁜 곳은 없다고 보도하기도 하였다.

서울출입국사무소는 바쁜 와중에도 청사 마당 여기저기에 신문지를 깔고 무료히 앉아 하염없이 순서를 기다리는 민원인들에게 조그만

위로라도 될 수 있을까 고민한 끝에 점심시간을 이용하여 '민원인을 위한 작은 음악회'를 열기도 했다.

2007년 방문취업제 시행 초기, 발 디딜 틈도 없이 혼잡한 2층 중국계의 민원 창구 모습

　필자가 기획팀장으로 근무하던 2007년 9월 27일 서울출입국사무소의 일일 방문 민원인은 5,000여 명으로 최대를 기록했다. 이 중 본관 2층에 위치한 중국계 방문 민원인은 3,000여 명으로 60% 이상을 차지했다. 당시 중국계 담당직원 21명 중 민원접수창구 직원 14명으로는 일평균 방문 민원인 3,000명을 감당할 수 없어 번호표 발급이 오후 3시에 마감되는 경우도 있었다.

　서울출입국사무소는 혼잡 민원 해소책의 일환으로 체류허가가 날인된 여권을 회수하기 위해 서울출입국을 다시 방문하는 불편을 해소하고 민원처리 결과를 택배로 민원인의 주소지로 송부하는 '택배송부제'를 실시하였다.

또한, 특정 요일 및 시간대 민원 집중을 막기 위해 방문 최적시간 알림제를 실시하였다. 방문 최적시간 알림제는 2006년 법무부 민원 서비스 우수 사례로 언론 보도(세계일보 2006. 12. 26.)된 적이 있다. 아울러 대기시간 및 민원 혼잡도를 완화하기 위해 인터넷 예약창구를 운영함과 아울러 전문 민원 상담관을 배치하고 결혼이민자들을 자원봉사자로 활용하기도 하였다.

한편, 서울출입국은 재한외국인 사회통합의 일환으로 결혼이민자들이 낯설고 물선 곳에 와서 소외당하지 않고 국내에 조기 정착하도록 지원하는데도 힘을 쏟았다. 당시 전국 10만여 명의 결혼이민자 중 3만여 명(30%)이 서울출입국 관할구역 내에 거주하고 있었다. 이들에 대한 체계적인 정착지원 시스템을 구축하기 위해 결혼이민자 24명을 국가별 대표자로 선정하여 '결혼이민자 네트워크'를 만들었다.

이들의 모임을 활성화하기 위하여 3층에 '결혼이민자 사랑방'을 설치하여 신규 결혼이민자 후견, 민원안내 자원봉사 등 다양한 활동을 하였다. 또 결혼이민자 온라인 카페를 개설하여 결혼이민자들 상호간에 정보를 교환하도록 하였다.

서울출입국은 주말 등 공휴일을 이용하여 ▲ 결혼이민자 가족과 출입국 가족 어울림 한마당 행사 ▲ 결혼이민자와 함께한 충남 태안 앞바다 기름 제거 자원봉사 ▲ 결혼이민자를 위한 고충 상담회 ▲ 불우 외국인 돕기 일일찻집 행사 등 다양한 다문화가족 지원사업도 벌였다. 이렇듯 서울출입국은 결혼이민자 등 다문화가족에게는 추억이 깃든 곳이라 할 수 있다.

결혼이민자와 출입국관리소 직원 하나 되는 가을 운동회

결혼이민자들이 출입국관리소 직원들과 함께 '가을 운동회'를 갖고 평소 느꼈던 한국 사회와의 거리감을 좁혔다. 법무부 출입국 외국인 정책본부는 13일 경기도 용인시 법무연수원 대운동장에서 '결혼이민자와 함께하는 출입국 가족 한마당 축제'를 열었다.

이날 행사에는 결혼이민자 가족 200여 명이 참석해 평소 관리와 단속의 이미지로만 남아 있던 전국 출입국관리사무소 직원 600여 명과 함께 어울렸다. 결혼이민자와 그 가족들은 오전 11시쯤 풍물패를 앞세우고 입장하여 출입국관리소 직원들과 함께 피구, 공굴리기 등을 하며 즐거운 시간을 가졌다. 이들은 운동회가 끝난 후 바비큐 파티와 함께 장기자랑을 하면서 웃음꽃을 피웠다.

1995년 한국인 남성과 결혼한 필리핀 출신 파트리샤 씨는 딸(11세), 아들(7세)과 함께 법무연수원을 찾아 줄다리기와 1600m 계주 등에 참가했다. 파트리샤 씨는 "출입국관리소 직원들과 같이 어울리기는 이번이 처음"이라며 "함께 땀 흘리고 파티도 하면서 많은 대화를 나누다 보니 한국 사회에 한 발짝 더 가까이 다가선 느낌"이라고 말했다.

【세계일보. 2007. 10. 15.】

한편, 정부는 개항기부터 현대에 이르기까지 고난과 역경을 딛고 발전한 대한민국의 역사를 기록하여 후세에 전승하고자, 50년 전 가난했던 시절 원조를 받아 지은 후 경제기획원, 문화체육관광부 등 주요 정부청사로 사용된 건물(세종로 광화문에 위치)을 리모델링하여 2012년 12월 26일부터 '대한민국 역사박물관'으로 활용하고 있다.

필자는 새로운 건물을 짓기보다는 정부청사로 사용된 건물을 리모델링하여 '대한민국 역사박물관'으로 활용함으로써 건물의 역사성과 상징성을 살리고 있는 점에 주목한다.

올해는 국내 이민행정 50주년을 맞는 뜻깊은 해이다. 우리는 이민의 역사를 통해 그 시대 사람들의 삶의 모습과 시대상을 엿볼 수 있다. 따라서 위에 언급한 사례들을 경험삼아 50년의 국내 이민(immigration)의 역사를 간직한 서울남부출입국사무소16)를 잘 보존하여 '대한민국 이민사박물관'(Korea Immigration Museum)으로 활용한다면, 우리나라 이민행정 50년의 역사를 되돌아보고 후세에게 우리나라 국내 이민의 역사를 전승하는 좋은 기회로 삼을 수 있을 것이다.

또한, 체류외국인 150만 명의 다문화 시대를 맞이하여 '다문화 학습 체험관'도 함께 마련한다면, 다문화가정 자녀들이 어머니 나라의 역사와 문화를 이해하고 체험할 수 있는 좋은 공간이 될 것이다.

아울러 양천구청과 협력하여 박물관 주변을 다문화 거리로 조성하고 양천공원을 다문화 축제의 장으로 활용하는 등 다문화의 메카로 발전시킨다면, 우리나라 이민의 역사와 다문화를 이해하고 체험할 수 있을 뿐만 아니라 외국인 관광객을 유치하는데도 크게 이바지할 수 있을 것이다.

---

16) 법무부 출입국·외국인정책본부에 따르면 서울시 강서구 마곡 지구에 2,500평 규모의 부지를 확보하여 수년 후에 건물이 완성되면 서울남부출입국사무소를 이전할 계획이라 한다.

제6부
성숙한 다문화사회로의 지평을 열며

제6부 성숙한 다문화사회로의 지평을 열며

필자는 성숙한 다문화사회로의 지평을 열기 위해서는 어떻게 해야 할 것인가를 생각해 보았다.

우선, 다문화사회를 맞이하여 순혈주의와 단일민족주의가 외국인이나 이주민에 대한 배타성으로 흐르는 것을 경계해야 할 것이다. 오늘날 국가 간의 경계가 허물어지고 지구촌이 일일생활권으로 접어든 글로벌 시대에 순수 혈통만을 강조하는 순혈주의와 이민족을 배척하는 폐쇄적인 민족주의가 오히려 국가발전을 저해하는 걸림돌이 될 수 있음을 유념할 필요가 있다.

인터넷을 통하여 외국인 관련 내용을 검색해 보면 외국인에 대한 인격 모독, 비방 및 위협 등 다문화사회의 역기능이 나타나고 있다. 다양한 인종과 민족이 공존하는 다문화 환경에서 성숙한 다문화사회를 이룩하기 위해서는 온정주의적 사고를 버리고 다문화사회가 초래할 갈등 요인과 부작용을 최소화하면서 사회통합을 이루기 위한 법적·제도적 장치가 마련되어야 할 것이다. 아울러 다문화 시대에 걸맞은 성숙한 시민의식과 행동의 변화도 요청된다 하겠다.

한국의 외국인정책 또는 다문화정책은 겉으로는 다문화주의를 표방하면서도 실제로는 결혼이민자와 그 자녀들을 대상으로 그들을 한국 사회에 어떻게 적응시킬 것이냐에 중점을 둔 동화주의를 벗어나지 못했다고 비판받고 있다.

따라서 성숙한 다문화사회를 만들기 위해서는 자라나는 청소년들에게 우리나라의 전통문화와 역사인식에 대한 올바른 교육을 통해 다문화에 대한 이해를 높이고, 이주민을 차별하지 않고 더불어 살아가는 소중한 이웃으로 생각하는 성숙한 시민의식을 갖도록 해야 할 것이다.

한편, 오늘날 우리나라는 청년 실업자가 계속 늘어나고 있지만 3D 업종을 비롯한 단순 노무직 일자리는 사람을 구하기 어려운 실정이다. 이에 따라 외국인 근로자를 찾는 중소제조업체는 계속 늘어나고 있지만 그렇다고 마냥 외국인근로자를 들여올 수만은 없다.

왜냐하면, 외국인의 대량 유입으로 인한 사회·경제적 영향은 미국이나 독일·프랑스 등의 예에서 보듯이 수십 년을 두고 장기간에 걸쳐 서서히 나타나기 때문이다. 따라서 지금 우리가 현명하고 올바른 이민정책 내지는 다문화정책을 추진하는 것은 장차 우리의 후세들에 대한 책무를 이행하는 것이라고도 할 수 있을 것이다.

우리나라의 다문화 현상은 '88 서울올림픽 이후 외국인근로자의 증가와 국제결혼으로 인한 다문화가정의 증가에서 찾아볼 수 있다. 특히 2000년대 중반 이후 중국·베트남·필리핀 등 동남아 출신 결혼 이주여성들의 국내 유입이 급증하면서 한국 사회에는 다문화 열풍이 불고 있다.

하지만 지금쯤 무조건 다문화만을 외치고 따라가기보다는 진정으로 한국 사회에서 다문화란 무엇이며, 나아갈 방향이 무엇인지에 대한 진지한 고민이 필요한 때이다.

왜냐하면, 아무리 이상적인 정책이라 할지라도 다수 집단에 속하는 한국인의 지지와 공감을 이끌어낼 수 없다면 그 제도나 정책은 시행착오를 겪을 뿐만 아니라 지속성을 갖기가 어려울 것이기 때문이다.

한 국가의 구성원인 국민으로 받아들인다는 것은 문화적 이해와 포용 차원을 넘어 수용 집단의 정체성과 미래의 운명까지도 고려해야 하는 중요한 문제이다. 따라서 '다문화 담론'에 있어 반드시 고민해야 할 것은 어떤 형태로든 그 사회의 구심점은 존재해야 한다는 것이다.

다문화라는 이름 아래 대한민국의 정체성이 사라진다면, 그리고 우리 사회를 지탱하는 구심점이 약해진다면, 그것은 바람직한 현상이 아니라고 본다. 다양성을 존중하면서도 대한민국 안에서 대한민국 국민으로서의 정체성을 갖는 것 또한, 중요하기 때문이다.

현재 결혼이민자와 그 자녀로 이루어진 다문화가족 위주의 다문화 정책에서 벗어나 재한 외국인 전체를 아우르고 이주민과 우리 국민들 간에 발생할 수 있는 차별과 갈등 요인을 해소할 수 있는 '통합형 이민정책'이 필요한 때이다. '통합하되 동화되지 않고 다르되 차별하지 않는 사회'가 우리가 바라는 성숙한 다문화사회의 모습일 것이다.

미국은 원주민과 종교적 박해를 피해 이주해온 영국의 청교도인과의 갈등 및 흑인에 대한 인종차별의 역사가 깊은 나라이다. 미국 역사상 인종차별과 관련된 대표적인 사건으로는 1955년 앨러바마 주 몽고메리 백화점 앞에서 버스에 탄 흑인 여성인 '로자 파크스'가 백인 남성에게 자리를 양보하지 않았다고 하여 체포당한 '로자 파크스 사건'이 있다.

이 사건은 1년여 동안 계속된 몽고메리씨 버스 승차 거부 운동은 물론 인종차별에 저항하는 대규모 시위로 번져 나갔으며, 결국 아프리카계 미국인의 인권과 권익을 개선하고자 하는 미국 민권운동의 시초가 되었다.

미국은 이 사건을 계기로 공공시설에서 흑인 등 소수민족에 대한 인종차별을 금지하는 「민권법」을 제정하였다. 또 경쟁의 조건을 같이 해주기 위한 정책적 배려로 소수자 우대정책(affirmative action)을 도입하였다.

미국 최초의 흑인 대통령인 버락 오바마 대통령 취임식 때 인종과 출신, 피부색이 다른 4명의 세계적 연주가들이 빚어낸 화합과 평화를 위한 4중주곡이 울려 퍼졌다.

- 바이올리니스트, 유태계 미국인 아이작 펄만(Itzhak Perlman)
- 첼리스트, 중국계 미국인 요요마(Yo Yo Ma)
- 피아니스트, 남미계 미국인 가브리엘라 몬테로(Gabriela Montero)
- 클라리넷 연주가, 시카고 출신 흑인 앤서니 맥길(Anthony McGill)

이들은 아카데미 영화음악상을 수상한 존 윌리엄스(John Williams)가 오바마 대통령의 취임식을 기념해 작곡한 〈에어 앤드 심플 기프츠〉(Air and Simple Gifts)를 연주했다.

이들은 비록 인종과 출신은 다르지만, 서로 다른 색상이 한데 어울려 아름다움을 뽐내는 일곱 빛깔 무지개처럼 모두가 하나 되어 아름답고 감동적인 하모니를 미국 전역에 선사했다.

필자는 이 장면을 보면서 미국은 인종차별에 대한 뼈아픈 역사를 간직하고 있지만, 인종차별을 철폐하기 위한 법적 · 제도적 개선과 수많은 이민자와 난민들을 받아들이는 수용정책, 그리고 차이를 인정하고 다양성 속의 조화를 찾으려고 하는 데서 미국의 힘을 느낄 수 있었다.

콘돌리자 라이스 전 미국 국무장관은 미국 시민권 수여식에서 "출신국이 어디든 우리는 모두 미국인"이며, "차이(difference)는 힘의 근원"이라고 말한 적이 있다. 서로의 차이를 인정하면서도 그 속에서 조화를 찾는 정신이야말로 다문화사회를 살아가는 현대인의 덕목이 아닐까?

홍세화 씨는 그의 저서 《나는 빠리의 택시운전사》에서 "흔히 말하 듯 한국 사회가 정이 흐르는 사회라면 프랑스 사회는 톨레랑스, 즉 관용이 흐르는 사회"라고 하였다. 홍세화 씨의 말처럼 한국 사회는 정이 흐르는 사회이다. 정은 상대방의 마음을 헤아려 주거나 한 번쯤 상대방의 마음이 되어 해결하기 어려운 문제를 수월하게 해결해 줄 때도 있다. 다문화사회를 맞아 한 번쯤 정으로 이주민의 마음을 헤아 려봄은 어떨까?

우리 민족은 예로부터 평화를 사랑하는 백의민족, 정이 많은 민족, 우리의 건국 이념인 널리 인간세계를 이롭게 한다는 '홍익인간(弘益人間) 사상' 등 아름다운 관용과 포용의 전통을 가지고 있다.

"불교·유교·기독교·천주교 등 모든 종교는 사실 외래 종교라 볼 수 있다. 한국 사람들은 전통적으로 외래 종교에 너그러울 뿐만 아니 라 적극적인 수용 자세를 보여 왔다. 그리고 여러 종교가 서로 반목 하거나 갈등을 일으키지 않고 다양한 공존의 모습을 보이고 있다. 모 든 종교가 원론적으로는 배타적·독선적 교리를 가지고 있음에도 불 구하고 우리나라에서 여러 종교가 화목하게 공존하고 있는 양상은 한 국 종교문화의 경이로운 특색이자 용광로라 할 수 있다. 이것은 한국 인의 정신문화가 포용과 화합, 곧 조화를 이상으로 하고 있음을 증명 하는 것이다."[1]

한국의 여러 종교가 서로 반목하거나 갈등하기보다는 화해하고 공

1) 황명진, 〈이주자 사회통합 정책 교육 : Volume Ⅲ, 이주자의 사회참여〉, IOM 이민정책연구원, 2011, 10면

존하는 모습은 최근 다문화사회를 맞이하여 이민자 통합과 다문화 포용성을 이해하는데 시사점을 준다고 하겠다.

현재 중국·베트남·필리핀·태국 등지에서 온 결혼이주여성들은 22만여 명에 이르고 다문화가정 자녀들은 15만여 명에 이르고 있다. 다문화가정 자녀들의 배경이 되는 이중 언어 교육(bilingual education)은 장차 이들을 부모의 모국과 우리나라를 연결해 줄 수 있는 교량 역할을 해줄 수도 있다는 점에서 긍정적이다.

따라서 이중 언어와 다문화 소통 능력을 갖춘 다문화가정 자녀들을 글로벌 인재로 성장시켜, 이들이 아버지 또는 어머니 나라의 장관이나 대사로 성공한 사업가나 예술가로 활동하도록 격려하면서 지원을 아끼지 말아야 할 것이다. 또한, 한국과 어머니 나라의 가교 역할은 물론 부모 세대가 품어온 미완의 '코리안 드림'을 완성하는 성공 스토리를 만들어 내는 주역이 될 수 있도록 지원하는 발상의 전환이 필요한 때이다.

우리 모두 다문화가정 자녀들이 꿈과 희망을 가지고 대한민국이라는 땅에서 마음껏 끼와 재능을 발휘하면서 글로벌 인재로 성장할 수 있도록 도와줄 때, 이들 중에서도 언젠가는 아일랜드계 이민자의 후손인 존 F. 케네디 전 미국 대통령이나 미국 최초의 흑인 대통령인 버락 오바마 대통령이 탄생하지 않을까?

노벨물리학상 수상자인 아인슈타인은 유태계 독일 태생으로 히틀러의 박해를 피해 미국으로 건너가 미국의 과학 발전에 크게 기여하였으며, 애플의 공동 창업자 스티브 잡스도 시리아 출신의 이민자인 아버지와 미국인 어머니 사이에서 태어났다.

머리로는 외국인과 이주민을 차별하지 말아야 하면서도 살색의 논리와 순수 혈통의 단일민족 의식에 길들어 있는 우리가 하루아침에 의식을 바꾸기는 쉽지 않을 것이다. 그러나 세상을 바꾸는 첫 행동은 관심이다. 내가 차별받지 않고 내가 누군가를 차별하지 않는 세상을 만드는 데 관심만큼 든든한 버팀목은 없기 때문이다.

서로 다른 색상이 한데 어울려 아름다움을 뽐내는 일곱 빛깔 무지개처럼 우리 모두 다양한 문화와 사회적 배경을 가진 이주민들을 같은 구성원으로 인정하고 차별적 인식을 개선해 나간다면 우리나라도 성숙한 다문화사회로의 지평을 열어갈 수 있을 것이다.

박근혜 대통령은 제18대 대통령 취임식에서 국민행복과 국가발전이 선순환하는 희망의 새 시대를 열어가겠다고 선언했다. 그러면서 경제부흥을 위해서는 창조경제와 경제민주화를 통해 우리 경제의 패러다임을 추격형에서 선도형으로 바꿔 나가야 한다고 강조했다. '창조경제'는 창의적 상상력과 과학기술 및 정보통신기술(ICT)이 결합된 창의적 자산이 활발하게 창업 또는 기존 산업과 융합하여 새로운 일자리와 고부가가치를 창출하고 미래 성장 동력을 만들어 내는 것이다. 이를 위해서는 벤처기업과 창업이 활성화되고 창의적 아이디어가 사업화로 이루어질 수 있는 인프라를 구축하는 등 창조경제 생태계를 잘 조성하는 것이 중요하다고 강조했다.

"첨단 하이테크 산업 발전에 필수적인 개인의 창의성은 다양성을 인정하는 사회 분위기 속에서 꽃을 피운다고 한다. 즉 IT 소프트웨어, 엔터테인먼트, 금융, 첨단 제조업 등 지식기반 산업은 고정관념으로부터 자유로운 창의적 사고에 의존한다. 또한, 인종과 문화적 배경이 다른 구성원도 배척하지 않고 포용하는 개방사회에서 혁신적인 아이디어의 생산이 촉진된다."[2]

창조경제의 꽃을 피우고 성숙한 다문화사회로의 지평을 열어 가는

2) 최홍, 〈다문화사회 정착과 이민정책〉, 삼성경제연구소, 2010.

데 있어서 선진 이민행정이 큰 역할을 할 것으로 기대한다. 앞서 언급한 출입국심사 혁신 브랜드 KISS(Korea Immigration Smart Service)는 우리나라의 우수한 정보통신기술(ICT)과 출입국심사서비스가 융합하여 이룩한 성과물로 우리나라를 방문하는 외국인에게 '친절한 대한민국', '다시 찾고 싶은 대한민국'이라는 이미지를 심어줌으로써 국가 브랜드 향상에 크게 이바지하고 있다.

'선진 이민행정'은 다양한 문화와 첨단기술의 융합을 바탕으로 직원들의 글로벌 마인드와 작은 아이디어가 세상을 바꿀 수 있다는 창의적인 생각, 그리고 서비스 정신이 결합할 때 이루어질 수 있다고 생각한다.

선진 이민행정을 통해 '코리안 드림'을 찾아 우리나라에 들어오는 수많은 이주민들이 대한민국을 제2의 고향으로 생각하고 열심히 살아가면서 꿈을 실현할 수 있는 대한민국, 세계인과 더불어 성장하는 활기찬 대한민국, 차이를 인정하고 다양성과 개방성이 존중되는 다문화를 활짝 꽃피우는 대한민국으로 성장함으로써 전 세계가 부러워하는 '한강의 기적'처럼 '다문화 강의 기적'이 이루어지기를 기대해 본다.

【참고문헌】

법무부 출입국 · 외국인정책본부, 《출입국관리법 해설》(2011년 개정판)

법무부 출입국 · 외국인정책본부, 《국적법 해설》(2007)

법무부 출입국 · 외국인정책본부, 《국적법 해설》(2010)

법무부 출입국 · 외국인정책본부, 《외국국적동포 업무편람》(2012)

법무부 출입국 · 외국인정책본부, 《외국국적동포 정책 현황 및 과제》(2008)

법무부 출입국 · 외국인정책본부, 《체류외국인 관리지침》(2013)

법무부 출입국 · 외국인정책본부, 《사증발급편람》(2013)

법무부 출입국 · 외국인정책본부, 《재외동포의 출입국과 법적지위에 관한 법률 해설》(1999)

법무부 출입국 · 외국인정책본부, 《출입국 · 외국인정책본부 연감》(2012)

법무부 출입국 · 외국인정책본부, 《축조식 난민법 해설》(2014)

법무부 출입국 · 외국인정책본부, 《통계월보》(2013년 12월호)

법무부 출입국 · 외국국적본부, 《국제결혼관련 법령 이해》(2008)

법무부 출입국 · 외국인정책본부, 출입국계간지《共zone》, 통권 15호, 20호, 21호, 22호.

법무부 출입국외국인정책본부 체류관리과, 《중국동포 이주 및 변천사》(2012)

법무부, 《출입국관리40년사》(2003)

법무부 출입국관리국, 《체류외국인 동향조사 종합보고집》(2001)

법무부 출입국관리국, 《방문취업제 어떤 제도인가요》(2007)

외국인정책위원회, 《제1차 외국인정책기본계획》(2008~2012)

외국인정책위원회, 《제2차 외국인정책기본계획》(2013~2017)

법무연수원, 《제3기 이민정책 연구과정》(2013)

국가인권위원회, 《이주인권분야 결정례집》(2011)

국가인권위원회, 《존중과 배려의 다문화사회를 위한 우리나라 대학생들의 제언》(2010)

국가인권위원회, 《2012 이주인권 가이드라인 모니터링 결과 보고서》(2013)

국가인권위원회, 《출입국분야 인권교육 교재》(2010)

국가인권위원회 · 한국비교공법학회, 《다문화사회를 위한 정책적 제언》(2010)

중앙공무원교육원, 《성큼 다가선 다문화사회! 정부의 역할 및 과제》(2008)

고용노동부, 《고용허가제 시행 7주년 평가토론회》(2011)

한국이민사박물관, 《전시유물도록》(2012)

KT 경제경영연구소, 《5%의 미래시민, 다문화사회를 주목하라》(2009)

UNHCR, 《난민인정기준 및 절차 편람》(1992)

UNHCR, 《국제적 보호입문 훈련서 1》(2009)

KMAC, 《뭔가 다른 인천공항 무엇이 다른가?》 (2011)

박길남, 《대한민국 출입국심사제도에 관한 연구》 (1994)

박길남, 《미국의 출입국관리제도에 관한 고찰》 (1998)

김원숙, 《출입국관리정책론》, 한민족 (2008)

김원숙, 《우리나라 이민정책의 역사적 전개에 관한 고찰》, IOM 이민정책연구원 (2012)

김원숙, 《여수 이민행정 50년사》, 여수출입국관리사무소 (2013)

석동현, 《국적법》, 법문사 (2011)

권재일, 서덕희, 서현정, 이태주, 조용환, 한건수, 한경구, 한준상, 황병하, 《다문화사회의 이해》, 유네스코 아시아·태평양 국제이해교육원, 동녘 (2007)

김창범, 《미주 한인이민 100년사》 코람데오 (2004)

오경석·고기복·김갑성·신은주·박천응, 《다르지만 평등한 이주민 인권 길라잡이》, 국가인권위원회 (2011)

황명진, 《이주자 사회통합정책 교육 : Volume Ⅲ, 이주자의 사회참여》, IOM 이민정책연구원 (2010)

김귀풍, 《미국의 출입국관리제도》, (1993)

이혜경 외, 《한국 이민정책의 이해》, IOM 이민정책연구원, 백산서당 (2011)

윤인진, 송영호, 김상돈, 송주영, 《한국인의 이주노동자와 다문화사회에 대한 인식》, 한국학술정보 이담북스 (2010)

윤인진, 《세계의 한인이주사》, 대한민국역사박물관 (2013)

박기현, 《우리 역사를 바꾼 귀화성씨》, 역사의 아침 (2007)

이병규, 《절망을 딛고 서서》, 북랩 (2013)

안진우·이종훈, 《국제법 요해》 (2008)

김진섭, 《관광법학》, (1991)

David Weissbrodt & Laura Danielson, 《Immigration Law and Procedure》 5th Ed, (2005)

알랭 드 보통, 《공항에서 일주일을》, 정영목 옮김, 청미래 (2009)

로자 파크스·짐 해스킨스, 《로자 파크스 나의 이야기》, 최성애 번역, 문예춘추사 (2012)

로스엔젤레스 한국교육원, 《미주한인역사 교수 학습자료》 (2009)

아담 미츠키에비츠, 《판 타데우시》 정병권 외 번역, 한국외국어대학교 출판부 (2005)

최홍, 《다문화사회 정착과 이민정책》, CEO Information(제756호), 삼성경제연구소(2010)

주세영, 《글로벌 인재전쟁 2.0 - 인재 확보에서 활용으로》, SERI 경영노트(제166호), 삼성경제연구소(2012)

최윤식·배동철, 《2020 부의 전쟁 in Asia》 지식노마드 (2010)

전종준, 《미국 비자, 미국 이민》 프라미스 (2011)

설동훈, 《한국 이민정책의 동향과 미래의 대응방향》 법무부 (2009)

유의정, 《저출산 · 고령사회 극복을 위한 이민정책의 개선과제》 국회입법조사처 (2010)

우기붕, 《이민행정 · 법제에 관한 국제적 비교 연구》 동아대학교 박사학위 논문 (2011)

한일동, 《아일랜드 : 수난 속에 피어난 문화의 향기》, 살림출판사 (2007)

김남일, 《외국인력 정책 전망과 대응전략》, 이민행정연구회, 제6회 M. Paz 정기포럼, 2010

박상순, 《씬짜오(Xin Chao), 베트남! 결혼이민자, 그들은 누구인가?》, 이민행정연구회, 제10회 M. Paz 정기포럼, 2012

곽재석, 《방문취업제에 대한 평가와 정책과제》, 이민행정연구회, 제4회 M. Paz 정기포럼, 2009

손흥기, 《한국에서의 다문화 담론》, 이민행정연구회, 제4회 M. Paz 정기포럼, 2009

대한민국의 미래, 이민정책에서 길을 찾다

빗물이 흘러 강이 되는 다문화

2014년 4월 11일 1판 1쇄 인 쇄
2014년 4월 16일 1판 1쇄 발 행

지은이 | 박길남
펴낸이 | 박정태
편집이사 | 이명수   **감수교정** | 정하경
편집부 | 전수봉, 위가연, 김안나
마케팅 | 조화묵, 박용대   **온라인마케팅** | 김찬영
펴낸곳 | 북스타
출판등록 | 2006. 9. 8. 제 313-2006-000198호
주소 | 경기도 파주출판문화도시 광인사길 161 광문각빌딩
전화 | 031-955-8787   **팩스** | 031-955-3730
E-mail | kwangmk7@hanmail.net
홈페이지 | www.kwangmoonkag.co.kr

ISBN 978-89-97383-32-0   03330
값 15,000원